Consorte do Nascido do Lótus

A VIDA E A ILUMINAÇÃO DE YESHE TSOGYAL

Consorte do Nascido do Lótus

A VIDA E A ILUMINAÇÃO DE YESHE TSOGYAL

Gyalwa Changchub e Namkhai Nyingpo

TRADUÇÃO PARA O INGLÊS
Grupo de Tradução Padmakara, 1999

TRADUÇÃO PARA O PORTUGUÊS
Marcelo Nicolodi, 2019

© 1999 by the Padmakara Translation Group

Direitos desta edição:
© 2019 Editora Lúcida Letra

Coordenação editorial
Vítor Barreto
Tradução
Marcelo Nicolodi
Revisão
Nádia Ferreira
Projeto gráfico
Guilherme Erhardt
Foto da Capa
Guilherme Erhardt, mural do Templo Caminho do Meio, pintado por Tiffani Gyatso.

1ª Edição 06/2020

Dados Internacionais de Catalogação na Publicação (CIP)

C4S6c   Changchub, Gyalwa.
Consorte do Nascido do Lótus : a vida e a iluminação de Yeshe Tsogyal / Gyalwa Changchub e Namkhai Nyingpo ; tradução para o inglês Grupo de Tradução Padmakara, tradução para o português Marcelo Nicolodi.- Teresópolis, RJ : Lúcida Letra, 2020.
239 p. ; 23 cm.

Inclui glossário.
ISBN 978-65-86133-03-5

1. Ye-shes-mtsho-rgyal - Biografia. 2. Budismo - China - Tibet - Século VIII. 3. Meditação. 4. Iogatântrica. I. Nyingpo, Namkhai. II. Grupo de Tradução Padmakara. III. Nicolodi, Marcelo. IV. Título.

CDU 929:294.3

Índice para catálogo sistemático:
1. Ye-shes-mtsho-rgyal : Biografia   929:294.3
2. Budismo tibetano   294.3
(Bibliotecária responsável: Sabrina Leal Araujo - CRB 8/10213)

ÍNDICE

Prefácio por JIGME KHYENTSE RINPOCHE 7
Agradecimentos 9
Introdução dos Tradutores 11
Prólogo 37

UM
Emanação
39

DOIS
Nascimento
43

TRÊS
Discípula do Guru
47

QUATRO
Ensinamentos e Instruções
57

CINCO
Prática
93

SEIS
Sinais de Realização
119

SETE
Beneficiando os Seres
123

OITO
Estado Búdico
163

Colofão do Terton 209
Notas 211
Glossário 219

Prefácio

A HISTÓRIA DA vida de Yeshe Tsogyal não é apenas um documento histórico eletrizante. É, acima de tudo, um dos exemplos mais inspiradores de como os ensinamentos do Buda podem ser colocados em prática.

Nos tempos iniciais do budismo no Tibete, muitos dos textos sagrados foram traduzidos diversas vezes do sânscrito, cada versão complementando as anteriores e contribuindo para um entendimento completo do original. Nesse espírito, apesar deste texto extraordinariamente importante já ter sido disponibilizado aos leitores do inglês por esforços tanto de Tarthang Rinpoche quanto de seus alunos, e de nosso amigo Keith Dowman, sentimos que, nesses dias iniciais do budismo no Ocidente, a produção de outra tradução, como uma forma de seguir nos familiarizando com a vida de Yeshe Tsogyal, pode ser de algum benefício. Ao longo desta empreitada, sentimos uma imensa gratidão por todos os grandes mestres de nossa tradição, pois suas atividades compassivas vêm mantendo os ensinamentos de Yeshe Tsogyal como uma fonte viva de inspiração — mesmo nos tempos atuais.

Às vezes, é levantada a questão sobre o budismo ser um sistema de crenças e práticas aplicáveis apenas em um contexto social específico. Este texto, entretanto, nos descreve a luta pela liberdade espiritual sob uma grande variedade de obstáculos existenciais: ser uma princesa, uma renunciante, uma asceta ou uma professora, para nomear apenas uns poucos — um espectro completo de circunstâncias sobre as quais os ensinamentos lançaram sua luz e abriram novas e frescas oportunidades. Novamente, pode-se sugerir que a tradição do budismo tibetano, em cujo desenvolvimento Yeshe Tsogyal teve um papel crucial, é adequada apenas aos tibetanos. Mas aqui, novamente, descobrimos que, para a própria Yeshe Tsogyal, o budadharma estava longe de ser uma prática estrangeira e exótica importada da Índia; ele era o meio para alcançar a própria essência da experiência humana. Também não é possível entender este texto apenas como glorificação de experiências árduas. Pelo contrário, fica claro que Yeshe Tsogyal decidiu conscientemente nos contar sua história para nos ajudar em nossas vidas. Ela simplesmente compartilha, sem pedir piedade ou admiração, apresentando sua experiência não como "mística" ou sobre-humana, mas como algo profundamente natural e humano. Sua precoce desilusão com os caminhos do mundo, sua introdução aos ensinamentos e seu treinamento neles, passo a passo, são todos relatados de modo simples e direto. Nem uma vez a vemos reagindo às situações desesperadoras que enfrentou com autopiedade ou uma sensação torturada de martírio. Na verdade, foi sua habilidade de fazer uso positivo e criativo do que quer que surgisse em seu caminho a maior de todas as mensagens que nos chegam em sua maravilhosa biografia. É isso que torna sua vida tão extraordinária. Possam todos aqueles que vierem a conhecer sua história encontrar encorajamento e inspiração!

JIGME KHYENTSE RINPOCHE
Padmakara — Março de 1995

Agradecimentos

Esta versão de *Yeshe Tsogyal Namthar* nasceu de um projeto para disponibilizar o texto em francês. Foi um trabalho de amor e não a expressão de qualquer tipo de rivalidade ou pretensão de melhorar as traduções já existentes do Ven. Tarthang Tulku e de Keith Dowman. O texto é difícil, de modo espetacular em muitas passagens. Dado o tema abordado, não é de surpreender. Mas, de qualquer forma, o texto é antigo e tem muitas palavras e expressões antiquadas. A tradução, sem dúvida, possui muitos defeitos, mas isso não tem relação alguma com as eminentes autoridades que foram consultadas sempre que possível. Em especial, desejamos expressar nossa profunda gratidão ao falecido Kyabje Dilgo Khyentse Rinpoche que, amavelmente, respondeu questões sobre pontos difíceis durante sua última visita ao Ocidente, em 1991. Da mesma forma, temos um grande débito de gratidão com Khetsun Zangpo Rinpoche, que nos ofereceu seu tempo para esclarecer muitas passagens. E, de modo muito especial, desejamos agradecer a Alak Zenkar Rinpoche, que teve a bondade de repassar todo o texto conosco e, com seu conhecimento prodigioso da língua tibetana, foi capaz de lançar luz sobre muitas expressões misteriosas. Ficou claro, ao longo do trabalho, que o texto contém muitas palavras que desapareceram completamente do idioma tibetano padrão, tanto em sua forma coloquial quanto erudita, mas que sobreviveram na linguagem dos nômades das grandes planícies do norte e do leste do Tibete — entre os quais Alak Zenkar, que lá nasceu e tem familiaridade com seus dialetos. Por último, como sempre, expressamos nossos agradecimentos mais profundos aos nossos professores Taklung Tsetrul Pema Wangyal Rinpoche e Jigme Khyentse Rinpoche, que concederam a transmissão do texto e muito nos encorajaram no trabalho de tradução.

Lady of the Lotus-Born (Consorte do Nascido do Lótus) foi traduzido pelo Padmakara Translation Group, que na ocasião era composto por Helena Blankleder e Wulstan Fletcher. Os tradutores agradecem aos seus leitores pelas sugestões inestimáveis: Michael Abrams, Barbara Gethin, Ani Ngawang Chödrön, Charles Hastings, Anne Benson, Adrian Gunther, Geoffrey Gunther, Vivian Kurz, Pamela Low e Jenny Kane.

Introdução dos Tradutores

O TEXTO TRADUZIDO nestas páginas é a história da vida de uma das fundadoras da tradição do budismo tibetano e, sem sombra de dúvida, uma das mais extraordinárias mulheres na história das religiões mundiais. Ela viveu durante o período heroico dos reis tibetanos, cujo império, naquela época, experimentava o auge de sua força e se estendia muito ao leste, pela China atual, e para o norte e oeste, pelas regiões remotas da Ásia central. Dominava toda a região do Himalaia ao sul. A vida de Tsogyal se desenvolveu em um momento crucial da história de seu país, quando a rica e plenamente desenvolvida tradição budista dos sutras e tantras estava chegando da Índia e sendo propagada sob o patrocínio real. Foi uma época de grandes eventos e poderosas personalidades.

Consorte do Nascido do Lótus é, sob qualquer ótica, uma obra-prima da literatura. Sua narrativa colorida e vívida, a beleza lírica de sua poesia, a profundidade de seu ensinamento doutrinário e o seu envolvente interesse histórico e cultural estão perfeitamente equilibrados e arranjados com maestria e fineza. Desse modo, o texto é facilmente acessível e mesmo leitores que conhecem pouco do Tibete ou do caminho budista ficarão intrigados e encantados com ele. A história, de fato, é tão bem tratada e a caracterização tão vívida e convincente que, às vezes, não é difícil de perder de vista o fato de que este é um texto de grande antiguidade. Na verdade, a vida de Yeshe Tsogyal tem uma modernidade própria, mesmo não o sendo no sentido comum. A razão para afirmar isso é que, apesar de certos aspectos do texto parecerem exóticos e distantes para a maioria dos leitores modernos, *Consorte do Nascido do Lótus* pertence a uma tradição espiritual e cultural que ainda está vibrantemente viva. E expressa ideias e valores que, para os praticantes do caminho budista, permanecem como temas vivos e de grande relevância.

Em contraste com a história da Europa e da América, a velocidade das mudanças políticas e sociais no Tibete era extremamente lenta até a segunda metade do século vinte, permitindo que o estudo e a prática do budismo prosseguissem, firmemente, sem interferência de circunstâncias externas e numa atmosfera de quase perfeita estabilidade. Isso deu origem a uma continuidade cultural que o Ocidente nunca conheceu. Pode-se dizer sem exagero que, no Tibete, virtualmente, toda a gama de doutrinas budistas existentes na Índia medieval foi completa e perfeitamente preservada até os dias atuais. A tradição do budismo tibetano corporifica até hoje ensinamentos e práticas que já eram correntes e assiduamente buscados em uma época muito anterior à existência das culturas e mesmo das línguas ocidentais. A tradição do budismo tibetano é tão contínua que, se observássemos um lama escrever ou comentar uma escritura no fim do século vinte e o colocássemos ao lado de um de seus antecessores do décimo século, descobriríamos uma similaridade de pensamento, expressão e atitude que os torna virtualmente contemporâneos.

É por isso que *Consorte do Nascido do Lótus* tem uma relevância atemporal. Por mais misteriosas que algumas partes do livro possam parecer ao leitor não familiarizado, o mundo descrito em suas páginas é ainda instantaneamente reconhecível para os tibetanos do século vinte. Para os praticantes do budismo tibetano, a história da vida de Yeshe Tsogyal e os ensinamentos contidos nela são ainda tão pertinentes e essenciais como eram no século oitavo. As mesmas instruções oferecidas por Guru Rinpoche a Yeshe Tsogyal, e por Yeshe Tsogyal a seus discípulos, são transmitidas pelos lamas tibetanos até hoje.

As mesmas meditações e iogas são ainda praticadas e seus resultados extraordinários ainda são alcançados, mesmo hoje, no século vinte.

Consorte do Nascido do Lótus pertence à classe de literatura tibetana conhecida como *namthar*. É um "conto de liberação", um relato de dedicação e realização espirituais. É direcionado primeiramente aos praticantes budistas como instrução e encorajamento para o longo e árduo caminho de transformação interior, acenando para a sua devoção com uma imagem de realização sublime. Portanto, além de ser uma boa história, este texto apresenta um conteúdo de profundidade doutrinária. É uma descrição do caminho tântrico e contém muitas referências aos pontos chave da prática. Essas referências, na maior parte, não são explícitas e frequentemente estão embutidas na linguagem alusiva da poesia e da canção, cujo sentido estará claro apenas para aqueles bem versados na doutrina tântrica.

O fato de que *Consorte do Nascido do Lótus* deve, dessa forma, conter "componentes secretos" é muito natural, falando tradicionalmente. Por razões que o próprio texto esclarece, as instruções completas para as práticas citadas são, necessariamente, concedidas apenas de forma privada, por mestres qualificados, aos discípulos que comprovaram seu comprometimento com os ensinamentos e que estão adequadamente preparados para recebê-las e executá-las.

Apesar disso, a presença de elementos esotéricos não faz, de modo algum, com que o texto se torne ininteligível para o leitor comum. Pelo contrário, ele é, em grande medida, direcionado ao crescimento e ao agrado de todos. Com isso em mente, nos parece adequado discutir alguns dos temas mais amplos do livro e, assim, introduzir o ambiente religioso e cultural que alguns leitores podem achar não familiares.

História Prévia, Nascimento e Início da Vida

Como a existência histórica de Yeshe Tsogyal está além de questionamento, e diante do extraordinário realismo e humanidade com os quais seu caráter emerge ao longo do texto, leitores modernos provavelmente ficarão perplexos diante do relato "mitológico", quase sobrenatural, de seu nascimento e primeiros anos de vida. Certamente, as circunstâncias milagrosas parecem traçar um paralelo com eventos extraordinários relativos ao nascimento de figuras heroicas de outras religiões e culturas. Todas as circunstâncias maravilhosas estão ali: a estrela cadente, sonhos estranhos e proféticos, mensageiros misteriosos, nascimento sem dor, o surgimento de seres celestiais e outros sinais surpreendentes. E quando a criança nasce, apresenta uma beleza sobrenatural e precocidade. A abordagem dos estudiosos modernos é a de desconsiderar tais eventos, tratando-os como apócrifos e lendários. No nosso caso, antes de assumir tais conclusões apressadas, é importante lembrar que, de um ponto de vista doutrinário, os elementos descritos nas primeiras páginas de *Consorte do Nascido do Lótus* estão imbuídos de muitos significados. E também vale a pena lembrar que, de forma prática, na busca por encontrar tulkus ou lamas encarnados, o que continua a ser um aspecto bastante importante da cultura tibetana, sinais milagrosos são esperados e tomados com seriedade.

Yeshe Tsogyal foi, como o texto deixa claro, uma figura chave na introdução e na consolidação dos ensinamentos budistas no Tibete. Ela era discípula e assistente de Padmasambhava, o Guru Nascido do Lótus, o mestre indiano convidado pelo rei Trisong Detsen para subjugar, por meios tântricos, as forças hostis que impediam a propagação da Doutrina no Tibete. Tsogyal esteve tão envolvida nessa missão que a história de sua vida praticamente coincide com a fundação do budismo em seu país, especificamente dos ensinamentos dos tantras. O seu surgimento neste mundo não é apresentado como algo acidental, o nascimento casual de um ser ordinário. É um evento de grande significado e longo alcance. Yeshe Tsogyal era a assistente predestinada de Guru Rinpoche (Padmasambhava é frequentemente chamado assim); na verdade, ela foi a condição indispensável para o estabelecimento dos ensinamentos budistas. É por essa razão que o primeiro personagem a aparecer em *Consorte do Nascido do Lótus* não é a própria Yeshe Tsogyal, mas Guru Rinpoche. "Que eu possa propagar os ensinamentos do Mantra Secreto", ele reflete; "é chegado o tempo do surgimento de uma encarnação da deusa Sarasvati." E é como se ele literalmente trouxesse Tsogyal à existência. Pois sem ela, como ele mesmo mais tarde explica ao rei, os resultados de seus esforços seriam lentos e fracos.

No relato da existência anterior de Yeshe Tsogyal e de sua descida à terra, duas ideias distintas, mas correlacionadas, podem ser encontradas. Para começar, tendo em vista os ensinamentos budistas sobre reencarnação, a noção de que ela teria uma "existência prévia" não é propriamente extraordinária. Além do mais, é comum na tradição budista que as biografias de pessoas importantes comecem com referências à sua linhagem de encarnações anteriores e importantes. O propósito óbvio disso é informar aos leitores que eles estão na presença de um ser grandioso e nobre. Mais importante é o fato de que tais detalhes sublinham a doutrina fundamental do carma, segundo a qual caráter, talentos, inclinações e circunstâncias, à medida que se manifestam ao longo de uma única vida, auxiliando ou obstaculizando a busca espiritual, são todos atribuíveis a causas prévias. Os fatos de encontrar o Dharma, um professor e ter inclinação para praticar suas instruções e a possibilidade de fazê-lo são todos considerados frutos do mérito, a energia positiva acumulada por meio de ações virtuosas no passado. Consequentemente, como preliminar de seu encontro com o grande guru e a conquista da situação de vida na qual os ensinamentos dele seriam realizados com grandes resultados, nós lemos que Tsogyal havia "acumulado mérito e purificado negatividades por eras contáveis e incontáveis, emanando grandes ondas de bondade para todos os seres vivos". Desse ponto de vista, a vida de Tsogyal deve ser vista como o estágio final de uma longa sequência cármica. Foi o ponto em que, como o próprio Guru Rinpoche disse[1], os obstáculos persistentes se exauriram e se dissiparam, e o vasto depósito de potencial meritório se abriu em flor.

Essencialmente evolucionária, essa ideia é combinada com outra noção fundamental do budismo Mahayana. Não apenas se diz que Tsogyal reuniu imensas reservas de mérito, mas também se refere a ela como um nirmanakaya, um ser já iluminado que "desce à terra" de modo a estabelecer o caminho do Dharma por meio da palavra e do exemplo. O seu surgimento no século oitavo, no Tibete, foi, de acordo com essa perspectiva, apenas um exemplo da "dança da transmutação de sua forma", tão agradável aos budas dos três tempos. Ela não apenas ensina a partir do grande desabrochar de sua sabedoria, mas sua própria vida é vista como uma espécie de drama didático, demonstrando a possibilidade do desenvolvimento interior e da realização do fruto final.

Uma característica essencial do nirmanakaya, a forma perceptível de um ser iluminado, é a de que, embora se origine de uma fonte transmundana, ele aparece perfeitamente de acordo com as necessidades dos seres e dentro do âmbito e das expectativas implícitos em suas percepções. O nirmanakaya é totalmente acessível no nível em que se manifesta e sua função primária é comunicar e ensinar. Se estiver direcionado aos humanos, surgirá em termos perfeitamente humanos e dentro de uma rede de relações humanas autênticas, permitindo, com isso, que mortais comuns entrem em contato genuíno com ele e possam progredir além de suas limitações. Tradicionalmente, portanto, a ideia de Tsogyal ser um nirmanakaya não é entendida, de forma alguma, como atenuadora de sua humanidade ou da realidade das fraquezas e dos obstáculos com os quais ela teve que lutar e superar.

Outro ponto importante para ter em mente é que, segundo o ensinamento budista, o estado búdico não é um evento samsárico. Ele transcende o mundo e não pode ser localizado no continuum espacial e temporal da existência não iluminada. Como Guru Rinpoche disse ao rei, ele é "não causado, não elaborado".[2] O estado búdico está além do tempo e da cronologia sequencial de passado, presente e futuro. Portanto, é altamente significativo descrever Yeshe Tsogyal como estando iluminada mesmo antes de se engajar nas práticas que conduzem à sua realização. Além do mais, segundo a mais antiga escola do budismo tibetano, a Nyingma, Tathagatagarbha, ou natureza búdica, é considerada não como um simples potencial, mas como a verdadeira natureza da mente dotada com todas as qualidades de sabedoria. Presente em cada ser senciente, apesar de velada por máculas adventícias, ela já é perfeita e completamente realizada. Dessa perspectiva, os capítulos preliminares de *Consorte do Nascido do Lótus* podem ser lidos como uma descrição da dignidade essencial de Tsogyal. Seu progresso em direção à iluminação não é tanto a "conquista" de alguma coisa não ainda possuída, mas a revelação de uma perfeição já inata. Aquilo que no fim do texto brilha através da pessoa de Tsogyal está igualmente presente e igualmente perfeito em cada ser vivo, apesar de obscurecido.

Professor e Discípula

O budismo em geral e o budismo tibetano, em especial, são bem conhecidos por enfatizar a importância de encontrar um professor(a) autêntico(a) e seguir suas instruções. Além disso, a tradição oferece numerosos critérios pelos quais as qualidades de um possível professor deveriam ser avaliadas, e um julgamento feito para distinguir um mestre autêntico de um charlatão.[3] O budismo não é uma fé proselitista e os mestres budistas não fazem propaganda própria ou saem por aí atrás de seguidores. Sempre compete aos discípulos fazerem o primeiro movimento, e eles deveriam fazer isso com os olhos bem abertos. Uma vez que o professor tenha sido escolhido e o discípulo aceito, a relação resultante deve igualmente se desenvolver de acordo com importantes princípios. Este é o tema central de *Consorte do Nascido do Lótus*, e a própria Tsogyal exemplifica ambos os termos da relação, primeiro como discípula e, mais tarde, como Guru. No Capítulo

4, ela descreve longamente o samaya, ou vínculo sagrado, que tal relação implica.

No nível mais fundamental, a importância do mestre espiritual deriva do simples fato de nossa própria humanidade. Nossa capacidade de encontrar e assimilar o conhecimento que ativará o potencial pleno do estado humano depende do surgimento, para nós, de uma doutrina que seja humanamente compreensível. Assim, a transmissão do Dharma requer linguagem, encontro e relações humanas. Esse pode parecer um ponto muito óbvio, mas, na prática, um encontro frutífero com o Dharma está longe de ser um fato universal da experiência, e está intimamente conectado com carma e mérito, conforme mencionado anteriormente. Algumas pessoas encontram o Dharma facilmente e progridem rapidamente, outras o encontram apenas raramente e com grande dificuldade, alguns o encontram e falham em reconhecer o seu valor. E há outros, ainda, que nunca o encontram.

Nessa conexão, é interessante considerar a visão geral budista segundo a qual o fluxo mental, como se manifesta em cada ser senciente, é algo sem fim e sem começo. Ele não possui uma origem determinável quer sincronicamente, em termos de um único momento de análise, ou cronologicamente, no sentido de ser um continuum infinito que se estende no passado até o infinito, ao longo de incontáveis éons de tempo. Com base na noção deludida do ego, os seres sencientes buscam realizar seus propósitos, encontrar felicidade e evitar o sofrimento, seguindo a interação dualista de "eu" e "outro", ego e fenômenos externos. No entanto, como os fenômenos são impermanentes, essa situação é intrinsecamente instável. Portanto, os seres passam por uma sequência infinita de estados, mais ou menos prolongados, reconhecidos como prazer ou dor, todos transitórios e incapazes de gerar satisfação duradoura. Esse processo não é apenas ilimitado; ele é não controlado e imprevisível mesmo que, dentro de certos parâmetros amplos, seja infinitamente repetitivo e destituído de propósito. Essa é a definição de samsara. Enquanto experiência de seres não iluminados, sempre foi esse o caso e, deixado por si mesmo, continuará assim para sempre. Mas, segundo o budismo, o samsara se baseia na forma deludida pela qual a mente apreende a realidade; ele mesmo é ilusório e dependente. A experiência samsárica não reflete a natureza essencial da mente, mas apenas sua ignorância. Por meio dos véus do carma e das emoções que a ocultam, a experiência samsárica surge adventiciamente à verdadeira natureza da mente, que é vista como primordialmente perfeita e imaculada. Ela não é nem prejudicada pela condição do samsara nem aperfeiçoada pela liberdade do nirvana. Para a vasta maioria dos seres, esta natureza está completamente oculta, um tesouro desconhecido, há muito tempo enterrado no esquecimento. E, ainda assim, esse tesouro não está distante: ele está intimamente presente no coração de todos de tal forma que, às vezes, se diz que sua extrema proximidade é o que o torna tão invisível. Tampouco ele é algo inerte e sem vida. Ele responde a estímulos e, no continuum de um certo fluxo mental, começa a se abrir e a se manifestar proporcionalmente ao acúmulo de ações positivas e não egoístas que se afastam do autocentramento, que é a raiz do samsara. Tais ações produzem uma energia virtuosa que, por falta de uma palavra melhor, denominamos "mérito" — observando que, quando usarmos esta palavra num contexto budista, é importante nos afastarmos da noção de recompensas e punições.

À medida que o mérito aumenta, a natureza búdica começa gradualmente a se mover. Mentalmente, um certo interesse em valores espirituais começará a ser constelado e, ao mesmo tempo, como um eco de resposta, sinais da doutrina lentamente começarão a surgir na experiência exterior. Falando metaforicamente, esses podem ser vistos como a externalização ou a projeção da natureza búdica se manifestando. Uma pessoa que vive o desabrochar de tal processo gravitará, imperceptivelmente, em direção ao ensinamento espiritual, se colocando em situações nas quais instrução e prática se tornem possíveis. Entrará em contato com professores que possam guiá-la no caminho e, finalmente, encontrará um mestre que seja capaz de estabelecê-la no estado definitivo de liberdade, levando-a, de uma forma que vai muito além de uma mera compreensão intelectual, à sua própria genuína e primordialmente perfeita natureza. Esse encontro final é o mais crucial em toda a existência samsárica da pessoa. Pois é aqui que o processo interdependente descrito alcança sua totalidade e sua completitude. Pode-se dizer que o surgimento de um mestre é a última manifestação da natureza búdica da pessoa no nível dualista — sendo que a função do mestre é conduzir o discípulo à experiência direta dessa natureza búdica, a descoberta do assim chamado Guru interior.

Com isso em mente, poderemos apreciar melhor a importância do encontro entre Yeshe Tsogyal e Guru Padmasambhava, o ponto final de um processo, no nível relativo, que se estende no passado até um tempo sem princípio. Quando o mestre perfeito e o discípulo perfeito se encontram, a transmissão completa é possível. Como a própria Tsogyal disse: "Todos os ensinamentos do Buda estavam presentes no precioso Mestre Padmasambhava. Ele era como um vaso preenchido até a borda. E depois de tê-lo servido das três formas que satisfazem um professor, tudo o que possuía ele ofereceu a mim, a mulher Yeshe Tsogyal. Ele verteu tudo como se fosse de um vaso a outro". Foi com Guru Rinpoche que Tsogyal atravessou os estágios finais de sua busca espiritual — foi ele quem revelou a ela a iluminação de sua própria natureza. O clímax desse processo é descrito lá pela metade do Capítulo 7, no momento em que Guru Rinpoche se despede definitivamente do Tibete.[4] É um momento de intensa angústia para Tsogyal — e quando temos um vislumbre do que a relação com Guru Rinpoche significava para ela em termos humanos. Em resposta às suas súplicas apaixonadas, o Guru canta seu ensinamento final, durante o qual ele diz:

> No corpo supremo de uma mulher você alcançou a realização;
> Sua própria mente é o Senhor;
> Peça a ele por iniciações e bênçãos.
> Não há outro regente do Guru do Lótus...

Guru Rinpoche prossegue, então, oferecendo uma exposição de Guru Yoga, a prática meditativa de união com o Guru, a prática que, por si só, é a mais poderosa e importante de toda a amplitude de ensinamentos budistas, especificamente criada para produzir a culminância do processo que estivemos descrevendo. Na conclusão, ele exclama:

> Nada poderá superar isto, Senhora Tsogyal!
> A compaixão de Padmasambhava nem se afasta nem foge;
> Os raios de minha compaixão pelo Tibete não podem ser cortados.
> Ali eu estou diante de qualquer um que ore a mim —
> Nunca me separarei daqueles com fé...

Assim, ele parte. E para Tsogyal não há nada mais além de escuridão. "Foi", disse ela, "como despertar de um sonho, pela manhã." Porém, em meio a mais total desolação, a realização brotou. "Eu conquistei uma confiança destemida, o ninho de esperanças e medos se despedaçou e a tormenta das emoções maculadas se dispersou. Eu experienciei diretamente a inseparatividade do Professor e de mim mesma e, com muita devoção, abri a mandala de *Lama Sangwa Düpa*." Desse modo, ela descreve em termos simples, subestimados, aquilo que deve ter sido uma das mais importantes experiências de sua vida. A Consorte e o Nascido do Lótus estiveram unidos, dali em diante, inseparavelmente.

A partir de então, Tsogyal se torna a representante do Guru, ou melhor, ela mesma uma Guru, a quem foi confiado o trabalho da completitude. Ela instrui o rei, orienta o país, fortalece comunidades monásticas e leigas e oculta os Tesouros do Dharma. Trabalha por muitos anos, tornando-se um imenso ponto de convergência de discípulos. Quando chega o momento de sua própria partida, a cena dramática tão pungentemente descrita no Capítulo 7 se repete, apesar de ali ser descrita mais longamente e acompanhada por muitos ensinamentos e profecias. As mesmas lamentações são ouvidas, os mesmos conselhos oferecidos. Assim, em seu conselho a Ma Rinchen Chok, a Senhora Tsogyal o orienta a praticar Guru Yoga, e prossegue, após essa prescrição, com uma afirmação surpreendentemente explícita sobre sua própria identidade como uma buda completamente iluminada, a personificação da natureza de sabedoria.

> Medite sobre o Professor como o brilho de sua natureza lúcida.

Quando vocês se dissolverem e se fundirem mutuamente,
Saboreie essa vasta expansão de não dualidade.
Ali permaneça.

E se me conhecer, Yeshe Tsogyal,
Senhora do samsara e do nirvana,
Você me encontrará habitando no coração de cada ser.
Os elementos e sentidos são minhas emanações,
E emanada desta forma, eu sou a cadeia de doze elos da coprodução:
Assim, primordialmente, nós nunca nos separamos.
Eu pareço uma entidade separada
Porque vocês não me conhecem.

Mais tarde, diante de uma audiência numerosa e menos íntima, o mesmo ponto é colocado, mas de uma maneira mais direta e leve:

Ouçam-me! Parem de lamentar!
O meu amor por vocês é totalmente imutável.
Vocês estão agindo exatamente como aqueles que se agarram à permanência!
Eu não morri. Eu não os deixei, nem parti para lugar algum.
Orem a mim e verão verdadeiramente minha face.

Torna-se evidente, a partir dessas observações, que o elo entre um professor autêntico e um discípulo verdadeiro é qualitativamente diferente de qualquer relação comum. Paradoxalmente, por razões que foram explicadas e como *Consorte do Nascido do Lótus* demonstra amplamente, é um contato profundamente humano e, de fato, não poderia ser de outra forma. Além do mais, visto que o professor deve aparecer sob forma humana, segue-se que ele deve ser homem ou mulher e isso tem implicações óbvias na relação professor-discípulo, que deve se realizar de acordo. A experiência mostra que isso pode trazer dificuldades para os discípulos. É uma área delicada e um campo fértil para potenciais obstáculos. Na natureza das coisas, o professor muito frequentemente aparece como alguém intensamente atraente, e isto pode facilmente disparar as respostas emocionais naturais de seres samsáricos que anseiam por relações exclusivas e recíprocas.

Esse último ponto, no qual está envolvida a questão da devoção, é um ponto importante para discípulos de ambos os sexos. Como *Consorte do Nascido do Lótus* deixa claro, a autenticidade da devoção de Tsogyal e a pureza de sua abordagem com o professor eram, em todos os momentos, inabaláveis e irrepreensíveis. Em momento algum Guru Rinpoche foi para ela algo além da perfeita corporificação da iluminação: "O Buda em forma humana que eu reverencio!" E nunca, em momento algum, a vida de Tsogyal foi algo além do perfeito exemplo de uma discípula. Mais adiante, porém, aos seus próprios discípulos, ela coloca em termos explícitos a natureza peculiar da relação guru-discípulo e a atitude correta que deveria ser cultivada. Em certo momento, ela diz:

> Portanto, voltem seus ouvidos para meu ensinamento.
> Supliquem e orem à sua guru raiz
> Com visão pura, fé e forte devoção,
> Nunca em momento algum pensando
> Que ela é uma amiga em termos de igualdade.
> Requisitem sua bênção e as quatro iniciações.
> Meditem sobre sua presença vívida,
> Nunca separada de vocês no centro de seus corações.

E mais adiante, em sua canção a Gyalwa Changchub, que em sua vida anterior tinha sido seu companheiro espiritual Arya Salé, Tsogyal celebra a boa fortuna excelente de sua associação, mas então o censura amavelmente pelos momentos em que a visão dele sobre ela, sua professora, havia sido maculada por um "olhar ordinário" e pensamentos errôneos. Com base no que foi visto nos parágrafos anteriores, a profunda razão para a devoção pelo Guru ficará evidente. Esse é o meio pelo qual a mente será aberta para a transmissão dos ensinamentos, o único ambiente no qual a introdução ao Guru interior poderá ocorrer.

Tantra

O início do Capítulo 4 nos conta que, ao se tornar consorte de Guru Rinpoche, Yeshe Tsogyal começa seu estudo dos ensinamentos; também é especificado, brevemente, que ela recebeu a transmissão completa das doutrinas Hinayana e Mahayana juntamente com as instruções conectadas às três classes dos tantras externos. Isto foi uma preliminar e a fundação para a prática principal descrita em *Consorte do Nascido do Lótus*, que gira em torno dos três tantras internos, Maha-, Anu- e Atiyoga.

Os tantras foram preservados quase que exclusivamente pelo budismo tibetano, e fazem parte dos ensinamentos do Mahayana, o budismo do Grande Veículo. Assim como os sutras Mahayana, eles são animados pela atitude da bodhichitta, a determinação de atingir o supremo estado búdico para o bem de todos os seres. Diversas características distinguem os ensinamentos tântricos, ou Vajrayana, daqueles dos sutras. Uma delas é a grande variedade de meios hábeis para que o processo de realização seja intensamente acelerado. Segundo os ensinamentos dos sutras, as duas acumulações de sabedoria e mérito necessárias para gerar o estado iluminado trazem a expectativa da necessidade de prática contínua por um período de mais de três éons incontáveis. Em contraste, por meio da implementação das iogas tântricas mais elevadas, e dadas as circunstâncias cármicas favoráveis, o fruto do estado búdico pode ser realizado ao longo de uma única vida humana. Esses ensinamentos secretos e raros na Índia eram dominados com maestria suprema por Guru Padmasambhava, e foi devido à sua atividade e bênçãos que, mais adiante, eles se tornaram amplamente praticados e profundamente compreendidos no Tibete.

A razão para o caráter esotérico dos ensinamentos tântricos é dada por Guru Rinpoche ao rei.[5] Ele diz que tais ensinamentos são mantidos secretos não porque sejam de alguma forma vergonhosos ou defeituosos, mas porque seu poder os torna proporcionalmente preciosos e perigosos. Sendo profundos, são facilmente mal compreendidos e devem ser transmitidos apenas às pessoas corretas, no momento correto. Eles são comparados ao leite da leoa das neves, um elixir de tal potência que pode estilhaçar um vaso de qualquer material que não seja o ouro mais puro. Dada a natureza secreta da doutrina e da prática tântricas, pode parecer estranho que *Consorte do Nascido do Lótus* se refira tão abertamente a elas, e mais estranho ainda que este livro seja traduzido e publicado em inglês e português. De fato, as referências neste texto aos pontos chave da prática estão, como já sugerimos, ocultas numa linguagem poética e alusiva. Elas são poderosamente evocativas, mas, por si mesmas, não constituem um método que o leitor casual possa esperar compreender e muito menos implementar. Uma pessoa genuinamente interessada deveria solicitar instruções de um professor qualificado. Apesar disso, o fato de que os ensinamentos e as práticas tântricos são citados nestas páginas significa que *Consorte do Nascido do Lótus* também compartilha da natureza preciosa e perigosa dos próprios tantras. Sendo assim, sentimos fortemente que é importante, e no melhor interesse por aqueles que entrem em contato com o texto, que este livro seja tratado com o respeito normalmente oferecido às escrituras sagradas.

Em contraste com a abordagem ascética dos ensinamentos Hinayana, e diferentemente dos antídotos meditativos utilizados no caminho Mahayana dos sutras para combater as negatividades emocionais, o Vajrayana se caracteriza pelo uso direto das emoções, assim como das energias psicofísicas da mente e do corpo. Os apoios externos de ritual, visualização, recitação de mantras e ioga são todos de grande importância. É conveniente falar do caminho tântrico[6] em termos das quatro iniciações ou quatro níveis de empoderamento que introduzem o discípulo aos diferentes aspectos do estado completamente iluminado. Nos termos mais simples, a primeira das quatro iniciações empodera o discípulo a se dedicar às iogas do Estágio da Geração. Estas iogas têm por objetivo a realização da verdadeira natureza de todos os fenômenos e envolvem principalmente as práticas de visualização e recitação. A segunda iniciação introduz o discípulo às práticas do Estágio da Perfeição, no qual os canais sutis, energias e essências do próprio corpo são objeto de meditação e são colocados sob controle. Quando isso tiver sido realização de modo perfeito, o discípulo está pronto para receber a terceira iniciação, que o empodera a praticar uma forma similar de ioga, mas desta vez tomando o suporte do corpo de outra pessoa, em outras palavras, um(a) consorte. Finalmente, a quarta iniciação se ocupa diretamente da introdução à natureza da própria mente. Yeshe Tsogyal implementou sucessivamente as práticas de todas as quatro iniciações. Veremos como sua recepção de empoderamentos e transmissões era normalmente acompanhada por sinais extraordinários e experiências de profundo insight. Subsequentemente, ela praticou intensivamente de modo a estabilizar esta experiência e a amadurecê-la até uma realização completa e indelével.

O aspecto mais chocante da ioga relacionada à terceira iniciação, e que muitos leitores acharão intrigante e talvez perturbador, é o fato de envolver especificamente o uso da energia sexual. Visto que o Vajrayana trabalha diretamente com as emoções e utiliza diversas iogas físicas e psíquicas, seria surpreendente se ele negligenciasse aquilo que é, de toda forma, um impulso propulsor na existência humana. Mesmo assim, para muitas pessoas, a ideia de usar o ato sexual como caminho espiritual pode parecer estranha, se não, de fato, contraditória. Talvez isso se deva ao fato de que, nas religiões ocidentais (a despeito dos costumes atuais), o ambiente moralmente correto para a atividade sexual é considerado o casamento, e a dimensão espiritual do sexo está intimamente associada à concepção de filhos. No outro extremo do espectro, é evidente, na vida mundana, que o sexo é frequentemente tornado trivial e deturpado de formas exploratórias e degradantes. Essas duas atitudes contrastantes podem complicar nossa abordagem deste aspecto do tantra e, na tarefa da tradução, é difícil encontrar um vocabulário capaz de expressar as noções, tanto da relação física quanto da pureza espiritual, de tal forma que não se caia nem em uma timidez indevida ou, por outro lado, que esteja maculado por lascívia e vulgaridade. No budismo tibetano, as instruções associadas com a terceira iniciação são consideradas ensinamentos extremamente elevados e são objeto de profundo respeito. Elas não são amplamente disseminadas e, por razões que logo se tornarão óbvias, estão muito além do alcance da maioria dos praticantes.

A capacidade de sentir, mas de não ter, o desejo intenso, de experimentar sem ansiar por mais, ou na verdade por qualquer coisa, é a marca de um longo treinamento e um sinal de grande desenvolvimento espiritual. A prática da terceira iniciação só pode ser implementada por pessoas capazes de sentir, mas que permanecem sem apego, mesmo em uma situação de clímax físico. É razoável pensar que os indivíduos genuinamente capazes de praticar desta forma (diferentemente daqueles que apenas pensam que são) são poucos e raros. Por outro lado, para aqueles que são capazes de implementá-la, a ioga da terceira iniciação é conhecida por ser de imenso poder e rapidez. Como é evidente na vida de Yeshe Tsogyal, ela é veloz em produzir elevadas realizações. Ao mesmo tempo, é um caminho profundamente perigoso, envolvendo uma área na qual as pessoas são especialmente frágeis, tendendo ao autoengano. É arriscada, mesmo para praticantes avançados e sinceros, porque o surgimento do apego pode ser extremamente sutil e ter como resultado a possibilidade de levar o discípulo a desviar-se do caminho. Sem dúvida, é por esta razão que poucas pessoas são encorajadas a tentar essas práticas. Um intenso desencorajamento é muito mais fácil de ser encontrado. Em seu comentário à *Fonte de Tesouros de Qualidades Preciosas*, o Khenpo Yönten Gyatso afirma:

> Os ensinamentos dizem que aqueles que recebem e praticam explicitamente a terceira iniciação devem ter anteriormente treinado seus próprios corpos por meio do caminho dos meios hábeis, de modo que seus canais sutis estejam perfeitamente alinhados, o vento-energia purificado, as gotas essenciais trazidas sob controle. Treinados na visão das duas iniciações anteriores, eles devem ser capazes de seguir o caminho com a ajuda da visão e da meditação extraordinárias, sem qualquer desejo intenso por prazer... Se um iniciante que não possui esta capacidade sair por aí clamando ser um praticante do Mantra e acabar emaranhado no desejo ordinário, seu destino será o dos reinos inferiores... É melhor praticar de acordo com a sua verdadeira capacidade e no limite da própria habilidade, acreditando com confiança no princípio do carma e com fé nas Três Joias.[7]

Conforme dissemos, nesta ioga, a energia sexual é usada de uma forma totalmente livre das impurezas da paixão e da luxúria ordinária. No que se refere aos personagens de *Consorte do Nascido do Lótus*, não é exagero dizer que o que ocorreu entre eles não foi, de modo algum, sexo no sentido ordinário da palavra, e que a prática se desenvolveu no contexto de associações bem diferentes daquelas da vida comum. As relações entre os protagonistas estavam enraizadas completamente nas práticas do Dharma e nos compromissos do samaya.

"Eu, a mulher Yeshe Tsogyal"

A vida de Yeshe Tsogyal é um relato de realização humana suprema. Por ser a história de uma mulher, e por ser contada de um ponto de vista marcadamente feminino, faz com que este documento seja de interesse único. Entretanto, apesar de o texto ser naturalmente de particular significância para mulheres, uma vez que ele vividamente se refere a muitas das dificuldades e frustrações que afligiram mulheres religiosas ao longo dos séculos, é importante entender que ele é de uma importância mais ampla e corporifica uma mensagem universal que vai muito além das considerações de gênero. Não é nossa intenção aqui nos envolver em controvérsias originadas dos temas complexos e sensíveis levantados pelo debate feminista atual. Porém, no contexto do budismo como um todo, é impossível desconsiderar o fato de que *Consorte do Nascido do Lótus* é explícito de uma forma incomum. E isso é notável por ele ser um documento antigo e tradicional.

Assim como diversas outras tradições religiosas, o budismo tem sido criticado por sua falha a nível institucional em conceder paridade de status e de oportunidades para as mulheres, assim como sua aparente recusa implícita em admitir igualdade perfeita entre os sexos em termos de potencial espiritual. É um fato inegável, por exemplo, que a sangha de bikshunis, ou ordem das monjas, foi fundada mais tarde que a dos monges e, aparentemente, com alguma relutância por parte do Buda. Também é um fato que, no nível da disciplina do Vinaya, as monjas assumem votos que as subordinam especificamente e administrativamente ao ramo masculino da ordem. E no Tibete, por exemplo, é perceptível que, apesar da condição feminina não ser uma desqualificação (como é em algumas religiões) para posições de respeito e influência na hierarquia religiosa, a ocorrência de lamas mulheres (apesar de realizações elevadas entre as mulheres terem sido sempre consideráveis) é rara. E como tudo isso se harmoniza com o fato de que o ensinamento budista objetiva estados de liberação e iluminação nos quais as distinções físicas e emocionais que separam os sexos não têm significado?

Para começar, vale a pena fazer a observação óbvia, mas importante, de que a religião institucionalizada, independentemente de seu conteúdo espiritual, é em grande medida uma criação puramente humana. Ela é condicionada pelas sociedades nas quais se forma, e sua estrutura administrativa também reflete isso. Assim, no gerenciamento de assuntos religiosos, a relação entre os sexos normalmente seguiu imperativos seculares, segundo os quais a sociedade humana tradicionalmente pressupõe o estado doméstico privado das mulheres, circundado pelas atividades externas e cívicas dos homens. Apesar de considerações sociais parecerem ter sido decisivas na formação de estruturas institucionais, é claro que isso não significou a negação às mulheres da possibilidade de se dedicarem à prática espiritual. Mas, apesar de quase todas as tradições admitirem teoricamente que a capacidade de alcançar níveis elevados de insight e santidade é igual em ambos os sexos, permanece o fato de que as possibilidades práticas abertas às mulheres foram frequentemente, em muitas sociedades, definidas e reduzidas por considerações essencialmente não religiosas. No budismo, como já dissemos, os primeiros discípulos que seguiram o chamado do Buda para abraçar a vida de mendicantes eram exclusivamente homens. Não demorou muito para que as mulheres sinalizassem suas próprias intenções de fazer o mesmo. Com base no que acabou de ser dito, entretanto, a hesitação inicial do Buda em ordenar mulheres, e sua posterior insistência de que a sangha das bhikshunis estivesse sujeita à administração dos monges, pode ser considerada como um reflexo dos padrões sociais acima delineados. E a aparente ansiedade de ter sido necessário localizar, de alguma forma, um grupo de mulheres não comprometidas em uma estrutura externa masculina pode muito bem ter sido uma medida necessária para garantir que a ordem das monjas fosse compreensível e aceitável para a sociedade daquela época.[8] A organização foi, em outras palavras, ditada por considerações históricas e culturais e não precisa ser entendida como imutável em situações nas quais tais considerações não mais se aplicam.

Voltando a *Consorte do Nascido do Lótus*, descobrimos que praticamente a primeira imagem que temos de Tsogyal é a de uma jovem mulher lutando desesperadamente contra as pressões sociais de seu tempo. Apesar das súplicas dela, e deixando de lado a própria avaliação dela de ser ainda uma criança, seu pai insiste no seu casamento. E, em seu apelo por liberdade, ela é sujeita a crueldades e ultrajes. Mais tarde, é obrigada e preparada para seguir um caminho solitário, e nunca é poupada das desvantagens de sua condição feminina em um mundo áspero e incompreensivo. Testemunhem o ressentimento fervilhando por trás da crítica dos ministros reais: "Essa garota de Kharchen destruiu sua reputação e é a ruína de sua família. Agora, será permitido que ela traga desastre para todo o reino?" Tsogyal é rotineiramente apontada como objeto de culpa, em especial, e como um objeto de despeito.[9] Em certa ocasião, ela mesma abre sua mente para Guru Rinpoche com extraordinária franqueza. A circunstância era a de um pedido por um ensinamento específico, mas, em sua explosão, podemos sentir facilmente os anos de luta e frustração que estão por trás:

> ... Pois eu sou uma mulher tímida e de muito pouca capacidade; de condição inferior, alvo de todos. Se eu peço esmolas, sou atacada por cachorros; se alimento e riquezas chegam até mim, sou vítima de ladrões; como sou bela, sou vítima de cada patife lascivo; se me ocupo com muito para fazer, o povo camponês me acusa; se não faço o que eles acham que eu deveria, as pessoas me criticam; se eu cometo um erro, todos me detestam. Tenho que me preocupar com tudo o que faço. Assim é a vida de uma mulher! Como pode uma mulher pensar em alcançar realização no Dharma? Apenas dar um jeito de sobreviver já é difícil o bastante!

É claro que tudo isso apenas serve para colocar a realização de Yeshe Tsogyal numa condição de alívio ainda mais intenso. Afligida pela fraqueza física que a torna vítima fácil de valentões, ladrões e estupradores, ela obtém sucesso, apesar de tudo. A grande confiança interna derivada de sua relação com Guru Rinpoche e os frutos de sua experiência meditativa permitem a ela ignorar a estrondosa desaprovação da sociedade sobre a qual seu triunfo, no final, é absoluto. Na conclusão do livro, em uma canção maravilhosa de vitória, as amargas recriminações acima citadas são substituídas por um humor leve, no qual ela repete com ironia o tipo de coisas que as pessoas costumavam dizer sobre ela.

> A sua Senhora, selvagem e pronta para qualquer ação,
> Sobre a qual tantas coisas recaíram, agora não existe mais!
> A rapariga que não conseguia nem mesmo segurar seu homem
> É agora a rainha do Dharmakaya Kuntuzangpo!
> Aquela criatura promíscua, desavergonhadamente arrogante,
> A pretensão agora a leva para longe, para o sudoeste!
> Aquela megera lamurienta, pronta para qualquer intriga,
> Trapaceou o seu caminho para a dissolução no Dharmadhatu!
> Aquela desanimada viúva que nenhum tibetano desejava
> Herdou agora a soberania infinita do estado búdico!

Com palavras como essas, *Consorte do Nascido do Lótus* frustra definitivamente qualquer noção de que o corpo de mulher constitui, de qualquer forma, um obstáculo para a realização espiritual. É verdade que Tsogyal é ocasionalmente derrotada, como qualquer mulher seria, ao ser confrontada com a agressão masculina. Mas, em termos de força moral, coragem física e perseverança, ela é inquestionavelmente vitoriosa. Em um retiro em uma caverna nas montanhas elevadas do Tibete, seu ascetismo a leva quase até a morte. No entanto, ela permanece fiel a seu voto e triunfa — em claro contraste com seu companheiro homem que "não conseguia mais aguentar aquilo e partiu para encontrar o Guru". Quando ela é estuprada por uma gangue de bandidos, a força de sua bodhichitta e realização são tais que ela consegue utilizar a ocasião para colocar seus violentadores no Caminho, transformando uma situação de sórdida violência em um encontro dos mais surpreendentes e belos do livro. Ainda em outra ocasião, quando foi culpada por uma série de desastres naturais e se tornou objeto de uma verdadeira caça às bruxas, a força de sua determinação e o poder de sua meditação a tornaram totalmente imune a qualquer coisa que a estupidez e a crueldade poderiam imaginar — "mas nada nem ninguém pôde fazer mal ao corpo da Senhora". Finalmente, apesar de *Consorte do Nascido do Lótus* ser dominado pela figura de Yeshe Tsogyal, ela está longe de ser o único exemplo de realização feminina. Ao longo da história, ela encontra outras grandes ioguines: Mandarava e Shakyadema, que também são adeptas supremas. Também há as próprias discípulas extraordinárias de Tsogyal, Trashi Chidren, Kalasiddhi e Shelkar Dorje Tso, sem mencionar Lodrö Kyi e as inúmeras monjas dos monastérios que Tsogyal fundou e apoiou.

Tais histórias de perseverança heroica, superação de obstáculos, vitória sobre o medo e a fraqueza são encontradas nas vidas de todos os grandes monges e iogues da tradição budista. O efeito de tais histórias aqui é o de mostrar que Tsogyal é, em todos os sentidos, igual a eles, aperfeiçoando seu estado de mulher assim como eles aperfeiçoaram seu estado de homens. Uma afirmação categórica sobre essa igualdade dos sexos no caminho espiritual é oferecida por ninguém menos que o próprio Guru Rinpoche, que inequivocamente rejeita o preconceito tradicional. Depois de Tsogyal ter passado pelas intensas dificuldades envolvidas em sua prática solitária de ioga tântrica e ter saído vitoriosa até a realização, ele a recebe com as seguintes palavras:

> Ioguine amadurecida pelo Mantra Secreto!
> A base da Liberação
> É esta estrutura humana, esta forma humana inferior.
> E aqui distinções, homem ou mulher,
> Não têm consequências.
> E ainda se a bodhichitta agraciá-la,
> Uma forma de mulher será de fato suprema!

No âmbito da identidade sexual não há necessidade alguma de aspirar a ser qualquer outra coisa além do que já se é. Mulheres e homens estão em posição perfeitamente igual. O único critério para a preeminência é a presença da bodhichitta, a determinação de atingir o estado búdico para o benefício de todos os seres. Qualquer reivindicação de superioridade com base simplesmente nas diferenças de sexo é ficção e preconceito.

De todo modo, esse preconceito está profundamente enraizado e é difícil de eliminar, um fato sobre o qual Tsogyal estava perfeitamente consciente. Em momentos de especial importância, como o recebimento de ensinamentos e iniciações, seu comprometimento com os tantras, a difícil jornada até o Nepal, o alcance da realização e assim por diante, ela incisivamente se refere à sua condição de mulher como se quisesse forçá-la à atenção dos leitores passíveis de negligenciá-la. Sua expressão "eu, a mulher Yeshe Tsogyal", repetida mais de doze vezes ao longo do livro, corporifica um ensinamento de especial importância.

Apesar de tudo o que acabou de ser dito sobre a condição feminina heroica, a verdade é que a vida e os ensinamentos de Yeshe Tsogyal são de importância universal. Seria um erro e um empobrecimento ler *Consorte do Nascido do Lótus* como se ele fosse um mero folhetim feminista. Sem dúvida uma defesa do potencial da condição feminina, ele é, acima de tudo, uma representação magistral da realização *humana* no caminho tântrico, cujo fruto está muito além do nível dualista no qual a distinção sexual se constrói. O resultado final do estado búdico é uma completitude além da dualidade. Ele é simbolizado, na iconografia tibetana, pelos consortes Kuntuzangpo e Kuntuzangmo em união, a junção perfeita de sabedoria e compaixão, estado desperto e vacuidade, bem-aventurança e vazio, um estado além das palavras e da imaginação. Assim, apesar de o "nirmanakaya, universalmente renomado como Yeshe Tsogyal", ser percebido em forma humana e feminina, sua realidade definitiva é completamente transcendente, além de masculino ou feminino. De fato, no nível absoluto, como o texto deixa claro, Yeshe Tsogyal e Guru Rinpoche, a Consorte e o Nascido do Lótus, são unos em perfeita união. "No espaço absoluto, seu nome é *Kunzang Pema Yabyum* — o Todo Excelente Guru-Consorte Nascido do Lótus. Seu Corpo, Fala, Mente, Qualidades e Atividades estão presentes em todos os lugares, onde quer que haja espaço."

Tesouro do Dharma

Consorte do Nascido do Lótus é um "terma" ou texto de tesouro e, assim, pertence a uma classe notável e muito importante da literatura do budismo tibetano. Como tal, além do mais, é um texto de importância incomum por descrever a inauguração da tradição Terma e revelar a importância do papel que Yeshe Tsogyal desempenhou nela.

Apesar de a ocultação de ensinamentos — para preservá-los até tempos posteriores, quando poderão ser disseminados e implementados de modo mais eficaz — ser encontrada em outros lugares na tradição budista, o sistema dos Tesouros do Dharma, como é mais usualmente compreendido hoje, está especialmente associado a Guru Rinpoche e é, para todas as intenções e propósitos, uma particularidade da escola Nyingma. Além do mais, apesar de a tradição Terma estar perfeitamente em harmonia com os ensinamentos budistas sobre a natureza da mente e os fenômenos externos em geral, a forma como os Tesouros são ocultados, preservados e descobertos é muito misteriosa e maravilhosa. Na verdade, é muito surpreendente que se não fosse pelo fato de que grandes tertöns (reveladores de Tesouros), de autoridade e integridade inquestionáveis e que viveram em nosso próprio tempo, tivessem falado em detalhes sobre o tema e disseminado ensinamentos extraídos dos Tesouros que eles mesmos revelaram, a própria existência dos Termas certamente seria difícil de acreditar. O tema dos Tesouros do Dharma ocultos é muito extenso e sua teoria subjacente é sutil e intrincada. Felizmente, uma discussão completa sobre o fenômeno foi composta no século dezenove por Jigme Tenpai Nyima, o terceiro Dodrupchen Rinpoche, e foi traduzida e apresentada por Tulku Thondup Rinpoche. Leitores interessados encontrarão muitas informações nesse texto inestimável.[10]

Para os propósitos desta introdução pode-se dizer, nos termos mais gerais, que quando Guru Padmasambhava foi ao Tibete estava ciente do desenvolvimento futuro do mundo e do declínio das possibilidades para o progresso espiritual. Ele previu o embrutecimento da mente humana e da conduta ética e a concomitante poluição dos elementos constituintes do universo externo. Profetizou a diminuição da força humana assolada por desastres, conflitos e terríveis novas doenças e, acima de tudo, a inclinação reduzida ao engajamento no esforço espiritual. Portanto, ele transmitiu muitos ensinamentos aos seus discípulos mais próximos, não para disseminação imediata mas para preservá-los para gerações posteriores, quando deveriam surgir como se tivessem acabado de sair dele mesmo, carregados de bênçãos, "ainda cálidos com a respiração das dakinis". É interessante saber que a vasta maioria de sadhanas e iogas praticadas hoje na escola Nyingma foram extraídas de textos Terma. A ocultação dos Tesouros não deve ser de modo algum entendida no sentido comum de, por exemplo, esconder um tesouro de moedas em um campo ou manuscritos em uma caverna, como é o caso dos Pergaminhos do Mar Morto. Quando Guru Rinpoche ocultou seus ensinamentos, ele os guardou nos mais profundos recônditos das mentes de seus discípulos realizados, profetizando que, em algum momento futuro, esses discípulos renasceriam e recuperariam os ensinamentos das profundezas de suas consciências. Como apoio para a recordação desses ensinamentos, "substâncias de Tesouro" foram frequentemente ocultadas em locais específicos. Elas compreendem, por exemplo, uma imagem do Guru ou, na maioria dos casos, pequenos pergaminhos de papel amarelo contendo um texto, normalmente bem curto e escrito em símbolos. O efeito da substância de Tesouro sobre o tertön é o de estimular e recuperar das camadas mais profundas de sua mente o ensinamento completo concedido pelo Guru muito tempo antes. a maneira pela qual essas substâncias foram "colocadas" e escondidas também foi extraordinária. Guru Rinpoche e Yeshe Tsogyal não as ocultaram dentro de "objetos", no sentido usual da palavra, mas dentro da "natureza essencial" dos elementos, dentro do tecido, "como uma rede" dos fenômenos. Elas podem ser encontradas dentro de pedras ou nas colunas de edifícios antigos, na superfície de penhascos, em lagos, até mesmo no ar. Além do mais, sua descoberta só é possível para o tertön profetizado e, mesmo assim, apenas em certos momentos e em situações muito específicas daquilo que pode ser chamado de coincidência interdependente.[11] Os ensinamentos de Tesouro podem ir de breves instruções e orações a longos ciclos de material doutrinário que se estendem por muitos volumes. Em certas circunstâncias, é possível que os Tesouros repentinamente se manifestem na mente do tertön sem o estímulo de uma substância externa.

Entretanto, esse não foi o caso com *Consorte do Nascido do Lótus*. O texto completo foi codificado na escrita simbólica *(dayig)* e confiado, conforme registrado no início do livro, a protetores espirituais. Eles o guardaram e, finalmente, o presentearam ao revelador, o tertön Taksham Samten Lingpa (aprox. 1650), que, assim estimulado, relembrou o Tesouro e o registrou por escrito. Como ele próprio exclama no colofão do texto: "Esse é um milagre maravilhoso, eu o escrevi conforme brotou em minha mente!" A escrita simbólica é normalmente inteligível apenas para o tertön predestinado, e apenas ele é capaz de revelar o seu significado. Apesar disso, a escrita secreta é, às vezes, registrada no texto tibetano decodificado, e foi reproduzida nesta tradução nas posições onde aparece no original.[12]

Apesar de Guru Rinpoche ser a origem principal da tradição Terma, o trabalho principal de codificar, escrever e ocultar os Tesouros foi confiado a Yeshe Tsogyal, e essa foi, de fato, uma de suas maiores responsabilidades e um de seus maiores presentes para as gerações posteriores de praticantes budistas. O Capítulo 7 é concluído com uma lista longa, mas abreviada, dos lugares no Tibete onde os Termas foram ocultados e, no capítulo precedente, Tsogyal resume seus esforços nos seguintes termos:

> Nem um único torrão de terra que as mãos possam segurar
> Está agora sem as minhas bênçãos.
> E o tempo demonstrará a verdade disto —
> A prova será a extração dos Tesouros...
> Os elementos quíntuplos eu trouxe para o meu comando,
> E em todos os lugares eu preenchi a terra com Tesouros.

Apesar de a grande maioria dos textos Terma estar diretamente associada a Guru Rinpoche, é também verdade que ensinamentos de Tesouro foram ocultados por outros grandes mestres que atingiram o nível supremo. Entre eles, por exemplo, está o pandita Vimalamitra, um dos patriarcas da tradição Dzogchen, e Vairotsana, o tradutor tibetano e discípulo de Guru Rinpoche. Esse ponto é de certa importância, pois evidências internas sugerem que *Consorte do Nascido do Lótus* foi um tesouro criado e ocultado pela própria Yeshe Tsogyal. Taksham Samten Lingpa é visto como uma encarnação do discípulo de Tsogyal, Gyalwa Changchub, o qual, como já vimos, era uma encarnação de seu companheiro anterior, Arya Salé. Como Dodrup Tenpai Nyima deixa claro, os seres capazes de revelar Termas devem pelo menos ter a realização das práticas do Estágio da Perfeição. Por outro lado, aquele que dá origem aos Tesouros deve possuir a realização suprema do estado búdico.[13] *Consorte do Nascido do Lótus* testemunha, assim, a iluminação de Yeshe Tsogyal.

Consorte do Nascido do Lótus

UMA TRADUÇÃO DE
*A Canção do Alaúde dos Gandharvas
Uma Revelação em Oito Capítulos
Da História Secreta da Vida e da Iluminação
De Yeshe Tsogyal, Rainha do Tibete*

UM TEXTO DE TESOURO COLOCADO POR ESCRITO POR
Gyalwa Changchub e Namkhai Nyingpo

DESCOBERTO POR
Terton Takshan Samten Lingpa

Namo Guru Deva Dakinibhya!
Homenagem à hoste de Dakinis do Guru!

Ó Buda Luz Ilimitada,[14]
Ó Senhor Soberano Que Tudo Vê,[15]
Ó Guru do Lótus,[16] sua compaixão manifesta;
Professor nos Três Kayas, Três Joias e protetor dos migrantes,
A você e a todos os mestres da linhagem eu faço oferendas.

Prostro-me a Dechen Karmo, Mãe de todos os budas
Do passado, do presente e de todo o tempo futuro:
Samantabhadri de grande bem-aventurança, a dakini Dharmakaya,
E Vajrayogini, Sambhogakaya,
E a Senhora Tsogyal, a Nirmanakaya.

A transmutação dançante de sua forma
Encanta os corações dos budas nos três tempos.
O Senhor de Orgyen a fez detentora de seus ensinamentos.

Ela conquistou a memória sem falhas,
Ela, a mãe fértil de Tesouros profundos.

A realização suprema lhe pertence:
O corpo diamantino de arco-íris.

Dakini-guru que caminha pelo céu!
Seu nome é Yeshe Tsogyal,
Oceano Vitorioso de Sabedoria.
Para o benefício de gerações futuras,
Esta história de sua vida e liberação,
Assim como alguns fragmentos de seus ensinamentos,
O próprio sangue do coração[17] das dakinis,
Foram colocados aqui por escrito e ocultados.

Nyongkha Nakpo, senhor flamejante dos demônios,
Dugon da face de leão, guardem este Tesouro!

Samaya Gya Gya Gya[18]

Prólogo

❖

Emaho!

Padma thödrengtsel, mestre do mantra, cuja natureza é a mesma de todos os budas do passado, presente e futuro, é realmente um siddha poderoso, nascido em um botão de lótus, não maculado pelo nascimento humano. Superando mesmo Shakyamuni, ele realiza a atividade iluminada dos budas dos três tempos. Ele ensinou e preservou por um longo tempo os ensinamentos do Mantrayana—todos tão difíceis de disseminar. Apenas pelo poder de seu pensamento, subjugou o povo selvagem do Tibete, os orcs e ogros do sudoeste, e os pagãos, demônios, deuses e espíritos — todos tão difíceis de domar. Com seu poder, manifestou exibições milagrosas inesperadas — todas tão difíceis de demonstrar. E o siddhi da vida imortal, tão difícil de alcançar, ele realmente realizou.

Então, como um meio para propagar o Mantra Secreto, ele tomou para si consortes dotadas com qualidades especiais, do céu mais elevado até os terrenos de cremação e lugares sagrados, em reinos divinos e humanos, e nos domínios dos nagas e gandharvas. Elas eram mais numerosas que as sementes de gergelim necessárias para preencher um enorme silo. Em especial neste mundo, o continente das maçãs rosa,[19] de Índia, China, Tibete, Gen, Jang, Li e Hor, ele tomou não menos de setenta mil donzelas, todas dotadas com as qualidades perfeitas. Porém, na verdade, ele nunca esteve separado das cinco emanações de Vajravarahi: a emanação do corpo, Mandarava; a emanação da fala, Yeshe Tsogyal; a emanação da mente, Shakyadema; a emanação das qualidades, Kalasiddhi; e a emanação das atividades, Trashi Chidren. Por último, havia a dakini Prabhadhara, a emanação do aspecto de Talidade, que conta como a sexta. Entre elas, a indiana Mandarava e a tibetana Yeshe Tsogyal foram supremas. A vida de Mandarava é relatada em outro lugar;[20] aqui, de forma breve, se apresenta o relato de Yeshe Tsogyal.

CAPÍTULO 1

EMANAÇÃO

❖

Ela, que é a mãe de budas do passado, presente e futuro, a nirmanakaya renomada em todas as direções como Yeshe Tsogyal, acumulou méritos e purificou os obscurecimentos por eras contáveis e incontáveis,[21] emanando grandes ondas de bondade para tudo o que é vivo. Nos tempos do nobre Sadaprarudita, nascida como filha de um negociante, ela encontrou o Buda Dharmodgata e, na companhia de quinhentas donzelas, decidiu firmemente não renascer mais no samsara.[22] Mais tarde, ao morrer, ela peregrinou por um longo tempo por muitos campos búdicos sambhogakaya e, com o tempo, quando o Buda Shakyamuni apareceu na terra, ela renasceu como uma mulher conhecida como Gangadevi e reuniu os ensinamentos dele. Depois disso, ela permaneceu novamente em campos búdicos sambhoghakaya, sendo conhecida como Sarasvati, e lá gerou boa fortuna e benefícios para muitos.

Assim, naquele tempo, o rei budista Trisong Detsen, uma manifestação do nobre Mañjushri, desejou trazer a Doutrina Sagrada para o país do Tibete. Para tanto, ele convocou o poderoso professor Padmasambhava, livre de nascimento e morte, que não era ninguém mais que o próprio Buda Amitabha surgindo neste mundo humano. De fato, o rei o convidou e construiu Samye, o Glorioso, a alegria do seu coração. Ele também estabeleceu inúmeros templos próximos e distantes, e com isso fez com que os ensinamentos do Dharma Sagrado se elevassem e brilhassem como o sol.

Foi então que o Grande Mestre Padmasambhava aconselhou a si mesmo: "Para que eu possa propagar os ensinamentos do Mantra Secreto", ele ponderou, "chegou o tempo de uma encarnação da deusa Sarasvati surgir". E naquele mesmo instante, como a lua lançando seu reflexo sobre o mar, ele foi para longe, até a terra emanada de Orgyen. Surgiram rumores sobre seu paradeiro. Os ministros tibetanos disseram que o Guru havia sido punido e exilado nas fronteiras selvagens de Thokar. O rei religioso, de sua parte, declarou que ele estava morando nas três

Fortalezas do Leão de Mön, dedicando-se à prática espiritual. E quanto ao povo comum, eles estavam fofocando que ele teria voltado para a Índia com a rainha! Mas a verdade é que o Guru estava passando por centenas de campos búdicos nirmanakaya, permanecendo lá por sete anos na contagem humana. Ele invocou Vajrayogini, a deusa Sarasvati, Tara do Franzir Irado, as dakinis das quatro classes e aquelas das terras e locais sagrados e de outros lugares — todas sem exceção. Ele encontrou prazer com cada uma delas e as animou com esta canção de alegria.

> *Hri!*
> No céu secreto de grande desejo, livre dos desejos,
> E através dos raios e feixes de profunda paixão, livre das paixões,
> Do vajra do êxtase do desejo além do desejo,
> É chegado o tempo do jogo do Grande Êxtase, profundo e secreto.

Então, Sarasvati se levantou em meio às deidades reunidas e assim respondeu:

> *Ho!*
> Heruka, Herói, Senhor do êxtase,
> Você é um grande dançarino!
> Dance aqui se puder!
> Este lótus sagrado contém
> O mais intenso do Grande Êxtase.
> Pois neste espaço secreto,
> Não há pesar ou dor.
> E agora é o momento adequado
> Para descer a uma terra selvagem e bárbara.

'Samaya Ho!' bradou o Senhor;
'Samayastvam!' bradou a Senhora;
'Samaya Hri!' ele disse; e ela 'Samaya Tishta'.
'Raho Ham!' ele disse; e ela 'Ragayami'.

Com essas palavras, o vajra do Senhor e o lótus da Senhora se uniram, e assim eles permaneceram em meditação. Lochana e as quatro outras budas femininas fizeram oferendas e louvores. Os senhores herukas baniram as forças obstrutoras. Os bodhisattvas fizeram orações pela boa fortuna. As grandes sentinelas afastaram os impedimentos, e as quatro guardiãs femininas dos portões levantaram um círculo de proteção. As deusas vajra[23] dançaram, enquanto os protetores das dez direções, as mamos e os dharmapalas se comprometeram a proteger a Doutrina. Naquele momento, o grande êxtase do Senhor e da Senhora fez com que todos os mundos tremessem e chacoalhassem. E naquele instante, do ponto de sua união, foi emitida uma grande luz: uma letra vermelha *É*, circundada por uma guirlanda de vogais brancas, e uma letra branca *Wam*, circundada por uma guirlanda de consoantes vermelhas, que caíam — caíam como uma estrela cadente até a terra do Tibete, até o vale de Drak Seu.

Samaya Gya Gya Gya

CAPÍTULO 2

Nascimento

❖

Durante o período da dinastia primordial, desde o primeiro rei, Nyatri Tsenpo, até Namri Songtsen, o Tibete esteve dividido em sete feudos. Mas quando o grande rei religioso Songtsen Gampo ascendeu ao trono, assumiu todo o Tibete sob seu domínio, assim como fizeram seus sucessores. Incomensuráveis foram os frutos de sua proeza. Para administrar os sete feudos, ele estabeleceu príncipes vassalos por decreto real. Seus nomes eram Kharchenpa, Surkharpa, Kharchupa, Gongthangpa, Tsepa, Drakpa e Rongpa.

O filho de Kharchenpa, o fundador de uma grande comunidade Bön, foi Kharchen Zhönupa, cujo filho foi Kharchen Dorje Gön, cujo filho, por sua vez, foi Kharchen Pelgyi Wangchuk. Na idade de quinze anos, Kharchen Pelgyi Wangchuk tomou como esposa Getso, do clã de Nub, e assumiu o fardo da liderança, pois seu pai havia morrido. Seu coração se inclinou para o budadharma e, seguindo a palavra do rei, introduziu a Doutrina aos seus súditos.

Dez anos se passaram, e aconteceu um dia, quando ele e sua esposa estavam entregues aos deleites do amor, de ambos terem uma visão. Pareceu para Getso que uma abelha dourada, cujo zumbido era mais doce que o som de violas,[24] veio do oeste e se dissolveu na coroa da cabeça de seu marido. Para o príncipe de Kharchem, pareceu que sua esposa tinha três olhos, e ele viu uma garota de oito anos de idade segurando uma viola e cantando: *"a ah, i ih, u uh, ri rih, li lih, é eh, o oh, am ah"* e *"hri hri hri hri hri"*. Ela veio até ele e desapareceu. Imediatamente a terra tremeu. Houve uma explosão de luz e o ressoar do trovão, seguidos por um longo e grave ribombar. Uma pequena fonte ao lado do castelo cresceu até se tornar um lago e houve muitos outros sinais. Naquela noite, Kharchenpa teve outro sonho; desta vez, ele estava segurando em sua mão um lótus de oito pétalas que brilhava e iluminava tudo ao redor. Ele ouviu uma voz proclamando que a luz preenchia o universo de um bilhão de mundos. E ele sonhou que, da coroa de sua cabeça, surgiu uma estupa feita de coral. As pessoas eram atraídas para ela vindas da China, Jang, Hor, Tibete, Mongólia, Mön, Nepal e outras terras. Alguns disseram que tinham vindo apenas para vê-la, outros que desejavam levá-la consigo. Alguns disseram que queriam roubá-la, outros que queriam carregá-la. Nesse mesmo sonho, pareceu para Kharchenpa que, em sua mão, ele segurava uma viola que, mesmo sem ser tocada, preenchia todo o universo de três níveis de mil[25] com sua melodia. E, de todos esses mundos, multidões inconcebíveis de pessoas vieram e ouviram como se nunca fosse o bastante para ficarem satisfeitas.

Getso, de sua parte, sonhou que segurava em sua mão um colar de conchas e corais. Dos corais vieram grandes quantidades de sangue, enquanto das conchas fluía leite em abundância. Ela ofereceu essas substâncias a uma multidão de pessoas, mas, por mais que elas bebessem, não conseguiam exaurir o fluxo, que preencheu o mundo com amrita vermelha e branca. E ela ouviu uma voz proclamar que a amrita não secaria até o final daquela era.

No alvorecer da manhã seguinte, apareceu uma donzela de pele branca que eles nunca tinham visto. Ela era amável como uma filha dos deuses. "No lar deste pai principesco", ela disse, "o Buda surgiu, o Dharma e a Sangha. *Alala*, este é um milagre maravilhoso!" E com isso ela desapareceu.

Por nove meses inteiros sons de vogais e as palavras *Hri Guru Padma Vajra Ah*, assim como os tantras do Mantra Secreto, puderam ser ouvidos ressoando clara e continuamente, especialmente na língua sânscrita. E com o tempo, quando o sol se levantou no décimo dia do mês do macaco no ano do pássaro, Getso deu à luz sem dificuldades. Naquele instante, a terra tremeu e surgiu um som de trovões ribombando. Uma chuva de flores caiu e o lago cresceu muito em volume; ao seu redor apareceu uma linha maravilhosa de botões vermelhos e brancos, cintilantes e totalmente desabrochados. O palácio foi envolvido por uma tenda de arco-íris, uma rede de raios cruzados de luz iridescente, visível para todos. Música tomou os céus, e por um longo tempo o som doce de uma viola pôde ser ouvido. Muitas deusas foram vistas nas nuvens, cantando esta canção auspiciosa:

Hri!
Natureza do darmakaya,
Samantabhadri da grande bem-aventurança,
Vajrayogini, dakini sambhogakaya,
Nirmanakaya, mãe suprema de todos os budas,
A você toda a felicidade e fortuna!

Dakini darmakaya, abismo da Vacuidade,
Sambhogakaya, Sarasvati, mãe dos budas nos três tempos,
Nirmanakaya, suprema e perfeitamente dotada,

A você a vitória!

Darmakaya, expansão da Sabedoria Primordial,
Sambhogakaya, mãe dos seres sublimes, Tara branca dos sete olhos,
Nimanakaya, suprema entre os vivos,
A você nos prostramos!

E deixando cair uma chuva de flores, elas se dissolveram no espaço vazio.
No exato momento de seu nascimento, a criança recitou as vogais e consoantes e exclamou: "Grande Senhor de Orgyen, lembre-se de mim!" E ajoelhando-se, ou sentando com as pernas cruzadas, ela permanecia contemplativa com os olhos totalmente abertos. Imaculada pelas impurezas do útero, a carne de seu corpo brilhava branca e rosada, seus dentes eram como fileiras de pequenas conchas, e seus cabelos negros azulados caíam até a cintura. Quando sua mãe lhe trouxe manteiga do *dri* para comer, ela lhe disse:

Eu, sua filha, uma ioguine nirmanakaya,
Sou nutrida pelo alimento das essências puras,
E alimentos impuros eu já deixei há muito para trás.
Mas, mãe, eu comerei — para que você possa acumular méritos.

Ensinamentos essenciais serão a minha comida.
E todo o samsara eu engolirei.
A mente lúcida, sabedoria prístina, será agora a minha satisfação.
Ah Ye!

Com essas palavras, ela comeu a manteiga. Seu pai, o senhor de Kharchen, exclamou: "Esta minha filha é muito superior às outras crianças. Ou ela se tornará uma grande budista ou meditadora Bönpo, ou a consorte de um grande rei! E visto que nosso lago[26] cresceu tanto quando nasceu, ela receberá o nome de Tsogyal, Oceano da Vitória."
Depois de apenas um mês, o bebê tinha a aparência de uma criança de oito anos. Pensando que não seria bom se as pessoas soubessem disso, seus pais a mantiveram escondida até os dez anos. Nessa idade, Tsogyal havia crescido e se tornado uma garota adorável, cuja beleza era agora bem conhecida por todos. Multidões vinham do Tibete, China, Mongólia, Jang, Gen e Nepal, simplesmente para vê-la.

SAMAYA ITHI

CAPÍTULO 3

Díscipula do Guru

❖

Então, o senhor de Kharchen e Getso, sua esposa, se aconselharam com os membros de sua família e todos concordaram que Tsogyal não deveria se casar com ninguém além do rei. Pois eles raciocinaram que, se ela fosse concedida a um pretendente comum, os outros certamente ficariam ofendidos e irromperiam disputas. Portanto, ela não foi oferecida a nenhum dos jovens que vieram buscando sua mão, e todos foram dispensados. Mas, inesperadamente, o senhor de Kharchu, Pelgyi Zhönnu, chegou, e também Dorje Wangchuk, o senhor de Surkhar. Cada um havia trazido consigo uma caravana de trezentos cavalos e mulas carregados com presentes. E, é claro, ambos exigiram o casamento com Tsogyal. E assim, como oferecê-la a um deles aborreceria o outro, foi finalmente decidido que a própria Tsogyal devia ser consultada.

"Eu não irei com nenhum deles!", ela gritou. "Pois assim eu afundaria na terrível prisão do samsara e seria realmente difícil de escapar dali! Que desgraça! Mãe, Pai, eu lhes imploro, pensem nisto!" Mas, apesar dela implorar e implorar, eles ficaram surdos aos seus pleitos.

"Eu penso", declarou o pai, "que não há ninguém melhor que esses pretendentes. Portanto, não seja uma garota insolente e ingrata. Eu não tenho como levá-la para longe até a China ou para Hor. Venha agora, eu a oferecerei a um deles."

Aos dois rivais, ele disse: "Minha filha diz que não deseja ir com nenhum dos dois. Por outro lado, se eu a oferecer a um dos dois, o outro ficará insatisfeito e me trará problemas. Mas a garota é minha filha e vocês são rivais buscando a sua mão. Portanto, eu a tirarei da casa e aquele que a apanhar pode ficar com ela. O perdedor, porém, não deve me causar problemas. Se ele o fizer, eu o levarei ao rei para ser punido!"

Vestida com rica seda, e com uma caravana de cem mulas e cavalos carregados com provisões, a indefesa Tsogyal foi trazida para fora. Tão logo saiu, os dois rivais se puseram atrás dela, competindo um com o outro em velocidade. Shantipa, o ministro do senhor de Kharchu, foi o mais rápido. E agarrando Tsogyal pelos cabelos, tentou levá-la consigo. Tsogyal enterrou seus pés em um rochedo, rasgando-o como se fosse argila. Ninguém conseguia movê-la, ela estava inabalável como uma montanha. Rasgando suas vestimentas, o malvado ministro chicoteou sua pele nua com um açoite de metal. "Garota desavergonhada!", ele gritou. "Seus pais não souberam comandá-la! Venha! Venha comigo ou irei matá-la!" E bateu nela. Mas Tsogyal cantou:

> Se este corpo humano que obtive,
> Apenas uma vez no espaço de muitos kalpas,
> Não for um meio
> Para alcançar a iluminação,
> Por que eu o faria fonte
> De sofrimento no samsara?
>
> O glorioso Kharchu,
> Por mais elevado e poderoso que seja,
> Não tem a menor chance
> De alcançar a iluminação.
>
> Assim, mate-me se desejar,
> Não me importo!

O ministro Shantipa replicou, com raiva:

> Mulher!
> Externamente sua forma é bela,
> Por dentro tudo está podre!
> Porque sua pele é adorável
> Você é um problema para nossos governantes!
> Macia por fora, mas por dentro dura como cascalho,
> Esposa de Kharchu, garota, você se tornará!

E Tsogyal disse:

> Agraciado com liberdades e dotes[27],
> Esta forma humana tão difícil de encontrar!
> Mas é difícil encontrar um corpo como o seu,
> Fazendo apenas o mal,
> Quase nem mesmo um homem?

Esposa de Kharchu por que deveria eu ser?

Novamente, o ministro bateu nela com o açoite até que seu corpo ficou dilacerado e sangrento. No fim, Tsogyal não conseguiu mais suportar e, levantando-se, partiu com ele.

Naquela noite, o ministro e seus homens chegaram a Drakda, onde se divertiram com danças e música. Tsogyal estava desesperada. Suas lágrimas caíam, misturando-se com o sangue. Ela pensou muito em como escapar, mas sem sucesso. Então, tomada pela tristeza, cantou este lamento aos budas das dez direções:

Kyema Hu!
Protetores de todos os seres,
Budas das dez direções e todos os bodhisattvas!
Guardiões poderosos e compassivos,
Com olhos de sabedoria e poder milagroso,
É chegado o momento de honrar
Seus grandiosos votos de bodhichitta!

Meu desejo puro e branco
Era mais branco que a neve.
Mas pelas ações de inimigos demoníacos
Ele é encoberto e escurece,
Mais escuro que a ferrugem.
Ó, olhem para mim com olhos de grande compaixão!

Meu desejo era excelente
Como o ouro precioso.
Mas pelas ações de inimigos demoníacos,
Ele foi depreciado,
E está pior que uma liga barata.
Voltem para mim seus olhos de sabedoria!

Meu desejo pela iluminação
Era perfeito como uma joia.
Mas pelas ações de inimigos demoníacos,
Ele se torna grosseiro,
Mais barato que uma pedra.
Seres poderosos, demonstrem sua força!

Eu desejava praticar o Dharma,

Nesta vida e corpo.
Mas pelas ações de inimigos demoníacos,
Eu tropeço e caio
Nos pântanos do samsara.

Ó vocês que possuem compaixão,
Tirem-me rapidamente desse caminho!

Tão logo a canção terminou, todos os homens adormeceram como se estivessem embriagados pela cerveja. E mais rápida que o vento, através de morros e vales, Tsogyal fugiu para longe, para o sul. Na manhã seguinte, houve um tumulto no acampamento. Os homens revistaram toda Kharchen, mas Tsogyal não foi encontrada em lugar algum. Eles olharam em todos os lugares, mas, ao fim, tiveram que retornar a Kharchu de mãos vazias.

Foi nesse momento que o Mestre Padmasambhava retornou, no piscar de um olho, a Samye Chimphu. Os ministros maldosos descobriram e foram até lá unidos com a intenção de matá-lo. Mas o que eles encontraram foi uma massa flamejante de fogo, e foram tomados pelo medo. Voltando para o rei, disseram:

Kyeho!
Grande rei, filho de deuses e senhor dos homens,
Aquele vagabundo estrangeiro que levamos à justiça
E exilamos em Thokar[28]
Está, em vez disso, em Chimphu
E está morando ali!
Devemos sacrificá-lo ou novamente mandá-lo para o exílio?

Em seu coração, o rei religioso se regozijou. E pensando em solicitar ao Mestre instruções sobre como alcançar a iluminação sem primeiro ter que abandonar os obscurecimentos, ele enviou três tradutores para convidá-lo a retornar, confiando a cada um uma oferenda de três lingotes de ouro.

Depois, quando o Mestre estava descendo de Chimphu, os ministros maldosos estavam de tocaia esperando por ele em um desfiladeiro estreito, armados até os dentes. O Mestre soube disso e, enviando os três tradutores à frente, seguiu depois, sozinho. Fazendo o mudra da ameaça, gritou *"Hung Hung Hung!"* e, em uma montanha de fogo que crepitava até o pico da existência[29], apareceu na forma irada de Guru Drakpo e os ministros todos caíram desmaiados no chão.[30] Então, ele apareceu no palácio real onde o rei foi tão tomado pelo medo que desmaiou, apesar de seus cortesãos não conseguirem ver nada. O Mestre então recolheu sua manifestação e retomou sua forma pacífica. Quando o rei recobrou os sentidos, fez muitas prostrações e circum-ambulações. Preparou uma imensa oferenda de festim ganachakra e fez a solicitação que havia planejado anteriormente.

Mas o Mestre lhe disse: "O tempo de revelar o Mantra Secreto ainda não chegou. Treine sua mente nas práticas dos outros veículos e, nessa época, no próximo ano, eu lhe ensinarei."

Enquanto isso, Yeshe Tsogyal estava escondida na ravina de Onphu Taktsang, onde se sustentava com frutas e se vestia com o líquen das árvores.[31] Mas o senhor de Surkhar descobriu para onde Tsogyal tinha ido e enviou uma força de trezentos homens para procurá-la. Descoberta mais uma vez, Tsogyal foi carregada sem poder lutar. Kharchupa ficou sabendo e enviou notícias para o senhor de Kharchen, o pai de Tsogyal:

> Grande príncipe, Pelgyi Wangchuk!
> Sua filha, apesar de concedida a mim, fugiu e,
> Ouvi dizer, foi encontrada por Surkhar em uma terra distante.
> O que aconteceu? Isto é verdade ou mentira?
> Se isso aconteceu com o seu conhecimento, lutarei com você;
> Se não, farei guerra com Surkhar.

Assim dizendo, ele reuniu um grande exército.
Kharchen Pel enviou esta resposta:

> Esta é minha resposta para Kharchu Dorje Pel.
> Sua noiva fugiu,
> Mas não irei reprová-lo.
> Eu não sabia de fato
> Que ela havia deixado sua casa.
> Como seria a guerra vantajosa para você?

E ele reuniu suas tropas.
Então, chegou uma mensagem de Surkharpa:

> Grande príncipe, Pelgyi Wangchuk!
> Eu procurei sua filha em terras muito distantes
> E, encontrando-a, trouxe-a para minha casa.
> Se lhe oferecer joias e riquezas inimagináveis
> Você me dará sua adorável filha?

Mas esta foi a resposta que ele recebeu:

> O acordo que fizemos foi comprometedor:
> O mais veloz dos dois poderia levá-la.
> Se agora eu receber uma oferenda por minha filha
> Haverá lutas.
> E assim, pelo bem da paz, para os outros e para você mesmo,
> Permita que minha filha caminhe por onde ela desejar,
> Naquelas terras muito distantes.

Surkharpa, porém, declarou que, independentemente das consequências, não soltaria Tsogyal. Ele acorrentou a garota e, reunindo um grande exército, preparou-se para a batalha. Mas as notícias chegaram aos ouvidos do rei, que despachou sete ministros para Kharchen com esta mensagem:

> Kharchen Pelgyi Wangchuk, ouça!
> Se você não prestar atenção em mim, seu rei,
> Minha força rapidamente o esmagará!
> Sua filha é sublime e bela,
> Uma rainha valorosa para mim.
>
> Caso qualquer um de meus súditos cause incômodos,
> Sua vida será tomada, como a lei decreta!

Kharchen Pelgyi Wangchuk, então, relatou os eventos em detalhes ao rei, e ofereceu sua filha com a mensagem:

> *Ho!*
> Senhor do mundo, fortaleza entre os homens!
> Minha filha é a melhor entre muitas.
> Se o rei a tomar como rainha,
> Como isso não seria uma alegria para mim?
> Guerras e disputas eu já temo,
> Mas temo muito mais os exércitos do rei!

O rei ficou muito satisfeito e, com uma força de novecentos cavaleiros, prosseguiu até Surkhar e atemorizou o seu senhor até a submissão.

Mas, para dizer a verdade, Kharchen Pelgyi Wangchuk tinha, ao todo, três filhas. A mais velha, Dechen Tso, ele ofereceu a Kharchu Dorje Pel, que ficou bem satisfeito. A segunda, cujo nome era Nyima Tso, ele ofereceu a Surkhar Zhönnu Pel, que ficou igualmente feliz. E a mais jovem, Tsogyal, foi recebida em casamento pelo próprio rei. Assim, apesar de as expectativas iniciais dos dois pretendentes terem sido frustradas, a confusão se dissipou naturalmente e a paz prevaleceu. E Tsogyal, coberta por joias de todos os tipos e vestida com a mais fina seda, seguiu seu caminho até Samye acompanhada pelos enviados de boas-vindas do rei. Lá, o rei banqueteou-se por três meses em celebração de seu casamento.

Como Tsogyal tinha fé no budadharma, ela foi instituída como administradora da religião. Muitos professores eruditos a instruíram nas artes da leitura e da gramática, as cinco ciências maiores e toda a sabedoria religiosa e secular. Em todas as áreas, apenas algumas poucas indicações simbólicas já bastavam para que ela compreendesse completamente os ensinamentos.

Foi nessa época que o rei fez seu convite ao grande mestre Padmasambhava. Ele montou um trono de substâncias preciosas e ofereceu um enorme festim ganachakra. Derramou uma massa de riquezas mundanas tão alta quanto uma montanha, colocando montes de ouro sobre uma mandala de prata, e montes de turquesa sobre uma mandala de ouro. E de modo magnífico ele ofereceu todo o seu império: as quatro províncias centrais de Ü e Tsang, representando o monte Meru[32]; China, Jang e Kham, como o continente oriental e os subcontinentes; Jar, Kongpo e Mön, como o continente do sul e subcontinentes; as três regiões de Ngari, como o continente ocidental e subcontinentes; e Hor, Mongólia e as planícies setentrionais, como o continente do norte e subcontinentes. Como oferenda de todos os prazeres sensoriais, o rei presenteou todo o seu reino junto com sua rainha. Então, fazendo nove vezes nove prostrações, ele fez seu pedido.

"Grande Guru, ser precioso! Todo o meu reino eu coloco diante de você como uma mandala. Mestre Precioso, contemple minhas oferendas! Todos os seres, deuses e humanos—você sempre os cuidou com sua grande compaixão. Eu lhe suplico agora, conceda-me essa suprema doutrina além da lei cármica de causa e fruto, os Mantras Secretos que não são contados entre os ensinamentos comuns, as instruções especiais pelas quais o estado búdico é alcançado instantaneamente nesta mesma vida e corpo."

Em resposta, o grande Guru cantou:

> *Emaho!*
> Grande e religioso rei, preste atenção cuidadosamente em mim!
> Do campo de Lótus da Grande Felicidade,
> Livre de localização ou implementos, não encontrado,
> Um globo de luz, o corpo, a fala e a mente vajra
> De Amithaba, livre de nascimento e morte,
> Desceu sobre o pistilo de um lótus, não causado, não elaborado,
> Flutuando sobre um oceano vasto, ilimitado.
> Dali eu surgi.

Nem pai, nem mãe, nem linhagem eu possuo.
Espantoso, eu surgi de mim mesmo.
Eu nunca nasci e nunca morrerei.
Eu sou o iluminado, eu, o Nascido do Lótus.
Eu, o soberano da hoste de dakinis,
Sou detentor do verdadeiro segredo dos Mantras Secretos,
Transcendendo a lei de causa e fruto.
Tantra, agama e upadesha,
Ensinamentos para a prática,
Instruções diretas pessoais,
Todos eles eu detenho.
E samayas, vitais, que não devem ser esquecidos.

As oferendas do poderoso rei são esplêndidas,
Mas o Dharma não é barganhado por posses.
Agir assim apodreceria o samaya raiz.
Destruição então cairia sobre nós dois
E em nossa morte nos afundaria nos infernos.

Todo o grande mundo eu tenho sob meu poder.
Os seus presentes reais, apesar de vastos, não são o bastante
Como razão para revelar os Mantras Secretos,
Ensinamentos que requerem um vaso perfeito.
Pois quando o precioso leite da leoa das neves
É derramado em um recipiente que não seja do mais puro ouro
O vaso quebrará, e o leite será perdido.

E assim eu mantenho esses ensinamentos ocultos,
Selados em meu coração.

Enquanto cantava, ele milagrosamente expandiu seu corpo, a parte superior preenchendo o mundo do desejo, a parte inferior alcançando os abismos dos infernos. Então, na forma de um professor humano, ele assumiu seu lugar sobre o trono. O rei se prostrou, jogando-se ao chão como uma parede em colapso. "Grande Mestre", ele implorou. "Eu sou o rei e mesmo assim careço de boa sorte? Sou eu um vaso inadequado para os ensinamentos do Mantra Secreto?" E ele bateu seu corpo contra o chão, chorando. Guru Rinpoche respondeu: "Grande rei, ouça-me".

Emaho!
O Mantra Secreto é denominado "secreto"

Não por guardar qualquer defeito.
Mas na verdade ele está escondido
De mentes estreitas que estão nos caminhos inferiores.

Mas você, Ó rei, é de fato afortunado!
Com sabedoria, amplitude mental e entendimento,
Seu samaya e sua fé são irreversíveis;
E com devoção você confia em seu professor.

Pelo desejo sensual não sou de modo algum maculado,
A falha do desejo carnal é desconhecida para mim.
Mas na prática do Mantra Secreto
A presença de uma mulher é necessária.
Ela deve ser bonita, de boa linhagem,
E pura em seu samaya.
Ela deve ser honesta e extraordinariamente sábia,
Habilidosa e abençoada com as qualidades da compaixão,
Sem restrições na generosidade de mão aberta,
Uma perfeita dakini de sabedoria na verdade.

Se tal mulher estiver faltando,
Faltarão os elementos que dão origem
Ao amadurecimento e à liberdade da mente.
O fruto da prática do Mantra Secreto
Chegará lentamente.

Hoje no Tibete, esta terra sob o sol,
Por todos os lados há devotos da prática tântrica.
Mas aqueles que alcançam o fruto
São raros como estrelas durante o dia.
Portanto eu abrirei, poderoso rei,
A porta do Mantra Secreto!

Com essas palavras, o Guru apareceu na forma de Vajradhara. Imediatamente, o rei se prostrou, batendo sua cabeça no chão. E ele ofereceu a Senhora Tsogyal, juntamente com as cinco substâncias de samaya. O Mestre ficou bastante satisfeito e fez de Tsogyal sua consorte. Ele concedeu iniciações a ela, e eles foram para Chimphu Geu, onde praticaram em segredo.

SAMAYA ITHI GYA GYA GYA

CAPÍTULO 4

Ensinamentos e Instruções

❖

Foi pela primeira vez em Chimphu Gegong e em Yamalung que, por meio dos preceitos verdadeiros e definidos das Quatro Nobres Verdades[33], o Mestre incitou a Senhora Tsogyal à prática da virtude. Ele lhe ensinou os Sutras, o Vinaya e o Abhidharma, que são ensinamentos para o nível da verdade relativa. Ele a instruiu no princípio infalível do carma, a lei de causa e fruto, ensinando-a o comportamento que deveria abraçar e as ações que deveria abandonar. E a colocou no estado dos votos de pureza e virtude. Ela recebeu e guardou no coração todas as doutrinas dos primeiros seis veículos do Dharma. Tsogyal conseguiu estabilizar sua meditação; e apreendendo o significado completo de tudo o que lhe foi explicado, atingiu uma compreensão perfeita. A deusa Sarasvati apareceu sem ser invocada, e Tsogyal obteve o siddhi da memória infalível. Ela contemplou todo o mundo com o olho físico[34], adquirindo tanto a clarividência comum quanto a transcendente, e conquistou o poder de manifestar aparições milagrosas incompreensíveis.

Não enumerarei todos os ensinamentos que a Senhora Tsogyal recebeu por temer que a lista fique longa demais. Mas, em resumo, como ela mesma disse:

"Todos os ensinamentos do Buda estavam presentes no precioso Mestre Padmasambhava. Ele era como um vaso preenchido até a borda. Depois de tê-lo servido das três formas que agradam a um professor[35], tudo o que possuía ele deu para mim, a mulher Yeshe Tsogyal. Ele verteu tudo em mim como se fosse de um vaso para outro. Por meio de minha mente à vontade com o Dharma, compreendi as diferenças entre os nove veículos, e me tornei capaz de distinguir a doutrina verdadeira da falsa. Conhecendo o segredo da lei cármica de causa e fruto, concebi o desejo pelo ensinamento verdadeiramente insuperável que transcende totalmente o carma. E assim implorei ao Precioso Guru:

Kyema!
Na terra de Oddiyana você nasceu,

E reinou supremo na Índia entre os sábios.
No Tibete o regente do Conquistador,
Ó Buda em forma humana que eu reverencio!

Apesar de jovem, já passei por muitas coisas.
Eu era uma garota de doze anos quando sofrimentos se abateram
    sobre mim.
Meus pais não me deram atenção e me ofereceram como noiva:
Tais são os costumes deste mundo humano.

Meu coração não tinha inclinação aos meios mundanos;
Eu fugi buscando segurança no desfiladeiro de Onphu Taktsang.
O anseio luxurioso de um pretendente me encontrou
E, acorrentada e indefesa, fui arrastada para o sofrimento.

Senhor e Guru, grande é sua compaixão!
O grande rei religioso foi minha liberação:
Eu vim para Samye escolhida como sua rainha.
A você ele me ofereceu, sua noiva de dezesseis anos,
Como base para a terceira iniciação.

Eu vejo o segredo agora do carma de causa e fruto,
Conceda a mim, eu suplico, o ensinamento elevado
Que transcende essa lei.

"Com a face radiante e sorridente, Guru Rinpoche me respondeu com esta canção melodiosa:

Muito bem dito, Senhora, Donzela de Kharchen!
Você é uma garota de apenas dezesseis anos
E, mesmo assim, já viu os intermináveis sofrimentos
De uma mulher de oitenta!
Tudo foi o seu carma, tenha clareza disto.
O que resta dele agora foi purificado,
E daqui em diante apenas a felicidade lhe caberá:
O renascimento em formas cármicas negativas é agora impossível.
Você enxerga o segredo da lei de causa e fruto,
E sinceramente deseja a doutrina suprema do Mahayana.
Isto é realmente excelente.

"Com estas palavras do Mestre, eu atravessei o limiar dos ensinamentos do Mantra Secreto, assumindo os samayas raiz e secundários. E o Mestre disse:

Kyema!
Ouça, Senhora, Donzela de Kharchen,
Rainha Samantabhadri, preste bem atenção!
A raiz do Mahayana, do Mantra Secreto, é o samaya.
Caso você o deixe apodrecer,
A terra sob seus pés se dissolverá para sua ruína!
Assim, seja fiel aos seus votos.

"Primeiro eu recebi as quatro seções do samaya, que são os samayas raiz de Corpo, Fala e Mente e seus vinte cinco ramos. O samaya fundamental, entretanto, é aquele da bodhichitta, no qual o relativo é selado pelo absoluto. Desde o princípio o corpo é a deidade, a fala é o som espontâneo do mantra, e a mente nada mais é que a talidade, Dharmata.

"O samaya do Corpo tem três aspectos: do mestre, dos discípulos e dos métodos para manutenção do samaya. A categoria do professor, por sua vez, tem seis aspectos: o professor em geral, o professor como guia, o professor como quem concede o samaya, o professor como o reparador do samaya, o professor como o liberador do fluxo mental e o professor que transmite as instruções essenciais. Da mesma forma, há quatro categorias de parentesco espiritual: geral, distante, próximo e o compartilhamento da mesma mandala.

"O meio de preservação do samaya do Corpo é o seguinte: externamente, o professor e nossos irmãos e irmãs espirituais deveriam ser para nós como nosso senhor, nossos pai e mãe e a família próxima. Internamente, nós os tratamos como nossos olhos, nosso coração, nossa própria vida. Secretamente, nos comportamos com eles em pensamento, palavra e ação sem enganos ou malícia, como se eles fossem nossas deidades yidam. Em resumo, com nosso corpo fazemos prostrações tanto para o professor quanto para nossos irmãos e irmãs espirituais, e os circum-ambulamos. Nós preparamos seus assentos e os honramos como se fôssemos seus servos. Nós lhes oferecemos tudo o que possa agradá-los: alimento, riquezas, corpo e prazeres. Acima de tudo, o mesmo respeito que temos pelo professor demonstramos por sua esposa, filhos, filhas, irmãos, seu pai e sua mãe, suas irmãs e assim por diante, mesmo seus servos. É assim que o samaya sagrado é preservado. Da mesma forma, abandonamos qualquer senso de desdém em relação aos discípulos, monges e benfeitores que obedecem às instruções do professor e que são seus servos. Em resumo, assim como respeitamos o professor, também honramos todos os que são caros a ele, assim como seus servos, cavalo e cachorro. De fato, sem a permissão de nosso professor ou de nossos irmãos e irmãs espirituais nós não usaríamos, ou mesmo cobiçaríamos, uma única semente de gergelim de suas provisões, riquezas ou posses. É dito nas escrituras que passar por cima, pisar, ou sentar-se sobre um chapéu do professor, ou roupas, sapatos, almofada, cama, trono, mesmo sua sombra, é o mesmo que destruir uma estupa ou estátua do Buda. Qual a necessidade de dizer que deveríamos nos abster na presença do professor de agredir ou matar, furtar ou assaltar? As escrituras dizem que não deveríamos nem fazer brincadeiras sobre tais coisas. E é totalmente certo que falar para os outros sobre qualquer falha que o professor apresente, atribuir-lhe falhas que ele não possui e responder insolentemente às suas reprimendas fará com que renasçamos no inferno do Tormento Insuperável. Não haverá prorrogação da pena mesmo que veneremos os budas de mil milhões de universos. Falando por mim mesma, eu não transgredi, nem mesmo por um instante ou no menor grau, o samaya do Corpo com relação ao meu professor ou minha família espiritual. Eu não os enganei, não guardei mágoas com relação a eles, nunca os humilhei, não mantive visões errôneas sobre eles, nunca lhes desejei mal ou os insultei.

"Os samayas da Fala, relativos à deidade yidam, possuem dois aspectos: a maneira pela qual são classificados e os meios pelos quais são mantidos. No que se refere à classificação, há três tipos de mantra e quatro tipos de mudra. No caso dos primeiros, há o mantra raiz da causa infalível, o mantra circunstancial do estágio da geração e o mantra de ação da recitação. Com relação aos mudras, há o samayamudra relativo à mente, o karmamudra relativo à sabedoria primordial, o Dharmamudra e o Mahamudra.

"De modo a preservar o samaya da Fala, o corpo, a fala e a mente devem estar unidos às mandalas do guru, da deidade e da dakini, e isto é feito de acordo com os três modos de prática: excelente, moderada e básica. Dessas três formas, eu mesma pratiquei as setecentas mil mandalas dos Mantras Secretos insuperáveis, às quais fui introduzida por meu Professor. Seguindo o modo daqueles que possuem faculdades superiores, eu nunca abandonei o samadhi da Grande Bem-aventurança, livre de pensamentos—o nível excelente. Eu não abandonei nem o samadhi que vê a existência fenomênica como deidades masculinas e femininas (o nível moderado), nem o samadhi que é ininterrupto como o fluxo de um rio (o nível básico). No nível excelente de um ser superior, eu pratiquei as mandalas de Hayagriva e Vajravarahi continuamente, como um córrego em movimento. No nível moderado de um ser superior, observei o samaya da prática de Vajrakila em seis sessões ininterruptas, três de dia e três de noite. No nível básico de um ser superior, celebrei uma vez por dia o ciclo completo de sadhanas dos *Oito Grandes Herukas*, com a recitação dos mantras apropriados, oferendas de festim de ganachakra e assim por diante. Eu pratiquei sem avaliar o custo. Da mesma forma, em relação às outras deidades, nunca negligenciei qualquer mandala à qual tivesse sido introduzida, nunca pensando nem por um instante que a mera introdução fosse suficiente. Em relação às práticas realizadas no nível excelente, eu me dediquei aos seus estágios de aproximação e consumação com regularidade a cada mês, bem como às oferendas nos dias auspiciosos. Considerando as práticas executadas no nível moderado, realizei seus rituais uma vez a cada lua nova e cheia, no oitavo e décimo dias do mês e assim por diante. No que se refere às práticas do nível básico, nunca falhei em realizar os rituais uma vez por mês. E, mesmo no nível fundamental da prática, realizei os rituais uma vez por ano.[36]

"O samaya da Mente se refere a Visão, Meditação e Ação. Novamente, ele pode ser considerado do ponto de vista classificatório. Isso significa que, quando a visão profunda é experimentada na meditação, as práticas externa, interna e secreta de união e liberação são implementadas. De modo similar, como meio para preservar o samaya, há quatro classes de segredo: quatro segredos 'gerais', quatro segredos 'intermediários', segredos 'apropriados' e segredos 'confiados'. Os quatro segredos gerais são o nome da deidade yidam, o mantra, o mantra de atividade e os sinais de realização. Os quatro segredos intermediários são os locais e os momentos da prática, os assistentes na prática e as substâncias rituais. Os segredos apropriados são os materiais de oferenda, tais como as oblações internas e secretas: amrita, torma e assim por diante, assim como implementos como kapala, phurba, khatanga, vajra, sino, mala e todos os elementos e apoios para a prática do Mantra Secreto insuperável. Essas são, por exemplo, mandalas materiais, as oito vestimentas do terreno de cremação, ornamentos de osso e outros, especialmente o tambor de crânio, a copa de crânio e a corneta de fêmur. Os quatro segredos confiados incluem as atividades privadas de nossos irmãos e irmãs espirituais, tais como sua prática secreta, assim como o comportamento maldoso de homens e mulheres comuns. Em resumo, não falamos aos outros sobre quaisquer ações que não deveriam ser reveladas, sejam referentes ao nosso guru, à nossa família vajra ou a qualquer outra pessoa.

"Estes são, então, os samayas de Corpo, Fala e Mente, bem como os dez segredos: os samayas do Corpo conectados com o professor e as quatro categorias de discípulos; os samayas da Fala referentes aos três tipos de mantra e aos quatro mudras; por último, os quatro segredos externos, os quatro segredos internos, os segredos apropriados e os confiados. Todos eles eu recebi do Professor, e os mantive de modo puro sem permitir que fossem maculados, nem mesmo por uma fração de segundo, mesmo chegando à menor partícula imaginável.

"O Professor Precioso também me ensinou os vinte cinco samayas derivados. Primeiro, os samayas das cinco ações a serem realizadas: união, liberação, roubar, mentir e falar agressivamente; então, os cinco samayas de substâncias a serem aceitas com anseio: excrementos, bodhichitta, carne, sangue e urina; os cinco samayas de objetos sobre os quais meditar: as cinco Famílias Búdicas, as cinco sabedorias, os cinco Budas, suas cinco Consortes, e os cinco Corpos; então, os cinco samayas de emoções que não devem ser rejeitadas: desejo, ódio, estupidez, orgulho e inveja; por último, os cinco samayas de objetos de conhecimento: os cinco agregados, os cinco elementos, os cinco poderes sensoriais, os cinco objetos sensoriais e as cinco cores. Em relação aos samayas detalhados explicados em outros textos, eu também os recebi. Nem mesmo por um único segundo eu falhei em sustentar o menor samaya. Portanto, o Mestre de Orgyen me teve continuamente em sua compaixão, e eu ingressei na mandala do Mantra Secreto insuperável. A porta para o Mantra Secreto é a iniciação; e da iniciação, os samayas são a raiz. É por isso que eu os expliquei."

Quando se encontravam em Samye Yamalung, o Guru revelou a mandala do Mantra Secreto e introduziu Tsogyal ao *Kadü Chökyi Gyamtso*.[37]

Naquele momento, o povo se reuniu para celebrar o Ano Novo tibetano, e os ministros, ao notarem a ausência de Tsogyal, perguntavam onde ela estava e se algum infortúnio havia ocorrido. Ninguém sabia, e assim eles foram até o próprio rei. Incapaz de manter o segredo, ele lhes contou como a tinha oferecido como consorte ao Mestre Precioso. Diante disso, os ministros de Zhang, o grande ministro Lugung Tsenpo, assim como Takra Lutsen, Zhangton Pön, Gyugyu Ringmo, Mama Zhang, Jarok Gyu, Shentra Go e outros, todos hostis ao Dharma, lamentaram-se com o rei a uma só voz:

> *Kyé!*
> Grande rei, Senhor do povo tibetano!
> O seu coração foi alimentado por um demônio?
> Não desperdice o creme do poder real!
> Não encharque com sangue a cabeça do povo tibetano!
> Não lance a herança do povo ao vento!
> Não trate seus ministros como cães!
> Não seja a desgraça do reino do Tibete!

"A tradição de seus ancestrais", eles gritaram, "o jugo de ouro, a linhagem descendente dos deuses, caiu nas garras de um estrangeiro, aquele chamado de Padmasambhava, esse vagabundo indiano, esse mago maléfico! Ó, o quão facilmente essa calamidade caiu sobre nós! O povo sente-se oprimido com o sofrimento. Essa garota de Kharchen destruiu sua reputação e é a ruína de sua família. Agora ela será deixada livre para trazer o desastre para todo o reino?

"Agora, grandes ministros", eles continuaram furiosamente entre si, "pensem bem sobre isto, enquanto ainda são capazes de respirar! Mesmo que o coração do rei tenha sido arrancado de seu peito, ainda há como devolvê-lo, assim diz o ditado, desde que o saco de poder dos ministros não tenha sido ainda rasgado. Portanto, vamos ponderar bem!"

Mas antes de o rei ou qualquer dos ministros poderem falar, Goe, o Ancião, elevou sua voz: "Senhor, ai de nós! Os conselhos dos ministros são infindáveis, e diz-se que na presença do rei conselhos deveriam ser oferecidos de modo breve. Portanto, que os ministros possam se reunir em outro lugar." Todos concordaram com isso, e os ministros partiram para fazer seu concílio.

O rei estava desolado e enviou secretamente uma mensagem para o Guru, na Rocha Vermelha Yamalung. O Guru recebeu e respondeu:

Kyema!
Divino senhor dos homens!
Dificuldades ainda surgem,
Porém, eu, o Nascido do Lótus,
Não temo nascimento ou morte.

Os oito grandes medos![38]
Qual dano poderiam eles trazer
A esta minha forma,
Que é suprema, como o diamante?
Apesar de todo o mundo ser hostil,
Qual terror traria isto para mim, o Nascido do Lótus?

Se os pais se alarmarem tão facilmente,
Qual segurança haverá para as crianças?
Se eu que sou o refúgio de todos os seres migrantes
Não puder proteger aqueles que me buscam,
Como poderei ser um guia para as multidões incontáveis?
Portanto, Grande Rei!
Afaste o desencorajamento e reze!

O rei se alegrou com estas palavras e pronunciou este conselho, na presença do povo:

Ouça-me, povo do Tibete,
Brancos ou negros ou em alguma posição intermediária!
Eu observo e propago o Dharma,
Plantando, assim, a Doutrina do Buda,
Sobre a luz de minha crença
Nenhuma sombra do Bön cairá.

O seu rei protege o Dharma,
Ouçam a sua palavra!
No Tibete, esta terra sob o sol,
Eu promoverei lugares onde
O Dharma poderá ser aprendido e praticado,
O Dharma que une os sutras e os tantras.

Recebam a ordem do rei e dos ministros!
E punição para aqueles que não a seguirem!
Convidem, assim, o sagrado Senhor de Orgyen,
Façam-lhe oferendas e confessem suas falhas:
Haverá benefícios para aqueles que assim o fizerem!

Os ministros Takra e Lugong responderam ao rei:

Divino senhor dos homens, você apenas é o rei!

Dê-nos conselhos valiosos, Senhor,
Conselhos bem pensados, bem ponderados!
Não seja a ruína dos modos dos seus pais!
Não jogue fora as leis da terra tibetana!
Não perfure os corações e as mentes do povo!
A alegria e a riqueza do Tibete derivam do Bön;
Quem guardará o Tibete além dos deuses Bönpo?
Nós imploramos, seja o escudo e o guardião do Tibete!

Primeira entre as rainhas reais
É Yeshe Tsogyal.
De fato, ela se parece com uma filha de Brahma.
O que aconteceu? Onde ela está?
Terá aquele mendigo estrangeiro hindu a assassinado?
E você, ó rei,
Está tão inconsciente e insano?
O que aconteceu? Você não está ciente?
Se assim for, o poder real falhará
E rapidamente se tornará nada.

Portanto, traga de volta Tsogyal.
Devolva-a para a sua cama;
E que a justiça recaia sobre aquele estrangeiro!

"Como diz o ditado", eles gritaram para os seus companheiros ministros: "Uma magia maldosa interna e mau comportamento sem fim; doença crônica no corpo e dor infindável. Assim, vamos buscar esse estrangeiro e trazê-lo para julgamento. Se ele escapar do julgamento, vamos matá-lo! Companheiros ministros, vocês estão conosco? Temos que permanecer firmes. Se ficarmos indecisos e deixarmos de agir com vigor, nossa classe nobre será destruída. Vamos deixar esse rei cabeça de porco destruir seus ministros, que são como o orgulho dos leões? É verdade, a palavra do rei é poderosa, portanto, deixem-no falar o que quiser. Mas o conselho dos ministros também é influente; então, vamos tomar a decisão." E a maioria dos ministros Bönpo se comprometeu.

Mas Shupu Pelseng, Drugu Ube, Kawa Peltsek, Chokro Lui Gyaltsen, Dre, Yung, Nub e os outros conselheiros budistas se reuniram e disseram: "Tempos maléficos e uma amarga atribulação para o Dharma! Eles estão tramando maldades ilimitadas e inomináveis contra nosso Senhor, o segundo Buda. Nosso grande rei da religião, apesar de ser uma joia dos céus, não é levado em consideração. O Dharma não se disseminará; a Doutrina não encontrará raízes; e agora eles irão cometer os cinco pecados de perdição imediata. Poderia a morte ser mais amedrontadora que isso? Mesmo se o Tibete se tornasse um deserto, isso seria nada. Aconteça o que for, devemos proteger nosso Guru e sua Consorte." E, após essas palavras, ficaram em silêncio.

Então, o grande rei religioso falou: "O Mestre é como o próprio Vajradhara", ele disse. "Se em vez de lhe mostrar reverência vocês tramarem contra ele pecados ilimitados, saibam e compreendam, ó ministros, que sofrerão maldades nove vezes maiores do que as que tiverem preparado para ele. Pois sou eu que tenho o domínio sobre esta terra!" E ficou em silêncio.

Até mesmo uma das rainhas, a Senhora de Tsepong, falou com os ministros maldosos. Mas não houve acordo. O tumulto prevaleceu. E assim, Goe, o Ancião, falou e ofereceu este conselho:

"Majestade! Certamente é melhor estar em harmonia com seus ministros do que permitir que este reino do Tibete se esfacele e desuna."

O rei concordou e disse aos ministros maldosos: "Ouçam, poderosos ministros do Tibete, meus amigos! O poder neste mundo depende do rei, e se o rei for poderoso, os ministros da mesma forma terão grande força. Mas sem o soberano, quais são os feitos apenas dos ministros? Portanto, não tragam preocupações para a face de seu rei, mas ofereçam-lhe conselho respeitoso."

Os ministros se submeteram, e então o rei se voltou para os budistas.

"Ai de nós!", ele suspirou, "Mesmo estando fortemente conectado com o Dharma, ainda assim estou cercado por demandas egoístas. Crimes cometidos em nome da religião nunca são justificados e, de qualquer forma, quem poderia prejudicar o corpo vajra de nosso Professor? Está claro que deveríamos chegar a um acordo entre nós."

Os budistas também concordaram, e assim todos os ministros se reuniram na presença do rei e deliberaram cuidadosamente. Depois de algum tempo, o rei prometeu que, desde que o Professor não fosse prejudicado, ele lhe ofereceria ouro e o enviaria de volta à Índia, enquanto que a Senhora Tsogyal seria banida para Lhodrak. Todos concordaram com isso. E assim, para agradar os ministros, Guru Rinpoche e Yeshe Tsogyal pareceram seguir a decisão. Na realidade, entretanto, eles foram para o penhasco de Zhoto Tidro, para o Grande Local de Encontro das Dakinis, a morada da Senhora Verde do Sino Mortal, um local invulnerável a qualquer tipo de obstáculo. E lá eles se engajaram na prática secreta.

Foi dessa forma que eles partiram. O rei fez uma oferenda ao Guru e à sua consorte, incluindo três medidas de pó de ouro e sete lingotes de ouro, e pediu por bênçãos e profecias. Com isso, o Guru e sua consorte desceram de Yamalung e, no pescoço de uma rocha em forma de corvo, eles ocultaram um Tesouro do Dharma, pronunciando predições sobre sua descoberta futura. Repentinamente as doze deusas Tenma apareceram, carregando um palanquim de luz branca circundado por um halo de brilhante radiância. O Guru e sua consorte subiram nele. O palanquim se elevou no ar e eles partiram. O rei e os ministros do Tibete, e todos que estavam assistindo, foram tomados pela fé. E daquele momento em diante, o lugar ficou conhecido simplesmente como Ökar, Luz Branca; ou Ökardrak, A Rocha da Luz Branca.

Instantaneamente, o Guru e sua consorte chegaram ao seu destino.

"No início", a Senhora relembrou, "nós ficamos em Tidro, no Grande Local de Encontro das Dakinis, onde eu, a mulher Tsogyal, preparei a mandala externa usual, e com nove prostrações fiz o seguinte pedido:

> *Kyema!*
> Sagrado Senhor de Orgyen!
> Você possui um Corpo Vajra:
>   Você não teme o Demônio Senhor da Morte;[39]
> Você possui um Corpo Ilusório:
>   Você derrotou o Demônio Filho dos Deuses;
> Você possui um Corpo Vajra de Arco-íris:
>   Você esmaga o Demônio dos Agregados.
> Você possui um Corpo manifestado a partir da concentração:

O Demônio das Aflições é transformado em seu amigo.
Guru Imortal, Nascido do Lótus!
Agora exatamente no centro de meu coração
Eu, que me chamo Tsogyal, desenvolvi
Uma fé inabalável.
O meu desejo pelo insuperável Mantra Secreto
Em Yamalung foi obstaculizado pelos ministros maldosos.
Mas pela sua compaixão, Sagrado Senhor,
Viemos até aqui cavalgando pelos céus!
Olhe para mim agora com conhecimento e compaixão,
Revele, eu imploro, a mandala que libera e amadurece.
E até que a iluminação chegue até mim,
Eu lhe imploro, em sua bondade, afaste os impedimentos.

"O Grande Mestre me respondeu:

Amável donzela, garota de Kharchen,
Como a udumbara é a mandala do Mantra Secreto insuperável,
Raramente ela floresce, e não perdura longamente.
Exceto para os seres altamente favorecidos,
Ela é difícil de encontrar.
Fique feliz, portanto, e ofereça-me
A mandala secreta.

"E eu, sem vergonha ou hesitação, e nem no modo profano do mundo, mas com alegria e profundo respeito, montei e ofereci a mandala secreta.

"Da radiância do sorriso compassivo do Mestre, raios cintilantes de luz de arco-íris foram emanados e, ao permearem mil milhões de universos, retornaram e foram reabsorvidos em sua face. Reunidos pelas sílabas *Dza* e *Hung*, eles passaram por seu corpo, fazendo com que o vajra secreto se elevasse em fúria, entrando na calma perfeita do lótus.

"Por meio dos movimentos da dança da bem-aventurança, as mandalas do sol e da lua dentro dos oito chakras raiz do Guru e de sua consorte foram gradualmente inflamadas com luz, e às deidades que residem em cada um dos oito chakras a oferenda das Quatro Alegrias foi realizada. E nessa experiência inflamada da realização da bem-aventurança da perfeita luminosidade, difícil de sustentar, a mandala da *Essência do Coração das Dakinis*, o *Khandro Nyingtik*, foi revelada. Dentro da mandala do Corpo do Guru, os dez Budas e suas consortes das cinco famílias, juntamente com o grande Vajradhara, tornaram-se visíveis e concederam a iniciação do Corpo do Guru. Os cinco agregados, que são puros em sua natureza intrínseca, claramente se tornaram os cinco Budas. Os cinco elementos, também intrinsecamente puros, claramente se tornaram as cinco consortes. Foi assim que as iniciações e sadhanas das cinco famílias búdicas do Guru me foram concedidas.

"Então, Guru Rinpoche disse: 'A iniciação externa do vaso foi conferida, assim como os meios para realizar as cinco famílias de deidades pacíficas. Ela apresenta o mundo externo como um palácio celestial e os seres que o habitam como deidades. Pratique assim por sete dias.'

"E assim, de acordo com as instruções do Professor, eu pratiquei por sete dias, considerando o mundo externo como o palácio celestial e os habitantes internos como deidades masculinas e femininas. Sem esforços, a totalidade do universo inanimado apareceu como o palácio da deidade, e todos os seres animados manifestados dentro dele podiam ser claramente percebidos como os Budas das cinco famílias em união com suas consortes. Constantemente, noite e dia, tudo aparecia como possuindo a natureza das cinco famílias.

"O Guru disse: 'É chegado o momento de conferir o aspecto interno da iniciação externa. Monte a mandala sete vezes, como antes.'

"Assim, sete vezes eu montei a mandala com alegria e devoção e a ofereci, dizendo:

> *Emaho!*
> Meu corpo é o Monte Meru, o rei das montanhas,
> Meus membros são os quatro continentes circundantes.
> O lótus da Grande Bem-aventurança é a base
> Tanto do samsara quanto do nirvana igualmente.
> Para o benefício dos seres, amorosamente aceite
> Esta mandala imaculada de Grande Felicidade.

"O Guru ficou satisfeito, e o estrépito de suas gargalhadas, ecoando e ribombando ao redor, abalou os três níveis do mundo, fazendo com que tremessem e chacoalhassem. Ele surgiu na forma de Padma Heruka, feroz e forte, e o heruka do sinal secreto, estimulado pelo som furioso das sílabas *Ha Ha! Hi Hi!*, penetrou o lótus, o ventre da consorte. Eu assumi a expressão de Varahi e o Corpo do Guru surgiu como a mandala do heruka Hayagriva, o senhor de incontáveis budas irados. Foi assim que a mandala denominada *Essência do Coração de Hayagriva*, o *Tamdrin Nyingtik*, foi revelada e a iniciação concedida.

"Nos cinco chakras do corpo do Guru, transformado no glorioso Hayagriva, cinco dakas em união com suas consortes se revelaram, suas mandalas aparecendo com grande brilho, e a iniciação da Fala do Guru foi concedida. E para mim, transformada como estava em Varahi, todos os fenômenos se tornaram inseparáveis de Hayagriva, e eu compreendi a natureza dos canais sutis, as energias dos ventos e as gotas essenciais. As cinco emoções foram transformadas e se tornaram na verdade as Cinco Sabedorias. Absorta na concentração da união imaculada de êxtase e vacuidade, eu recebi a iniciação secreta. Eu atingi a oitava terra dos bodhisattvas, e o método para realizar o Guru e a consorte como Hayagriva foi instantâneo e totalmente conferido a mim.

"Com isso, o Guru disse: 'Eu lhe concedi a iniciação interna secreta, com o método para realizar o Guru internamente como o yidam; e eu a introduzi ao seu corpo como a mandala da deidade, e aos canais, energias e essências como deidade, mantra e Mahamudra. Pratique desta forma por três a sete dias.'

"Colocando o selo da lâmpada de manteiga sobre meu corpo[40], eu me dediquei até que a sabedoria, a substância da iniciação, tornou-se estável. No início eu estava oprimida por dor e desconforto, mas no final as letras que residiam nos canais ressoaram espontaneamente. Trazendo as energias sob meu controle, eu compreendi o significado da gota essencial, que é o Mahamudra, e levei à perfeição o potencial do calor bem-aventurado e imaculado. Depois disso, os movimentos da energia dos ventos cármicos[41] cessaram, a energia da sabedoria entrou no canal central e eu manifestei diversos sinais de realização. Mas o Guru disse: 'As iniciações ainda não estão completas. O milho não deveria ser comido enquanto ainda está verde!' E assim, mais uma vez, com fé em vê-lo como maior que todos os Budas, eu solicitei ao Guru Precioso:

Kyema Ho!
Venerável, Ser Precioso de Orgyen,
Maior que os Budas do passado, presente e do futuro!
A seres inferiores, como eu mesma e outros,
Conceda, eu suplico, a iniciação suprema!

"O Guru surgiu na forma do Heruka Vermelho. Da sílaba Hung em seu coração, raios de luz foram projetados violentamente e, então, reabsorvidos na mandala do Guru. E brandindo o heruka absoluto em sua mão, ele disse estas palavras:

Ra Ham!
Dançarina celestial Tsogyal, ouça sem distrações.
Rainha Samantabhadri, ouça-me bem!
Se deseja entrar
Na mandala da essência interior,
Ofereça agora a mandala secreta do êxtase.
Se esse método for revelado,

O samaya será violado!

"Para mim, a mulher Tsogyal, as aparências profanas cessaram. Eu me desnudei na nudez da Grande Felicidade, aspergi a mandala secreta do êxtase com as cinco substâncias de samaya, e disse:

> Herói, senhor do êxtase, olhe para mim.
> Guru, senhor da Grande Felicidade!
> A mandala das essências internas eu anseio por acessar
> Com alegria verdadeira e certa.
> O samaya dessa prática
> Eu preservarei com a minha vida.

"Movimentando os pistilos do lótus com meus dedos, em uma dança rítmica, eu ofereci a mandala à mandala do Guru. O grande Padma Heruka, com o gesto do gancho, trouxe a mandala do espaço em sua direção, e em uma explosão avassaladora de tremendas gargalhadas e uma expressão de ira feroz, ele colocou o grande e ardente vajra, o heruka absoluto, sobre o trono de lótus. Todas as aparências foram envolvidas pelo longo, lento e ressonante estrondo de Grande Êxtase. A mandala do *Sol Brilhante do Espaço Radiante* foi aberta e a iniciação conferida. Na mandala do Guru de sabedoria e método podiam ser encontrados os sublimes campos búdicos dos quatro herukas, soberanos dos quatro chakras, expressos como miríades de deidades, discos de luz, e sílabas semente. E, nessa mandala, a iniciação das Quatro Alegrias foi concedida.

"O Guru e eu permanecemos em união, e por meio do poder das bênçãos do chakra em sua testa, uma experiência penetrante intensa da Sabedoria Primordial da Alegria desceu sobre mim. Nos trinta e dois campos búdicos secundários, que são a mandala branca, havia trinta e dois herukas brancos em união com suas consortes, circundados por centenas de milhares de herukas similares a eles. No centro, o heruka soberano de todos, em união com sua consorte, concedeu-me uma introdução à Sabedoria Primordial da Alegria. A aflição da raiva foi purificada, assim como as tendências habituais e obscurecimentos do corpo. Eu compreendi os aspectos do Caminho da União e, tendo agora o poder de trabalhar pelo benefício de sete universos nas dez direções, eu recebi o nome secreto de Dechen Karmo Tsogyalma: Tsogyal Branca, Senhora do Grande Êxtase.

"Da mesma forma, nos dezesseis campos búdicos secundários da mandala amarela na garganta, havia dezesseis herukas amarelos em união com suas consortes, circundados como antes por centenas de milhares de herukas similares a eles. E, novamente no centro, o soberano de todos eles, o heruka da Família Joia, em união com sua consorte, concedeu-me uma introdução às qualidades ilimitadas da Perfeita Alegria. A emoção do desejo foi purificada, assim como as tendências habituais e obscurecimentos da fala. Eu compreendi os aspectos do Caminho da Acumulação, e tendo agora a capacidade de trabalhar pelo benefício de vinte universos nas dez direções, recebi o nome secreto de Yönten Gyeché Sermo Tsogyalma: Tsogyal Amarela, Incrementadora de Qualidades.

"Novamente, da mesma forma, nos oito campos búdicos secundários na mandala azul escura do coração, oito herukas azuis escuros em união com suas consortes estavam circundados, como antes, por centenas de milhares de herukas. E no centro, seu soberano, o heruka da Família Buda, em união com sua consorte, concedeu-me uma introdução ao Mahamudra, a Alegria Suprema. As aflições da confusão e das tendências habituais da mente foram purificadas. Eu realizei os aspectos do Caminho da Liberação, e tendo agora a capacidade de trabalhar pelo benefício de trinta e seis universos nas dez direções, recebi o nome secreto de Drölche Damtsig Tsogyal: Tsogyal, Samaya Que Libera.

"Mais uma vez e da mesma forma, nos sessenta e um[42] campos búdicos da mandala vermelha que se encontra no umbigo, no centro dos sessenta e um herukas em união com suas consortes e circundados por seus séquitos, o seu soberano, o heruka vermelho, em união com sua consorte, concedeu-me uma introdução à Sabedoria Primordial da Alegria Coemergente, pela qual a consciência maculada com seu apego impuro e as tendências habituais de corpo, fala e mente foram purificadas em igual medida. Eu realizei os aspectos do caminho da Pureza Perfeita, e tendo a capacidade de trabalhar pelo benefício de infinitos universos nas dez direções, recebi o nome secreto de Thayé Yeshe Tsogyal: Tsogyal Sabedoria Ilimitada.

"O Guru disse: 'Por sete dias, se desdique à prática das quatro sabredorias na mandala absoluta das Quatro Alegrias, tomando as quatro iniciações por si mesma. Então, na ordem reversa, medite sobre o prazer como Sabedoria Primordial.'

"Então, em minha prática sobre o prazer, que é Sabedoria Primordial, a essência da iniciação, eu continuamente aumentei o ritmo das Quatro Alegrias e nunca permiti que diminuísse. Além do mais, permitir que a bodhichitta seja derramada é como matar o Buda Amitabha. Não há ninguém para quem confessar a falha, e um carma que conduz ao inferno do Tormento Insuperável é gerado. Mas eu consegui reverter a bodhichitta para cima, e empurrando para baixo a energia vital e puxando para cima a energia inferior, eu segurei o prazer no 'vaso'. Eu permaneci atenta ao êxtase, mas não ansiei por ele, e assim pratiquei, deixando de lado toda a concentração mentalmente fabricada. Nem por um instante eu dei espaço para a preguiça. Quando fixei com atenção plena a bodhichitta no lótus do bhaga[43], a ignorância foi completamente purificada e as mil e oitenta energias de ventos do primeiro período de tempo cessaram. Alcançando o Caminho da Visão da Sabedoria Primordial dos dois conhecimentos,[44] eu atingi a primeira terra. Foi então que obtive diferentes tipos de clarividência. Depois disso, fiz a bodhichitta se elevar até o centro secreto e a fixei ali. O elo interdependente de fatores condicionantes foi purificado e as energias de ventos do segundo período de tempo cessaram. Assim, eu atingi a segunda terra. Então, fixei a bodhichitta entre os centros secreto e do umbigo. A consciência foi purificada e as energias de ventos do terceiro período cessaram. Assim, eu atingi a terceira terra. Da mesma forma, quando eu segurei a bodhichitta no umbigo, o elo interdependente de nome e forma foi purificado, as energias dos ventos do quarto período cessaram, e eu atingi a quarta terra. Samsara, nirvana, mente comum, Sabedoria Primordial e Alegria Coemergente foram purificados e eu realizei o Svabhavikakaya. Depois disto, segurei a bodhichitta entre os centros do umbigo e do coração. As seis faculdades sensoriais foram purificadas, as energias dos ventos do quinto período cessaram, e eu atingi a quinta terra. Quando segurei a bodhichitta no coração, o contato sensorial foi purificado, as energias dos ventos do sexto período cessaram, e eu atingi a sexta terra. O estado mental do sono comum foi purificado, assim como Alegria Extraordinária, e como resultado eu atingi o Dharmakaya. Então, segurei a bodhichitta entre o coração e a garganta. A sensação foi purificada, as energias dos ventos do sétimo período cessaram, e eu atingi a sétima terra. A bodhichitta foi então segurada no chakra da garganta. O desejo foi purificado, as energias dos ventos do oitavo período cessaram, e eu atingi a oitava terra. O estado do sonho foi purificado, assim como a Alegria Suprema, e como resultado eu atingi o Sambhogakaya. Eu segurei a bodhichitta entre a garganta e a testa, o elo interdependente do anseio foi purificado, as energias dos ventos do nono período cessaram, e eu atingi a nona terra. Então segurei a bodhichitta no chakra da testa. O elo interdependente do vir a ser foi purificado, as energias dos ventos do décimo período cessaram, e eu atingi a décima terra. As cinco consciências sensoriais do estado de vigília, os canais do corpo e também a Sabedoria Primordial da Alegria foram purificados. E assim eu alcancei o imaculado Nirmanakaya. Então, segurei a bodhichitta entre a testa e o ushnisha de forma que o processo de nascimento foi purificado. As energias dos ventos do décimo primeiro período foram purificadas, e eu atingi a décima primeira terra. Depois disso, quando reverti a bodhichitta no ushnisha e a mantive ali, os doze elos interdependentes, até velhice e morte, foram purificados. As vinte e uma mil e seiscentas energias dos ventos do décimo segundo período cessaram, e assim foram purificados os quatro estados impuros: os estados mentais do clímax sexual, do sono profundo, do sonho e da vigília. Da mesma forma, foram purificados os canais, energias dos ventos e a essência, o suporte da mente, assim como as Quatro Alegrias. Assim eu atingi a décima segunda terra dotada dos Corpos e de todas as qualidades de um buda. Tornando-me alguém que age pelo benefício da infinitude de seres sencientes, eu alcancei maestria sobre todas as qualidades de um buda. Assim aconteceu que, em seis meses, eu realizei o propósito da terceira iniciação.

"Então, Guru Rinpoche me disse:

Kyema! Donzela, dakini!
Sua forma é jovem e foi amadurecida até a perfeição.
Donzela de dezesseis anos, agraciada
Com qualidades de seis tipos e liberdade—
Diligente, compassiva,
Senhora Sarasvati, grandiosa e sábia!
Realizada no Mantra Secreto,
Senhora, você é Varahi.
Sua mente e corpo agora estão preparados.
A porta do Mantra Secreto amadurecedor
Agora está aberta.
Agora, ser de grande coração,
Encontre um parceiro valoroso!

"Oferecendo ao Precioso Guru um festim ganachakra, com meu corpo e todas as minhas posses, eu, a mulher Yeshe Tsogyal, fiz o pedido:

Sagrado Senhor de Orgyen, Thödrengtsel,
Raiz do Mantra Secreto,
Detentor do Vajra,
Vasta, além de retribuição, é sua bondade amorosa.
Seja qual for seu prazer, eu o farei sem consideração
Pela vida ou membros, mesmo que eu morra.
Porém, ainda lhe imploro para me conceder
A iniciação da palavra da Grande Perfeição.
Ó Professor, conceda-me a quarta iniciação hoje!

"Mas o Mestre respondeu: 'O momento de ingressar no veículo da Atiyoga livre de esforços ainda não chegou para você; assim, pratique sinceramente os ensinamentos do Mantra Secreto do Mahayana.' E, com isso, ele pronunciou esta profecia: 'Senhora, sem um parceiro valoroso como meio hábil, na verdade, não há como você se dedicar à prática do Mantra Secreto. Quando um vaso de argila não foi ao fogo, ele não pode reter coisa alguma; quando não há madeira, o fogo não é possível; quando a chuva não cai, os brotos não nascem. E assim, na terra do Nepal, para onde ele foi, vindo de Serling na Índia, vive um jovem cujo nome é Atsara Salé, Salé, o Indiano. Ele é um herói, um daka, e uma emanação de Hayagriva. Ele tem dezessete anos e no seu peito há uma marca de nascença vermelha na altura do coração. Procure por ele e o faça seu companheiro. Você instantaneamente alcançará o nível do Grande Êxtase.'

"Portanto, levando um lingote de ouro e uma medida plena de pó de ouro, eu parti sozinha para o Nepal — eu, a mulher Tsogyal."

Na região de Érong, a Senhora, nossa mãe, caiu nas mãos de sete ladrões que queriam roubar seu ouro, perseguindo-a como cães atrás do cervo. Mas ela trouxe o Guru à sua mente, considerou os ladrões como deidades yidam e, com a intenção sincera de oferecer todas as suas posses como uma mandala, ela cantou melodiosamente:

Kyema!
Sete yidams do vale de Érong,
Grande fortuna realmente encontrá-los hoje aqui!
Que minha acumulação de méritos agora se complete,
Os desejos de todos os seres satisfeitos!
Rapidamente possam meus débitos cármicos ser purificados!

Éma!
Grande maravilha encontrar assim
A bondade amorosa do Professor!
Pensamentos plenos de alegria surgem de
Minhas profundezas.
Possam todos os seres ser liberados por este meu presente!

E juntando as mãos em súplica, ela dispôs o ouro em pequenos montes.

Os sete ladrões não compreenderam suas palavras, mas o som da voz da Senhora tocou seus corações. Eles atingiram o primeiro nível de samadhi e, fitando-a com olhos arregalados, eles disseram na língua do Nepal: "Ah, Senhora! De onde você vem? Quem são seus nobres pais? Quem é seu professor? Qual o motivo de sua vinda até aqui? Por favor, suplicamos, cante novamente para nós." Seus cabelos selvagens e desgrenhados, que estavam eriçados e ferozes, tornaram-se macios, suas faces contentes com sorrisos. Sua expressão feroz desapareceu, e eles sorriram alegremente de modo que os dentes podiam ser vistos. Eles se reuniram diante da Senhora e ela, apoiando-se no seu cajado de bambu de três juntas, cantou-lhes na língua do Nepal.

Emaho!
Sete assaltantes conectados a mim pelo carma do passado!
Os estados mentais de raiva e maldade
São a Sabedoria Primordial, semelhante ao espelho.

A raiva irada, fixando-se no inimigo —
De nenhum outro lugar surge a clareza brilhante.
Simplesmente observe: isto é Vajrasattva.
Não se fixe às coisas como elas aparecem,
Mas permita que a vacuidade surja.

O lar desta garota é "Alegria-manifesta",
O vazio de um campo búdico puro e pacífico,
Mundo do Sambhogakaya.
Não estou apegada a formas e nominações de convenções,
Portanto, se vocês desejam minha terra adorável,
Sua mãe, eu os levarei até lá.

Sete assaltantes conectados a mim pelo carma passado!
Os estados mentais do orgulho e da arrogância
Nada mais são que a Sabedoria Primordial da Igualdade.
"Eu primeiro! Quero o melhor para mim!"
De nenhum outro lugar vem a equanimidade natural.
Observe esta natureza — isto é Ratnasambhava!
Não se fixe ao vazio,
Permita que os fenômenos surjam.

Meu pai é uma fonte que me concede tudo o que preciso e desejo,
Uma joia dos desejos que tudo proporciona é realmente meu
    próprio pai.
Eu não sou capturada por miragens de riquezas mundanas,
E, portanto, se querem meu pai,
Eu que sou sua mãe o oferecerei a vocês.

Sete assaltantes conectados a mim pelo carma do passado!
Os estados mentais de luxúria e desejo ardente
São apenas a Sabedoria Primordial Que Tudo Percebe.
Desejo por posses e cobiça pelo prazer:
De nenhum outro lugar vem a percepção clara.
Observem esse estado fresco e imutável, pois isso é Amitabha!
Não se deixem capturar pela claridade,
Deixem que o próprio êxtase surja.

Minha mãe é a luz ilimitada.
Grande Êxtase além de qualquer limite é ela.

Desapegada eu estou dos sabores da alegria e da tristeza,
Portanto, se vocês querem minha mãe,
Eu que sou sua mãe a oferecerei a vocês.

Sete assaltantes conectados a mim pelo carma do passado!
Os estados mentais do ciúme e apego dualista
São apenas a Sabedoria Primordial Que Tudo Realiza.
O despeito ciumento e a autopiedade inquieta e invejosa:
De nenhum outro lugar vem a ação frutífera.
Observem os seus pensamentos,
Pois é ali que se encontra Amoghasiddhi.
Não se fixem a estados sutis ou grosseiros;
Permitam que o que vier, apenas venha.
O meu professor é a realização da meta,
Completar as atividades é o meu instrutor.
Desapegada eu estou de cada ação,
Portanto, se vocês querem o meu professor,
Eu que sou sua mãe o oferecerei a vocês.

Sete assaltantes ligados a mim pelo carma do passado!
O estado mental de estupidez e embotamento
É a Sabedoria Primordial, o Espaço Que Tudo Abarca.
A mente nebulosa envolta em ignorância:
De nenhum outro lugar vem a constância no Dharma.
Observem essa ignorância,
Pois é ali que está Vairochana.
Não se fixem à mente afiada;
Permitam que o que vier apenas venha.

Meu parceiro é o artista das aparências.
Como este amigo perfeito é toda a minha alegria,
Não sou apanhada na dualidade ordinária.
Assim, se desejam agir como eu,
Eu que sou sua mãe irei instruí-los.

Quando ela disse isso, os sete assaltantes experienciaram a fé irreversível,[45] e suas mentes se afastaram do samsara. Eles suplicaram à Senhora por instruções no Dharma e foram liberados. Os sete assaltantes lhe imploraram para visitar seu país, mas ela recusou e, em vez disso, partiu novamente para Jarung Khashor, a estupa construída pelos três jovens de Mön.[46]

Ao chegar, fez uma oferenda à estupa de um punhado de pó de ouro, e orou:

Om Ha Hung!
Aqui no Nepal, terra pura de Budas Conquistadores,
Ó Filho do Darmakaya, guardião dos seres,
Por vastos períodos incontáveis de tempo por vir,
Permaneça e gire a roda
Dos ensinamentos insuperáveis,
Salvando os seres migrantes do oceano da existência.
Deste domínio de escravidão para a terra da liberdade perfeita,
Protetor, possa você guiar com firmeza
Todos os seres humanos e não humanos.

Quando ela falou, milhares de raios de luz foram emanados da estupa, e em uma densa expansão de nuvens e neblina surgiu o Guru do Lótus ladeado pelo abade Shantarakshita e o rei do Dharma Trisong Detsen, com uma hoste de dakinis ao seu redor. O Guru disse:

Kyema!
Ouça-me, senhora, donzela de Kharchen!
O seu corpo agora está disciplinado
E você é paciente, purificada da raiva.
Possa sua sabedoria ser um guia para os seres!
A generosidade a libertou, e sua diligência é perfeita.
Prossiga através da concentração nas terras e caminhos.
Não permaneça neste lugar muito tempo,
Mas encontre o amigo que precisa e traga-o para o Tibete.
A porta do Mantra, secreta e profunda,
Eu mais uma vez abrirei.

E, com esta instrução, ele desapareceu de sua vista.
"E assim, por estágios", a Senhora relembrou, "eu comecei minha busca. Sem saber onde estava meu futuro companheiro, cheguei à cidade de Kho-khom-hen, no grande mercado no portão do sul. Ali, um belo e atraente jovem caminhou até mim. Havia um brilho de óleo em seu corpo bronzeado. Seus dentes frontais eram como fileiras de conchas brancas, e seus quatro caninos eram como pequenos búzios espiralados para a direita. Seu olhar era aberto e sincero, e havia um toque de vermelho nos cantos de seus olhos. Seu nariz era pontudo, e em suas sobrancelhas havia um toque de azul. Seu cabelo estava preso em um coque

girando para a direita, e os dedos de suas mãos tinham membranas como os pés de uma ave aquática.⁴⁷

'Senhora', ele me disse, 'De onde você vem? Você veio me resgatar?'

"Em resposta, eu cantei para ele na língua de Zangling:

Emaho!
Ouça agora, meu bravo e adorável rapaz.
Uma mulher do centro do Tibete,
Eu sou a consorte do sagrado Nascido do Lótus.
Onde é sua casa?
Qual é o nome pelo qual responde?
Qual é a razão de estar aqui?

"O rapaz respondeu:

Minha cidade era Serling, na terra nobre da Índia.
Um pagão me roubou dos braços de meus pais
E me vendeu como escravo nesta cidade.
Arya Salé foi o nome que meus pais me deram,
E aqui tenho vivido como escravo por sete anos.

Todos os mercadores da cidade, aglomerando-se no local do mercado, estavam extasiados com a expressão da senhora e por algum tempo pararam ali, sem palavras. Então, eles disseram: "Senhora, fale um pouco conosco. Pois você acalenta nossos corações e nós lhe daremos grandes presentes." E assim, a Senhora Tsogyal cantou esta canção para eles:

Namo Guru Padma Siddhi Hri!
Samantabhadra', glorioso, vastidão do céu —
Nesse espaço o sol da Grande Perfeição surgiu.
Nossas mães vagueando pelos seis reinos do samsara
Não precisam mais definhar nos reinos das trevas.
Não é Padmasambhava o seu pai?

O campo adamantino, espaço imutável —
Ali o Grande Compassivo
É o Buda, livre de nascimento e morte,
Não conhecendo carma algum, benéfico ou prejudicial.
Não é Padmasambhava o seu pai?
Akanishta é o meu lar perfeito, o penhasco de Tidro —

E eu, uma dakini invocada pela compaixão do Guru.
Este garoto que concede bênçãos e eu estamos conectados.
Não sou eu sua mãe, Yeshe Tsogyal?

Até o Nepal, eu, uma senhora do Dharma, vim.
Este garoto é afortunado, eu creio,
E aqui ele não deveria permanecer,
Pois não sou eu sua guardiã, Yeshe Tsogyal?

Apesar de não conseguirem compreender o significado, eles ouviram, encantados, a canção e exclamaram que a Senhora era uma dakini de voz adocicada. Mais tarde, ela caminhou até a casa onde o indiano Salé vivia e se sentou diante do portão externo. Já era noite e, quando lhe perguntaram quem era e o que queria, ela lhes disse várias coisas sobre si mesma, conforme vieram à mente. Disse, então: "Meu Guru, Padmasambhava, me enviou para comprar o escravo indiano que está vivendo em sua casa. Seria bom para vocês vendê-lo para mim."

"Apesar deste indiano ser nosso escravo", eles disseram, "ele é como um filho para nós. Também pagamos muito ouro por ele. Não podemos vendê-lo. Mas, se desejar, vocês dois podem viver juntos aqui e ser nossos servos." A Senhora Tsogyal respondeu:

Onde o brilhante disco do sol rege,
As sombras da escuridão não têm espaço.
Quando o sol se põe, apenas as estrelas aparecem,
E ainda assim o sol se levantará novamente no dia seguinte.
Com joias que realizam desejos à disposição,
Quem se preocupa com ouro e riquezas?
Mas quando não há joia, fazemos nossas contas.
Portanto, eu buscarei esta joia amanhã.

Lá, onde o Buda perfeito morava,
Não havia necessidade de meios hábeis.
Agora o Buda se foi, portanto devo confiar em tais meios.
Amanhã, meios e sabedoria se unirão.

Quando o fruto for verdadeiramente conquistado,
Salé não será necessário.
Mas enquanto eu caminho até esse objetivo,
Eu preciso dele. Portanto, vendam-no.
Este é o meu pedido.

Toda a família — pais, filhos e o restante — se reuniu, seus corações conquistados pela doçura da voz da Senhora. Eles a convidaram para entrar e lhe ofereceram um banquete esplêndido. Então, a senhora da casa falou:

"Quando tiver comprado este garoto indiano", disse, "o que fará com ele? Casamento? Com certeza você é uma garota adorável e também é de boa família. Portanto, se está procurando um marido, fique aqui com este filho meu."

"Meu Guru Padma", respondeu a Senhora, "previu que esse Atsara, esse indiano, é alguém muito necessário para mim. Eu tenho ouro para o resgate e preciso tê-lo, aconteça o que acontecer."

"Bem, quanto ouro você tem?" perguntou a mulher. "Quando eu o comprei, paguei quinhentas onças de ouro, e agora quero mais que isso."

A Senhora Tsogyal disse: "Eu lhe darei todo o ouro que deseja, pois ele é indispensável para mim." Ela começou, então, a medir seu pó de ouro, mas descobriu que mal tinha cem onças, muito menos quinhentas.

"Bem", disse a mulher, "se deseja comprá-lo, você precisa de ouro. O que você tem aqui mal é o bastante para pagar por uma mão do indiano. Mas você não tem o ouro, o que poderá fazer?"

Então, aconteceu que naquela cidade morava um mercador chamado Dhana Ayu, um homem de grande fortuna. Seu filho, Nagani, um jovem de vinte anos, havia sido assassinado na guerra que na época assolava o país. Os pais tinham trazido seu corpo para casa com o maior carinho, e tão grande era seu sofrimento que eles gritavam, dizendo que se matariam no funeral. A Senhora Tsogyal se comoveu com piedade insuportável e foi até eles. "Não há por que lamentar", ela disse. "Deem-me algum ouro para que eu possa resgatar o jovem Salé e trarei seu filho de volta à vida."

O homem e sua esposa ficaram exultantes de alegria e exclamaram: "O que é ouro para nós? Se você trouxer nosso filho novamente para a vida, nós lhe daremos ouro bastante para comprar um príncipe, o que dizer de um jovem indiano." Assim, Yeshe Tsogyal prometeu trazer seu filho à vida novamente, e eles, por sua vez, prometeram lhe ofertar todo o ouro e o que mais ela precisasse. E assim ela colocou o corpo do jovem sobre um pedaço grande de seda branca, dobrado em quatro partes, e cantou esta canção:

> *Om Ah Hung Guru Sarva Hri!*
> Samantabhadra é a base,
> Pureza primordial sem delusões.
> O caminho é apenas o estado sêxtuplo
> De seres, miragens, cujas
> Vidas de felicidade e sofrimento
> São causa e fruto, a lei cármica manifesta.

O que há a fazer, então, sabendo que isto é assim?

Eu, a yogini, hábil no Mantra Secreto,
Guardada pela compaixão do
Nascido do Lótus, meu pai,
Não tenho medo de morrer ou de nascer.
Eu esmago de uma vez os sofrimentos e adversidades dos outros.
Vamos rezar por bênçãos — que certamente virão.

Com essas palavras, ela colocou seu indicador no coração do jovem morto, e a cor de seu corpo lentamente começou a ganhar vida. Colocou uma gota de saliva na boca dele e em seus ouvidos ela disse as palavras *Ayurjñana Drum*. Com sua mão, acariciou os profundos cortes de espada, que foram curados e se fecharam. Aos poucos, o jovem voltou à vida e, ao fim, se recuperou completamente. O povo ficou espantado e maravilhado com alegria e fez prostrações diante da Senhora. Vendo seu filho de volta à vida, os pais o tomaram em seus braços, chorando de alegria. Eles cobriram a Senhora com presentes e ofereceram um imenso festim ganachakra. Salé, o jovem indiano, foi comprado por mil medidas de ouro e presenteado a ela. A fama da Senhora Tsogyal tomou o reino e o próprio rei a honrou e a convidou a residir ali como sua guia espiritual. Mas ela declinou e seguiu seu caminho para o templo de É, no Nepal, levando Salé consigo.

Lá, encontrou o mestre nepalês Vasudhara, um discípulo do Guru do Lótus e, oferecendo-lhe um lingote de ouro e algum pó de ouro, solicitou diversos ensinamentos e instruções. Sabendo que a Senhora era a consorte do Precioso Professor, Vasudhara lhe prestou toda cortesia, oferecendo-lhe muitos ensinamentos e conselhos. Nessa época, Shakyadema, Jila Jipha e outros estavam residindo nas cavernas de Asura e Yangleshö. A Senhora, assim, visitou Shakyadema e, com presentes de ouro, ela fez este pedido:

Kyema Ho!
Nobre Senhora, irmã no Mantra Secreto,
Eu lhe rogo, ouça a tibetana Yeshe Tsogyal.

A Mente, satisfação infalível
De cada necessidade e desejo,
Imparcialmente concede o que for desejado:
Esta é a generosidade de Tsogyal —
A tibetana Yeshe Tsogyal.
A Mente é imaculada,
Livre dos falsos samayas.

Ela repousa na disciplina, observadora:
Esta é a disciplina de Tsogyal —
A tibetana Yeshe Tsogyal.

A mente não está escravizada por alegria e miséria,
Nem presa na apatia. Mas paciente,
Ela resiste tanto ao bem quanto ao mal:
Esta é a paciência de Tsogyal —
A tibetana Yeshe Tsogyal.

A Mente, um fluxo constante sem separações,
Engendra inexaurivelmente
Tanto o êxtase quanto a vacuidade não duais:
Esta é a diligência de Tsogyal —
A tibetana Yeshe Tsogyal.
A Mente, não importa o que surja,
É Criação e Perfeição em união —
E repouso estável no estado do Mahamudra:
Esta é a concentração de Tsogyal —
A tibetana Yeshe Tsogyal.

A Mente é a dança bem-aventurada da Sabedoria Primordial.
Através de meios hábeis
A sabedoria é agora aperfeiçoada:
Esta é a sabedoria de Tsogyal —
A tibetana Yeshe Tsogyal.

Ó você de nobre raça, conceda
Seus ensinamentos a sua irmã,
Não guardando distinções.

Com grande alegria, Shakyadema cantou esta resposta

Emaho!
Ó bem-vinda, irmã, consorte de nosso único Professor!
As doutrinas que eu detenho são poucas.
Mas através da compaixão do sagrado Orgyen Sambha,[48]
Eu possuo ensinamentos necessários no momento do nascimento
    e da morte:
A união das fases da Criação e da Perfeição;

O Grande Selo, o Mahamudra;
A Instrução sobre a Clara Luz e o Corpo Ilusório.
Estas, através das quais 'o útero do bardo' é esvaziado,
São os ensinamentos da nepalesa Shakyadema.

Os ensinamentos necessários para a transferência de consciência:
O cultivo do Avadhuti,
Apoiado pelas veias sutis e energias;
O calor interno A-shé,[49] o fulgor e o derretimento.
Eles que afastam o terror da morte e os medos do nascimento,
São ensinamentos da nepalesa Shakyadema.

Meus ensinamentos falam sobre como trazer emoções para o
    caminho:
Sobre como treinar na vacuidade e no êxtase,
Confiando na essência de tanto meios quanto sabedoria;
Sobre como gerar a Sabedoria da Alegria Quádrupla,
Através da qual eu estou protegida da hoste de emoções inimigas.
Esses são os ensinamentos da nepalesa Shakyadema.

Orientações necessárias para o estado ignorante e obscuro do sono:
Sobre como, de acordo com os ensinamentos da Grande Perfeição,
Purificar os próprios sonhos e acessar a Luminosidade.
Assim, mesmo na escuridão no tempo final,
Eu não terei medo.
Esses são os ensinamentos da nepalesa Shakyadema.

Eu possuo ensinamentos necessários para a realização do absoluto:
Sobre como treinar na Luminosidade,
Apoiando-se na luz sêxtupla,
Aperfeiçoando, assim, a confiança quádrupla.
Assim eu mantenho o destemor, mesmo se o próprio Buda me
    atacasse.
Esses são os ensinamentos da nepalesa Shakyadema.

Então, desnecessário contar as terras e caminhos causais.
Pois com estes ensinamentos o estado búdico é capturado em um
    instante.
Que maravilhoso este fruto,
Supremo e insuperável!

Senhora de realização, sem fazer distinções,
Conceda seus ensinamentos a mim, um vaso pronto.

Com essas palavras, suas mentes se fundiram e se uniram, e muitos ensinamentos foram oferecidos e recebidos.

Então, a Senhora Tsogyal e Salé, seu companheiro, seguiram seu caminho até o Tibete, até a província de Tsang, onde foram para Tidro e permaneceram no Grande Local de Encontro das Dakinis. Os benfeitores da Senhora na região lhe prestaram homenagem, mesmo cientes de um maldoso rumor espalhado de que ela havia sido desviada por demônios. Bocas maldosas estavam dizendo que ela não estava mais a serviço do Guru do Lótus, mas tinha pego para si um atsara, um vagabundo indiano.

Quando o festim do décimo dia do mês chegou, ela abriu a mandala do Lama Sangdü, e imediatamente após o convite, o Mestre de Orgyen apareceu, montando um raio de sol.

"E eu", a Senhora Tsogyal relembrou, "sorrindo através de minhas lágrimas, caí no chão, prostrando-me ao Guru, e disse a ele:

Ai de mim, meu Professor amoroso e compassivo!
Tenha pena de mim, uma mulher envolta pela ignorância,
Vagueando no carma maléfico.
Olhe para mim com compaixão, Senhor,
Para que eu possa purificar minhas maldades,
E nunca mais me separar de você.

O propósito de minha jornada para o Nepal,
Encontrar, sem erros, o jovem Arya Salé,
Agora se completou. E assim eu lhe imploro,
Abra completamente a porta do Mantra Secreto.
Olhe para mim com piedade —
Faça com que o caminho esteja livre de impedimentos.

"Radiante, com alegria, o Guru sorriu e cantou:

Kyema!
Senhora, donzela de Kharchen,
Ouça bem, minha seguidora fiel!
Caso deseje sair, enquanto neste corpo,
Deste oceano sem praias do samsara,

Confie em um timoneiro, um professor autêntico.
Suba no navio dos ensinamentos orais!
Hasteie a vela principal das instruções profundas!
Liberte o corvo que busca a terra dos conselhos!
Soe a concha! Destrua a serpente marítima dos obstáculos!
Resista à tempestade contrária do carma com uma pesada âncora,
E com sua fé eleve um agradável e adequado vento.
Sele os vazamentos com o perfeito e puro samaya,
E cavalgue as ondas do instantâneo amadurecimento e liberação,
Chegando à ilha da joia que realiza desejos.
Lá você se regozijará, com todos os desejos concedidos.
Um lugar repleto de tesouros que lhe trará deleite e satisfação,
Pois todas as terras e pedras indesejadas desaparecerão.
O feliz momento do júbilo perpétuo chegou!

'Minha filha querida', ele prosseguiu, 'quais obstáculos você encontrou? Ou foi fácil e sem dificuldades? Quando você chegou aqui?' Assim, eu relatei em detalhes os muitos desafios que encontrei no caminho, e todos os reveses que tive que suportar no Nepal em relação ao ouro — sobre ter que pagar as mil onças, pelas quais eu trouxe um homem morto de volta à vida.

'Muito bom', disse o Guru. 'Todos esses desafios são realmente excelentes. Inúmeros obscurecimentos cármicos foram purificados. De fato, você não é uma mulher que procura por um homem com expectativas. O preço que pagou foi elevado, mas foi bom e adequado. Você reuniu uma quantidade imensa de méritos e não é de modo algum uma mulher de paixões luxuriosas. Trazer o morto foi apenas uma realização ordinária, portanto não se sinta orgulhosa por isso. Este jovem aqui é, certamente, superior aos outros, e assim lhe daremos o nome Arya. E como ouro foi pago por ele, vamos chamá-lo de Serwö, Luz Dourada."

O Guru abriu então a mandala das *Bênçãos do Professor* e conduziu o indiano Salé à maturidade espiritual. A própria Senhora Tsogyal atuou como apoio para a iniciação. Assim, o indiano Salé amadureceu verdadeiramemte e se estabeleceu no caminho da liberação. Ele alcançou uma compreensão profundamente enraizada dos ensinamentos expedientes e absolutos, e o Guru o apontou como companheiro de Tsogyal, dizendo: "Pratique agora até alcançar realização no Mantra Secreto". O Guru, então, partiu para Lhodrak, e a Senhora e seu companheiro, senhora e discípulo, foram para uma caverna que ninguém havia encontrado antes (hoje ela é conhecida como Caverna Secreta de Tsogyal) e ali, por sete meses, se dedicaram ao cultivo das Quatro Alegrias. A Senhora Tsogyal era capaz de atravessar qualquer tipo de objeto, e seu corpo não estava mais sujeito aos fenômenos de envelhecimento, doença e decrepitude. Isto significa que ela atingiu a maestria sobre os cinco elementos. As Quatro Alegrias se tornaram manifestas, e ela alcançou os quatro Corpos.

Depois disso, o Guru retornou, e juntos eles foram para a grande caverna de Tidro e lá permaneceram. Ali, o Guru colocou a roda do Dharma em movimento. O Guru havia concedido anteriormente ao rei do Tibete, o protetor da Doutrina, numerosas mandalas do Mantra Secreto: *Shinje É*, por exemplo, *Tamdrin Pawo, Yangdak Marme, Trinle Purba, Dutsi Tö, Mamo Tram* e outras. E o rei, ao praticar os estágios da aproximação e da consumação, recebeu certos sinais e presságios maravilhosos. A fé cresceu em seu coração, e com o pensamento de que ainda devia solicitar os numerosos e muito profundos ensinamentos do Mantra Secreto, enviou a Tidro os emissários Shupu Pelseng, Gyatsa Lhanang e Ma Rinchen Chok para convidar o Guru e sua Consorte com presentes de ouro.

Os três tradutores chegaram à caverna do Grande Local de Encontro de Tidro e proclamaram:

Kyema!
Guru, Senhor e Senhora,
Enviados de pés rápidos do rei somos nós!
Trisong, o mestre divino do Tibete,
Gostaria de atravessar o limiar
Do elevado veículo do Mantra secreto mais profundo.
Ele implora por sua presença.
Pensem nele com bondade e venham com rapidez!

E, ao dizer isso, ofereceram os presentes de ouro.
O Guru respondeu:

Kyeho!
Enviados de pés rápidos, fiéis, afortunados três filhos,
A sua chegada é bastante iluminada!
Eu sou Padmasambhava.
Apesar de viver no mundo humano,
Minha mente e as mentes de todos os budas são uma só,
Pois eu e Vajradhara não somos diferentes.
O universo eu preencho com minhas emanações!
O grande e santo rei concebe o desejo
De obter a iluminação para o bem dos seres.
Isso é realmente excelente!
Irei disseminar o Mantra Secreto agora.

O Mestre e sua Consorte, Arya Salé e os três tradutores partiram juntos para Samye. Ao chegarem a Zhodrö, o Guru disse aos três para irem adiante e instruiu o grande rei a preparar uma recepção; ele, a Consorte e Arya Salé seguiriam depois. Assim, os três tibetanos foram na frente e anunciaram ao rei a iminente chegada do Mestre, aconselhando a ele que todos o fossem receber.

Com isso, os ministros do Tibete murmuraram entre si: "Esse tal de Padmasambhava é como o céu, nada pode destruí-lo. Ele é como um córrego de água, nenhuma espada pode feri-lo. Ele é como uma massa de chamas, seu corpo queima e faísca. Ele é como o vento, não podemos prendê-lo. Ele parece estar realmente presente, mas é como se não houvesse nada ali. Não vamos conspirar qualquer coisa contra ele por enquanto, vamos seguir as decisões deste rei budista. Mas se aquela rainha rebelde vier também e não receber o que merece, o poder real será desfeito."

"Porém, tudo isso era sabido por Guru Rinpoche", a Senhora relembrou, "e ele declarou: 'O Mantra Secreto é rico em meios hábeis, e assim naturalmente não há dificuldade.' Dizendo isso, ele fez com que eu, a mulher Tsogyal, aparecesse aos olhos dos outros como seu tridente. E assim chegamos a Zhodar, onde Takra Gungtsen, o representante do santo rei, veio nos encontrar com uma companhia de cem grandes ministros a cavalo."

No tempo devido, a comitiva chegou a Samye onde, diante do portão da grande estupa, o rei, seus ministros e a corte realizaram uma elaborada cerimônia de boas-vindas. O rei se prostrou ao Guru e lhe ofereceu uma jarra dourada envolvida por seda branca e preenchida até a borda com vinho de arroz fresco. Então, o Guru disse: "O Mantra Secreto é novo e possui grande poder. Mas mesmo que se dissemine, em tempos futuros ele será abusado e não dará frutos." Assim dizendo, ele entrou no santuário central. Os cortesãos tibetanos perceberam que Tsogyal estava ausente e que um servo indiano tinha sido trazido no lugar dela. O rei refletiu que, como Tsogyal não estava lá, o seu pedido pelos ensinamentos do Mantra Secreto seria maculado por dificuldades. Assim, ele perguntou ao Professor Precioso onde ela estava, pois desejava vê-la novamente. "Grande Guru", ele disse, "onde está Tsogyal? Por que ela não veio e como eu poderia encontrá-la? Este jovem indiano é seu discípulo?"

Um sorriso surgiu nos lábios do Grande Guru, e ele cantou:

Kyema Ho!
Bodhisattva, rei do Dharma,
A verdadeira condição desta minha forma é o espaço,
E quem pode calcular os poderes do mestre desse elemento?
No espaço a donzela Tsogyal foi reabsorvida,
Repousando na fronteira entre samsara e nirvana.

Esta minha forma gera aparências,
E não há nada que ela não possa fazer.
A donzela Tsogyal foi para o espaço do Dharmakaya
E repousa agora na esfera de Samantabhadri.

Êxtase-vacuidade é esta minha forma,
O poder mágico da vacuidade não deixa desejos insatisfeitos.
Para a esfera de êxtase e vacuidade foi a donzela Tsogyal,
E agora repousa na mansão bem-aventurada dos três Kayas.

Dizendo isso, ele tocou o tridente com sua mão e, para espanto do rei, ele se transformou novamente em Tsogyal. Nisso, algumas das pessoas comuns viram o ocorrido, inclusive uma das rainhas, que reportou aos ministros: "Aquele hindu é muito astuto. Ele escondeu a mulher Tsogyal em seu tridente." Alguns dos ministros ficaram atônitos, mas a maioria replicou que ninguém poderia confiar em qualquer palavra que a rainha dissera. Era impossível que Tsogyal estivesse dentro do tridente — não havia como nem mesmo sua mão caber dentro dele! Mas todos eles concordaram que algo extraordinário, um milagre, devia ter acontecido, e postergaram o plano maldoso que tinham anteriormente cultivado. Mas a maioria das pessoas desenvolveu fé.

Colocando-se no caminho para Chimphu Gewa, o Guru abriu cento e vinte mandalas dos Mantras Secretos para os vinte e um discípulos, o rei e seus súditos, os trinta e dois seguidores próximos, as sete nobres senhoras e outros — no total, uma multidão de trezentas e cinco pessoas. E ele as conduziu à maturidade e à liberação. Ele as introduziu especialmente às sadhanas de *Drupchen Kabgye*, *Mamo*, *Shinje*, *Phurba*, *Dutsi*, *Yangdak*, *Lama Gongdü*, *Yidam Gongdü*, *Gyumtrul Shi-tro*, *Yangdak Shi-tro*, *Pema Shi-tro* e outras. Ele lhes ofereceu também sessenta e um ciclos do *Nyingtik*, sete diferentes *Gongdü*, onze ciclos extensos e abreviados do *Kabgye*, cento e dois *Thukdrup*, setenta e seis instruções essenciais, centro e trinta tantras e muitos mais.

Ao rei, em especial, ele ofereceu as sete sadhanas raiz de Dutsi Yönten e vinte instruções essenciais, orientando-o a praticá-las. Para Namkhai Nyingpo de Nub, ele ofereceu *Yangdak Marme Güpa* e *Gekdül Purnak Nyishu*, e o instruiu a praticá-las em Lhodrak. Para Sangye Yeshe e Dorje Dudjom, ofereceu as sadhanas de *Jampel Shinjeshe* e as sadhanas de *Chagya Zilnön Lhadruk*, assim como vinte instruções essenciais principais e seus suplementos, dizendo-lhes para praticá-las em Yangdzong. Para Gyalwa Choyang de Kunglung e Gyalwa Lodrö de Dre, ele ofereceu *Tamdrin Yangsang Rölpa*, a sadhana raiz de *Yoga Sum* com vinte e cinco instruções essenciais suplementares, assim como doze tantras e a sadhana de *Tramenma*, dizendo-lhes para praticá-las em Chimphu mesmo.

Para Vairotsana e Denma Tsemang, ofereceu as sadhanas de *Möpa Trangak, Pel Tobden Nagpo*, as sadhanas raiz do *Debgye* e as sadhanas secundárias de *Drekpa Tobgye,* instruindo-os a praticarem em Yamalung. Para Kawa Peltsek e Odren Wangchuk, ofereceu, entre outras, as sadhanas raiz externa, interna e secreta das *Mamos* e *Newap* e *Legye,* dizendo-lhes para praticarem nas cavernas de Yerpa. Para Jñanakumaravajra e Sokpo Lhapel Zhönnu, ofereceu instruções essenciais de *Yangphur Sangwa*, assim como *Chagya Chenpo Tsedrup Lung,* instruindo-os a praticarem em Nyemo Chemai Drak. Para Pelgyi Sengé e Chokro Lui Gyaltsen, ele ofereceu a sadhana raiz de *Trekpa Trowo Chugyen* e as sadhanas secundárias de *Trekpön Sumchui Kangthab* e instruções essenciais para atividades, dizendo-lhes para praticarem em Pel Chuwo Ri. Para os tradutores Rinchen Zangpo e Tingdzin Zangpo, ofereceu a sadhana secreta de *Thukje Chenpo*, a sadhana de *Rigdzin Lama* e *Rigpa Chagya Chenpo Chokgyi Ngödrupkyi Lung*, e lhes disse para praticarem nas cavernas de Uru. Para Langdro Könchok Jungne e Gyalwa Changchub, ele ofereceu *Chinlap Lamai Druplung* e as sadhanas de *Tamdrin Sangwa Kundü* e *Tanak Trekpa*, dizendo-lhes para praticarem nas cavernas de Yeru Shang. Para Drenpa Namkha Wangchuk e Khyeuchung Khading, ofereceu uma sadhana secreta de *Padma Shitro, Dorje Sempa Tsawa Lhadruk* e *Pachik Gompai Thab* e *Heruka Sumchu Tsadruk Gompai Lung*, dizendo-lhes para praticarem em Namtso Do ao norte. Para Ma Rinchen Chok e Gyalmo Yudra Nyingpo, ele ofereceu a sadhama *Chakna Dorje Sangwa Düpa*, vinte transmissões e cem instruções essenciais, em especial as sadhanas e instruções para *Yoga Tsei Druplung*, dizendo-lhes para praticarem nas próprias cavernas de Chimphu.

"Para mim, Tsogyal, ele ofereceu os métodos externos, internos, secretos e absolutos de realização da Mente do Guru, a sadhana raiz de *Padma Wang*, e sete diferentes adaptações dela relacionadas à mandala do Guru. Em resumo, ele me ofereceu a sadhana das Três Raízes em uma única mandala e me disse para praticar nos lugares onde imagens do Precioso Guru haviam surgido espontaneamente, tais como Taktsang em Onphu, Taktsang em Mön, e Taktsang em Kham, e especialmente em Tidro. Ele também disse que quando dores e dificuldades surgissem, eu deveria rezar a ele, e então ele viria e me ofereceria conselhos. E insistiu que seria incorreto se eu, de qualquer forma, me separasse de meu companheiro Atsara Salé. Estas foram suas orientações.

"Como agradecimento ao Guru por sua bondade, o grande rei religioso ofereceu, então, muitos festins ganachakra perfeitos e abundantes, numa quantidade igual às mandalas às quais o Guru nos introduziu. Fazendo uma pilha enorme de ouro, seda e todas as riquezas que este mundo proporciona, ele disse:

Kyema!
Poderoso Guru, Senhor!

A mandala do Mantra Secreto insuperável,
Tão difícil de encontrar em muitas eras, agora foi encontrada!
Sua grande compaixão está além de qualquer retribuição.
De agora até alcançar a iluminação,
Não nos afaste de sua bondade amorosa, Senhor.
Um homem como eu, um rei, está perdido na detenção,
Envolvido em negócios e nunca livre!
Olhe para mim com seus olhos de piedade!

"E ele aspergiu sete punhados de poeira de ouro sobre o corpo do Guru. Para cada um dos tradutores escolhidos presentes, para que eles pudessem praticar nos lugares indicados pelo Guru, ele ofereceu uma medida de pó de ouro, um lingote de ouro, e brocados das cores branca, vermelha, azul e outras, bem como roupas, um cavalo e um animal de carga, e prometeu que supriria tudo o que eles precisassem para sua prática até que atingissem a iluminação. O grande Guru irradiava alegria e disse ao rei:

Kyema!
Grande rei majestoso,
Esta é a forma correta de agir!
Eu sou Padmasambhava e não tenho necessidade de nada.
Porém, pelo samaya do Mantra Secreto,
Para que você, o rei, possa conquistar algum mérito,
Eu aceitarei estas coisas.
Os vinte e quatro discípulos
Atingirão seus objetivos sem impedimentos.
É excelente que o rei religioso seja um provedor para eles.
Estas são esplêndidas ações de um bodhisattva!

A prática intrépida de um seguidor cheio de fé,
Os ensinamentos essenciais de Padmasambhava,
Sustento proporcionado pelo grande rei religioso:
Qualidades infinitas surgem quando estes três se encontram!
Desejo puro, conexões puras e atividades puras:
Destes brotarão
As qualidades oceânicas do estado búdico!

"O Mestre ofereceu instruções orais e conselhos ao rei e a cada um dos discípulos, mas esses são descritos em suas respectivas biografias e não são relatados aqui. Todos foram praticar nos lugares indicados pelo Guru. Eu fui primeiro a

Tidro e ingressei na mandala da *União das Três Raízes*. Os ensinamentos gerais e específicos que recebi são difíceis de enumerar. Apenas ouvir sobre eles traz a liberação. Mas eu não os descrevi aqui por temor de que a lista se tornasse longa demais."

SAMAYA ITHI GYA GYA GYA

CAPÍTULO 5

Prática

❖

A Senhora Tsogyal meditou em Tidro, no Grande Local de Encontro das Dakinis, na caverna secreta de Tsogyal e outros lugares, e todas as suas necessidades foram supridas pela generosidade sincera do povo local. No início, ela utilizou um eremitério localizado atrás do Local de Encontro principal, onde perseverou na sadhana não elaborada de Guru Padmasambhava em seu aspecto pacífico. Seu corpo se tornou a deidade e ela contemplou a face do yidam; ela reconheceu os canais sutis e a energia-vento como a mandala da dakini, e cada atividade empreendida foi realizada. Ela foi abençoada com a sabedoria extraordinária na qual a gota essencial, sua própria mente, surgiu como expressão do Professor. Todos os fenômenos se tornaram manifestos como inseparáveis do Professor; ela experimentou uma devoção espontânea pelo Professor, e, ao mesmo tempo, a mandala externa brilhou iridescente e clara, dakas e dakinis aparecendo vividamente aos seus sentidos.

"Naquela experiência de intensa e ofuscante luminosidade", ela recordou, "eu cheguei à terra conhecida como Orgyen, a morada das dakinis. As árvores frutíferas tinham folhas como lâminas, e o solo era uma massa de carne de cadáveres. As colinas e penhascos eram montes de esqueletos pontudos, e no lugar de terra e rocha havia apenas fragmentos espalhados de ossos. No centro do local, havia a entrada de um castelo, suas paredes compostas de três camadas de cabeças humanas, algumas ainda frescas, algumas secas, algumas em putrefação; o teto e as portas, montados com pele humana. Ao redor e até uma distância de mil léguas o local estava circundado por montanhas de fogo, uma tenda de vajras, uma chuva de armas, os oito terrenos de cremação, e uma cerca de belas flores de lótus.[50] Dentro desse espaço delimitado eu vi pássaros devoradores de carne e bestas selvagens bebedoras de sangue, e eu estava cercada por ogros e ogras e uma hoste de outros terrores. Eles eram uma visão assustadora, mas não se mostravam nem hostis nem amigáveis. E assim eu entrei na fortaleza passando por três portões sucessivos.

"Dentro havia muitas dakinis, femininas na aparência e de diferentes cores. Elas seguravam diversas oferendas que apresentavam à dakini principal. Algumas delas cortavam pedaços de sua própria carne com facas, dispondo da carne e a oferecendo como um festim ganachakra. Para o mesmo propósito, algumas estavam sangrando a si mesmas, algumas ofereciam seus olhos, algumas seus narizes, algumas suas línguas, algumas suas orelhas, algumas seus corações, algumas seus órgãos internos, algumas seus músculos, algumas seus intestinos, algumas a medula dos ossos, algumas seu fluido espinhal, algumas sua força vital, algumas sua respiração, algumas suas cabeças, e algumas seus membros, cortando-os e dispondo-os como um festim ganachakra. Elas ofereceram tudo para a dakini principal em união com seu consorte, dedicando isso como um ganachakra devotado.

"Para qual propósito", eu perguntei, "vocês estão infligindo toda essa dor a si mesmas? Não é o bastante simplesmente dedicar suas vidas completamente ao Dharma?

"Em resposta, elas gritaram:

Éma!'
Mulher preguiçosa!
Apenas por um breve instante
A compaixão de uma professora genuína e sagrada
Chega ao nosso alcance!
Deveríamos nos reunir em sua presença
E não oferecer o que a agrada?
Postergando as coisas para mais tarde,
Nunca preencheremos nosso estoque de mérito.
Procrastine e os obstáculos aumentarão!

A convicção dura apenas um breve instante,
E a devoção natural apenas um momento passageiro.
Se a Sabedoria Primordial aparecesse, não deveríamos fazer nossas
    oferendas?
Postergando as coisas para mais tarde,
Nunca completaremos nosso estoque de méritos.
Procrastine e os obstáculos aumentarão!

Apenas agora temos um corpo humano.
O momento de praticar o Dharma passa rapidamente.
Se encontrássemos um professor realizado
Não faríamos nossas oferendas?
Procrastine e os obstáculos aumentarão!

Apenas este exato momento dura a presença do professor.
E entrar no Mantra Secreto é algo quase impossível.
Se ouvíssemos os ensinamentos secretos
Não deveríamos fazer nossas oferendas?
Procrastine e os obstáculos aumentarão!

"Suas palavras me deixaram envergonhada. Quando chegou o momento de dedicarem suas oferendas, surgiu, diante de cada uma das dakinis, uma forma de Vajrayogini. Ela estalou seus dedos e as dakinis se reconstituíram como estavam antes. Então elas solicitaram ensinamentos da dakini principal e partiram para meditar sobre eles. Era assim que elas praticavam — no total, doze vezes por dia.

"Havia um guardião em cada um dos portões do palácio e, no centro do palácio, estava Vajrayogini, envolvida por uma massa de fogo difícil de fitar. Uma descrição detalhada deste campo búdico pode ser encontrada em outras obras e não foi escrita aqui devido à sua extensão.

"Mais adiante, quando reencontrei Guru Rinpoche, relatei-lhe minha experiência e, visto que eu também desejava seguir em alguma medida esta prática de austeridades, fiz o voto de segui-las. Mas ele disse: 'Estas visões servem simplesmente como uma indicação; não é necessário que você realize mortificações tais como a oferenda de sua própria carne como um festim ganachakra. Em vez disso, pratique austeridades que são ainda mais difíceis!

Éma!
Deusa, Senhora Tsogyal, ouça!
Ouça sem distrações, você que é tão bela de ver!
Este corpo humano precioso é uma base de ouro.
Se você o conquistou e for sábia em seu uso,
Encontrará contínua subsistência.
Aqueles sem esse conhecimento
Carecerão de provisões para um único dia —
Aqueles que não o sabem morrerão de fome!
E, portanto, seria bom se você se comprometer da seguinte forma.[51]

Pratique a austeridade da nutrição
E tome como sustento a seiva essencial
De pedras e plantas medicinais, e permita
Que o próprio ar seja alimento para você.

Pratique a austeridade das vestimentas,
Vestindo nada além de um simples pano de algodão,

E então ornamentos de osso, e depois disso fique nua,
Confiando no calor interior do tummo.

Pratique a austeridade da fala:
Os estágios da aproximação e da consumação
Das sadhanas, suas preces e mantras.
Realize a ioga das energias
Em silêncio, abandonando toda a fala inútil.
Pratique a austeridade do corpo:
Prostração, circum-ambulação, e a purificação de sua forma.
Sente-se na postura vajra
E permaneça em meditação.

Pratique a austeridade da mente,
E treine-se nos estágios da criação e da perfeição.
Cultive a gota essencial, que é tanto bem-aventurança quando
   vacuidade.
Permaneça absorta na união das duas.

Pratique a austeridade da Doutrina
E seja uma detentora do budadharma.
Realize a tarefa sagrada de guardá-lo
Através de ensinamento, composição, debate e todo o resto.

Pratique a austeridade da bondade impessoal,
Agindo pelo benefício dos outros.
Ajude-os, ore por eles, como o Mahayana ensina,
Sem nem pensar em sua vida ou membros.

Pratique a austeridade da compaixão
Com um amor equânime tanto por seu filho quanto pelo inimigo,
Pelo outro e por torrões de terra —
Considerando os outros mais caros que você mesma.

Assim, você corporificará todo o Ensinamento do Buda.
A mais elevada maravilha da Grande Bem-aventurança você
   alcançará.
Agindo de outras formas, você seria uma falsa asceta,
Não diferente daqueles indianos fanáticos.
Compreenda isto bem, Ó garota de Kharchen.

"Assim ele disse e, em resposta, eu fiz o voto de praticar esses oito grandes preceitos como o Guru havia ensinado:

Kyema Ho!'
A doutrina do Buda chegou a esta terra de perversidade,
A lâmpada de cristal ígneo brilhante[52] a esta terra de escuridão,
O sagrado Senhor de Orgyen ao Tibete, a terra de ogros,
Sobre os seres ímpios fazendo cair uma chuva de Dharma,
Mostrando aos desesperados o caminho ascendente da fortuna.
Eu não sei de ações como essas mesmo no Trono de Diamante
Quando o Buda estava vivo e presente neste mundo.
Assim, a bondade do Guru está além de retribuição.
Na mandala mais secreta do Mantra Secreto
Eu, a mulher Yeshe Tsogyal, agora ingressei
E morrerei antes de quebrar mesmo da menor forma possível
Os preceitos do Guru.
Os oito grandes ensinamentos difíceis de praticar
Eu agora recebi. Sem qualquer consideração
Pela vida, pelo corpo, ou por poder mundano,
Sustentarei os preceitos de meu Senhor e Professor,
E morrerei antes de quebrar meu voto sagrado.
As três austeridades de vestimenta, alimentação e nutrição,
As três de corpo, fala e mente,
Dificuldades para o benefício da Doutrina do Buda
E todos os seres sencientes vagueantes,
A responsabilidade da compaixão,
De tomar os outros como mais caros que eu mesma:
Estes oito serão minha prática
Não alterada, sincera e meu único foco."

Por três vezes, a Senhora Tsogyal tomou este voto das oito austeridades. O Guru ficou muito satisfeito. Ele lhe ofereceu conselhos e predições, e então retornou ao rei para servir como seu guia espiritual.

A Senhora Tsogyal praticou primeiro a austeridade do vestir-se, baseando-se no calor interior do tummo. Nas alturas da montanha de Tidro, onde os seixos dão espaço para a neve, ela meditou por um ano vestindo nada além de uma única peça de tecido de algodão. No início, o calor do tummo não surgiu e, à medida que as ventanias do ano novo começaram a bater, o gelo e o frio eram difíceis de suportar. Seu companheiro indiano não pôde mais suportá-los e partiu para encontrar o Guru, dizendo que iria servi-lo. Mas devido ao seu voto, a Senhora

Tsogyal persistiu em sua meditação. Bolhas cobriram todo o seu corpo, ela foi atormentada por angústia e sua respiração era um arfar doloroso e agudo. estava à beira da morte quando, invocando o venerável Professor, rezou:

> Senhor de Orgyen, Senhor do Dharma,
> Protetor de todos que vagueiam no samsara.
> Sol da piedade amorosa, olhe por mim!
> Sem amigos, estou nua e só.
> O vento uiva por essa caverna escura e rochosa.
> Quando as nevascas se abatem,
> Torno-me uma garota de neve.
> Minha cama é a pedra, e de pedra são meu teto e paredes —
> Eles são uma comodidade de gelo.
> Como um torrão de terra e rocha eu me deito, inerte e imóvel.
> A Senhora do Manto Branco[53] não está aqui,
> E estou totalmente congelada.
> Mas com os raios de sol de sua misericórdia
> Abençoe-me! Acenda em mim, por favor, o calor do tummo!

"Quando eu disse isso", a Senhora recordou, "o vento-energia cármico se moveu levemente, e isso permitiu que o calor do fogo do tummo surgisse. Eu senti ainda mais fortemente uma profunda e sincera fé no Guru, e cantei:

> A intensa ambrosia de bênçãos
> Do Mantra Secreto, Veículo Diamantino,
> É concedida por um Professor verdadeiramente autêntico,
> E Vajrasattva, Sabedoria Primordial,
> Traz as Quatro Alegrias que saltam em meu coração.
> Manto Branco surgiu em seu lugar adequado;
> Ela me oferece agora seu calor bem-aventurado.
> Como é grande agora minha alegria.
> Mas ainda assim eu suplico pela sua bondade!

"O Mestre de Orgyen surgiu para mim na forma de um heruka. Ele me ofereceu uma taça de crânio cheia de cerveja para beber, e então desapareceu. Minha experiência se tornou contínua e estável: o êxtase era realmente bem-aventurado, o calor era realmente quente, e fui tomada pela felicidade. Meu corpo, que anteriormente estava completamente congelado, foi totalmente transfigurado, como uma cobra descamando. Com isso, achei que já era tempo para a austeridade dos ornamentos de osso. E assim, tirando a roupa de algodão, pratiquei por um ano a austeridade denominada *União das Três Instruções Essenciais*. Nesse tempo, eu não tinha mais nenhuma semente de cevada restante e, assim, realizei minha meditação tomando pedras e água como alimento e bebida.[54] Depois de algum tempo, minhas experiências anteriores declinaram, assim como minha realização. Minhas pernas não podiam mais suportar o peso de meu corpo. Eu não conseguia levantar minha cabeça e tinha dificuldades para respirar pelo nariz e pela boca. Minha mente também ficou muito frágil. Gradualmente, minha condição piorou, de forma que, no final, eu estava à beira da morte.

"E assim eu rezei para o Professor. Clamei em desespero ao yidam e visualizei um fluxo constante de oferendas para as dakinis, dizendo:

> Desde o início ofereci meu corpo ao Guru,
> Haja alegria ou tristeza, Senhor,
> Eu me entrego a você!

> Desde o início minha fala foi oferecida ao Dharma,
> Enquanto eu respirar, Senhor,
> Eu me entrego a você!

> Desde o início minha mente foi despertada para a virtude,
> Haja virtude ou vício, Senhor,
> Eu me entrego a você!

> Desde o início minha forma foi a mansão do yidam,
> O que quer que aconteça a esta moradia, Senhor,
> Eu me entrego a você!

> Desde o início os ventos e canais são os caminhos das dakinis,
> O que quer que elas possam fazer com eles,
> Eu me entrego a você!

> Desde o início essa gota essencial é a natureza dos Budas Que se
> Foram para a Bem-Aventurança,
> Seja no repouso da paz além de todo o sofrimento,
> Ou girando no ciclo do samsara,
> Olhe por todos os seres sencientes mães que vagueiam
>   na delusão!

> Se eu devo repousar ou voltar,
> A sua palavra para mim, sua filha, deverá decidir.

"Então, tive uma visão. Uma mulher de pele vermelha, nua e sem os ornamentos de osso, apareceu e pressionou seu bhaga na minha boca, de modo que eu bebi bastante do sangue que fluiu dele. Todo meu ser foi permeado por êxtase, eu me senti como se meu corpo tivesse se tornado tão forte quanto um leão, e em minha meditação eu realizei a verdade inefável. Pensei, então, que havia chegado o momento de andar despida e tomar o ar como alimento. E assim, por um ano inteiro, confiando apenas no ar como sustento, eu pratiquei nua. De início, o movimento de minha respiração vinha facilmente e minha mente estava clara. E experiências diferentes, a manifestação da consciência lúcida, surgiam sem impedimentos. Tempos depois, surgiu uma dúvida em minha mente que fez com que minha respiração parasse. Minha garganta ficou totalmente seca e meu nariz ficou obstruído como se tivesse sido entupido com lã. Meu estômago roncava e meus intestinos murcharam e secaram. Novamente, eu estava quase morrendo. Reunindo minha coragem, apelei para Guru Rinpoche e cantei esta canção:

> No ciclo da existência,
> Migrando através de incontáveis formas,
> Girando na roda de nascimento e morte,
> Torturada pela dor dos estados miseráveis,
> Ó mulher! Se você suportou aquele calor e frio,
> Aquela fome, sede e servidão! —
> Não pode você sustentar agora esta dificuldade,
> O caminho veloz do Mantra Secreto,
> O verdadeiro potencial de uma vida humana?
> O que mais há a fazer?
> O pior que pode acontecer é a morte!
> Não recue de suas austeridades,
> Ó Tsogyal, coragem, persevere!
>
> *'Kyema Ho!'*
> Sábio de Orgyen, Professor autossurgido,
> Emanação iluminada nascida sobre um caule de lótus, milagroso!
> Senhor da Misericórdia em uma forma humana,
> Forma suprema e diamantina
> Ornamentada pela luz de arco-íris,
> Olhe com piedade para nós, seres carregados por corpos!
> Proteja-me, deixada para trás na mediocridade.
> O que devo fazer, pressionada e carregada
> Por este peso de carne mortal?

Olhe para mim agora, onde quer que esteja, com olhos de amor
e piedade!

"Tão pronto eu tinha acabado, o próprio Guru surgiu no ar diante de mim, envolto por uma esfera de luz, sorrindo e tão próximo que eu poderia tocá-lo. E ele disse:

Kyema O!
Ouça, nobre senhora, donzela de Kharchen!
Você, a filha de uma casa nobre,
Ainda deseja sua beleza e seus prazeres!
Como antes, você não pode suportar as dificuldades!
Mas agora chegou o momento de
Tomar tanto alegrias quanto tristezas como caminho.
Quaisquer dificuldades que agora possam recair sobre você,
Traga-as para o caminho da Grande Alegria!
Fiel, gentil senhora, não anseie por felicidade!

Kyema!
Ouça, senhora, donzela de Kharchen,
Jovem consorte do rei que nunca se contenta!
Emaranhada, como antes, em desejos autocentrados!
Mas agora chegou o momento de
Deixar de lado todos os passatempos inúteis.
Medite sobre a transitoriedade,
Reflita sobre os estados de sofrimento.
Fiel, gentil senhora, não anseie por grandeza!

'Kyema!'
Ouça, senhora, donzela de Kharchen,
Consorte do Guru, orgulhosa e satisfeita consigo mesma!
Como antes, você pensa de forma tão elevada sobre si mesma!
Mas agora chegou o momento de
Contar suas próprias limitações.
Não esconda suas falhas ocultas, mas sim revele-as completamente.
Fiel, gentil senhora, não anseie por reputação!

'Kyema!'
Ouça, senhora, donzela de Kharchen,
O seu Dharma é apenas vangloriar-se, suas piedades são todas falsas!

> E como antes, é tudo fingimento!
> Mas agora chegou o momento de
> Deixar de lado as enganações e estratagemas.
> Não oscile. Seja corajosa.
> Fiel, gentil senhora, não ostente nada!

"Quando ele terminou sua fala, desceu até o chão e sentou-se sobre uma pedra. 'Você está se excedendo', ele disse. 'Extraia a essência de ervas medicinais e de plantas para desenvolver a força de sua consciência lúcida e para restaurar o seu corpo. Quanto a mim, eu, Padmasambhava, existindo apenas para o benefício dos seres migrantes, tenho consciência do futuro até o esvaziar completo do samsara. Ocultarei muitos Tesouros do Dharma Sagrado, que serão inexauríveis para sempre. Então, terei que partir para Ngayab, reino das dakinis! O cuidado desses profundos Tesouros, senhora, será sua tarefa. Em pouco tempo, abrirei muitas mandalas do Mantra Secreto insuperável, e chegará o tempo de você trabalhar pelo benefício dos seres. Portanto, prepare-se!' Tendo me oferecido esta e outras extensas instruções, ele partiu.

"Então, com a companhia do garoto indiano Salé e da garota Dewamo, eu, Tsogyal, dirigi-me para as três cavernas em Mön, cada uma delas chamada de Sengé Dzong. Primeiro, fui para Mön-kha Sengé Dzong para praticar a extração da essência de diversas plantas medicinais. Comecei, entretanto, tomando a essência dos minerais, sabendo que a quintessência de todos eles está contida no chongzhi, ou calcita. Meu corpo ficou como um diamante; nenhuma arma conseguia machucá-lo. Minha fala assumiu as qualidades da voz de Brahma, de modo que mesmo uma feroz tigresa, ao ouvir-me, ficou silenciosa e atenta. Minha mente alcançou a concentração imaculada que é como um vajra."

Depois disso, a Senhora Tsogyal decidiu que havia chegado o momento para praticar a austeridade da fala. No início, de modo a purificar suas contaminações de fala, ela praticou os estágios da aproximação e da consumação, e recitou orações e rituais continuamente, dia e noite, sem interrupções no som de sua voz. Inicialmente, recitou vidya-mantras e dharani-mantras, tais como o das cem sílabas e muitos outros, fazendo assim as confissões e as purificações de acordo com as três classes do Kriyatantra. Então, se dedicou à recitação das mandalas dos dharanimantras, dos Upatantras e Yogatantras, tais como os das cinco Famílias Búdicas e as das três classes de Bodhisattvas. E, por fim, fez orações, confissões e votos dos Sutras, as regras do Vinaya, a prática de Amitayus e os treinamentos no Abhidharma, gramática e lógica. Os seus esforços foram ilimitados. O primeiro efeito disso foi que sua voz começou a falhar e uma abertura se abriu em sua garganta, da qual fluíam sangue e pus em abundância. Sua laringe se enrijeceu e constringiu numa dor agonizante. Ela secou e então inchou com sangue e pus.

A morte estava muito próxima. Mas ela acabou conseguindo recitar o quanto desejasse, sem desconforto, e sua voz era tal que suas palavras vinham claramente em um fluxo melodioso e ininterrupto. Alta, média ou leve; rápida, lenta ou moderada—ela adquiriu maestria perfeita. Em resumo, sua voz assumiu as sessenta qualidades da fala melodiosa, e ela alcançou os sete poderes da memória infalível.

Na sequência, ela abriu as mandalas dos *Oito Grandes Herukas* de acordo com o nível da Mahayoga, e praticou o estágio da aproximação até desfrutar a visão das deidades. Passando, então, para o estágio da consumação, praticou até se tornar inseparável delas. Sentada com suas pernas na postura vajra e suas mãos no mudra meditativo ela, pela primeira vez, contemplou todo o campo de deidades. Muitos sinais e capacidades surgiram, tais como luzes fulgurantes. Então, ela recebeu as predições e autorizações das deidades yidam e atingiu as oito grandes realizações comuns. A realização suprema veio para ela como a concentração "semelhante ao vajra" e a concentração do "destemor heroico", e ela recebeu a predição de sua iluminação final na expansão de Samantabhadri.[55]

Em seguida, ela abriu a mandala do *Lama Gongdü* e praticou de acordo com a transmissão Anuyoga. Tendo conquistado maestria completa de seu corpo por meio do mantra, energia dos ventos e concentração meditativa, ela estabeleceu a mandala do *Lama Gongdü* nos chakras raiz de seu corpo e, sem falhas, aplicou as instruções chave para os canais sutis, energia do vento e gota essencial, tornando-os o objeto de sua experiência meditativa.

No início, seus canais sutis estavam doloridos, a energia do vento estava invertida e a essência rígida e imóvel, mas ela perseverou, recusando-se a considerar como indesejáveis os sofrimentos que a estavam quase matando. E assim, no tempo devido, ela contemplou a visão das deidades, e dominando os canais sutis, energia do vento e gota essencial, cortou os quatro fluxos de nascimento, velhice, doença e morte.

Foi então que ela alcançou o estágio conhecido como o de uma adepta consumada. Como era impossível, ela refletiu, retribuir ao Precioso Professor por sua bondade! E ela cantou:

> *Kyema O!*
> Ao Guru Padmasambhava eu me prostro, meu Senhor e Professor!
>
> Este amontoado de átomos se reunindo desde tempos sem princípio,
> Ó Senhor e Professor, você fez dele
> O rei das montanhas, Sumeru.
> E agora parece que eu, esta montanha,
> Posso gerar benefícios para os seres.

Virtuoso Indra, venha, ajude-me generosamente!
Exceto por aqueles em ravinas selvagens dispersos,
Que talvez careçam de um bom carma do passado,
Uma grande felicidade e alegria preencherão e satisfarão
O céu dos Quatro Grandes Reis e todos os reinos celestiais.

Este oceano, crescendo gota a gota, desde o tempo sem princípio,
Ó Senhor e Professor, você fez dele
Os sete mares da exibição bem-aventurada.⁵⁶
E agora parece que eu, este oceano,
Posso gerar benefícios para os seres.

Virtuoso Nanda, venha, ajude-me generosamente!
Exceto por sapos e peixes dos brejos
Que talvez careçam de um bom carma do passado,
Uma grande felicidade e alegria preencherão e
    satisfarão
As terras dos nagas e os oito grandes reis nagas.

Uma grande sábia, méritos reunidos desde o tempo sem princípio,
Ó Senhor e Professor, você imbuiu
Com conhecimento inexaurível.
E agora parece que eu, esta sábia poderosa,
Posso gerar benefícios para os seres.

Chefe dos homens, rei religioso, ajude-me generosamente!
Exceto por habitantes dos selvagens pântanos exteriores,
Que talvez careçam de um bom carma do passado,
Uma grande felicidade e alegria preencherão e satisfarão
Os Shravakas e todos que moram neste mundo.

O fruto do mérito reunido desde o tempo sem princípio,
Ó Senhor e Professor, você transformou
Em um corpo humano pleno de significado.
E agora parece que eu, esta mulher,
Posso gerar benefícios para os seres.

Crianças abençoadas pela fortuna, venham, ajudem-me
    generosamente!
Exceto pelos seres malignos, de pensamentos pervertidos,

Que talvez recusarão e evitarão o Dharma,
Uma grande felicidade preencherá as terras do Tibete
E todo o seu povo fiel.

A seguir, ela tomou como alimento a essência de cento e oito diferentes ervas e plantas medicinais. Os quatro grandes sábios divinos apareceram para ela circundados pelas quatrocentas e oito deusas medicinais.[57] Cada uma segurava um vaso de néctar contendo uma virtude de cura específica que ofereceram a Tsogyal, louvando-a com estes versos:

Kyema Ho!
Agora a maior de todas as maravilhas é sua,
Ó criança humana — nossa irmã, certa vez,
Quando acima entre os deuses você morava,
E com puras orações gerou a causa
De tal grande sabedoria!
Guiando os gandharvas com o doce som de um alaúde,
Ó Tsogyal, Sarasvati, nós a louvamos e glorificamos!

E quando o poderoso Buda girou,
Em tempos posteriores, a roda do Dharma,
Com puras intenções você se tornou uma Shravaka,
Uma monja virtuosa, que com seus olhos de misericórdia
Era uma guia para todos os seres, sem exceção.
Ó Tsogyal, Gangadevi, nós a louvamos!

Agora quando o glorioso Vajradhara
Assume a forma do Mestre Padmasambhava
E gira a roda do Dharma,
Os ensinamentos dele você compila, através dos quais
A porta do Mantra Secreto é aberta.
Asceta para o benefício dos seres,
Ó Tsogyal, nós a louvamos!
Todos os ensinamentos brotam na vasta expansão
De sua mente. Você toma
As essências de remédios e venenos
Para brincar com eles como se fosse um gole de imortalidade.
O seu corpo de juventude eterna é perfeito
Com as marcas do estado búdico.
Cuidadora dos migrantes através dos tempos, nós a louvamos!

Você afasta as doenças
E males duradouros dos seres.
Você os cura com o néctar imortal,
Essência de todos os remédios.
Deusa da cura, mãe de todos os remédios:
Não é esta você, Ó Tsogyal, apenas você?

E, com essas palavras, as deusas subiram ao céu.

Nessa época, como os mundos externo e interno estão conectados de forma interdependente, a garota Khyidren veio e ofereceu à Senhora Tsogyal uma grande quantidade de mel. Tsogyal comeu tudo, e então devotou-se à austeridade física. Primeiro ela praticou circum-ambulações, depois prostrações e assim por diante, o tempo todo, dia e noite. A pele de sua testa e as palmas de suas mãos e solas dos pés racharam e se abriram até os ossos. Dali saíram sangue e pus em abundância. Então ela praticou as inúmeras diferentes formas de purificação corporal, especialmente de acordo com os textos das diferentes instruções essenciais. Ela atravessou os três níveis de exaustão física. O fluido essencial nas juntas de seus membros se transformou em linfa, fervendo e doendo, fazendo com que ficassem obstruídos e inchassem. Suas terminações se abriram e seu corpo começou a enfraquecer. Mais adiante, porém, a essência pura se separou daquilo que era degenerado e seu ânimo se elevou. A essência se estabilizou na natureza da sabedoria primordial, os nós em seus canais sutis se soltaram, seus membros torcidos se endireitaram, e toda a doença foi curada. Tudo o que tinha sido cortado foi reunido novamente; tudo o que tinha sido distendido e deslocado foi restaurado ao seu lugar adequado. Assim, uma firme base foi estabelecida para a consumação do Mantra Secreto.

Tsogyal, então, retirou-se para as mais solitárias cavernas, como aquela de Sengé Nering. Ali ela sentou, fazendo o voto de nunca abandonar sua postura vajra, mas de permanecer com olhar imóvel, em silêncio, e sem relaxar sua posição corporal. E assim permaneceu absorta em concentração. Os deuses e espíritos malevolentes da região não podiam tolerar o brilho da concentração da Senhora e a atacaram magicamente com formas sedutoras e iradas, fantasmas visíveis e invisíveis. No início, eles apareciam repetidamente para ela como diferentes tipos de comida, ou assumiam a forma de roupas, elefantes, cavalos e assim por diante, todos os produtos e as riquezas que este mundo disponibiliza. Mas a Senhora subjugou todos eles com a intensidade de sua concentração. Vendo sua natureza ilusória, ela sentiu um profundo desapego e desgosto por coisas mundanas, e isto bastou para fazer com que alguns dos objetos desaparecessem. Outros ela transformou por meio da concentração em terra, pedras e coisas do gênero. Outros desapareceram depois de se transformarem, segundo o desejo dela, em tesouros de comida e riqueza para o benefício do país nas eras vindouras.

Em outra ocasião, os espíritos assumiram a forma de um bando de belos jovens, com faces belas e compleições saudáveis, perfumados, bem constituídos e fortes — uma alegria para os olhos. No início, falaram com ela respeitosamente, dirigindo-se a ela como "Senhora" e "Madame", mas depois eles a chamaram de "garota" e "Tsogyal", e começaram a usar palavras de desejo. Eles começaram provocando-a de forma brincalhona, mas aos poucos mostraram seus genitais, dizendo coisas como, "Ei, garota, é isto que você quer? Você quer este leite?". E eles entrelaçavam seus braços ao redor de sua cintura, apalpando seus seios, brincando com seu órgão sexual, beijando-a, fazendo sexo de todas as formas. Alguns dos jovens desapareceram, subjugados pela força da concentração da Senhora. Outros, por meio da concentração que percebe todas as coisas como ilusão, desvaneceram como meros fantasmas. E houve outros ainda que, por meio da meditação contrária de um Bodhisattva,[58] foram transformados em corpos enegrecidos, velhos medonhos, leprosos, cegos, aleijados e retardados, todos repugnantes. Assim transformados, desapareceram.

Então, visões terríveis começaram a surgir. A terra toda tremeu e chacoalhou, houve estrondos e um ribombar mais altos que mil trovões. Relâmpagos brilhavam com luzes negras, brancas, vermelhas, amarelas, azuis e multicoloridas—luzes brilhantes quase insuportáveis. Todos os tipos de armas afiadas apareceram, adagas pontudas, lanças e facas de um temível metal azul, todas eriçadas e se chocando diante dela. Tsogyal mal pôde suportar. Mas por meio de sua concentração inabalável permaneceu confiante e destemida, mesmo parecendo que poderia ser cortada em pedaços e morrer. E, mais uma vez, tudo se dissolveu e desapareceu.

Alguns dias mais tarde, formas de diferentes animais selvagens surgiram: tigres, leopardos, ursos vermelhos e amarelos, rugindo e rosnando, bloqueando a entrada da caverna por cima e por baixo, vindos de todos os lados, uivando e rosnando. Alguns estavam com as bocas bem abertas, mostrando suas presas, como se fossem devorá-la. Eles chicoteavam o chão com suas caudas, rasgando-o com suas garras, seus corpos tremendo, seu pelo eriçado, suas jubas em pé. Mas com confiança inabalável, Tsogyal abandonou todo o apego ao seu corpo, sentindo uma profunda compaixão por todos eles. E eles se dissolveram.

De repente, o lugar foi tomado completamente por todos os tipos de vermes e insetos, começando por uma horda de aranhas, escorpiões e cobras. Alguns entravam nos seus ouvidos, olhos e nariz, outros picavam e arranhavam, subindo e pulando nela. Havia insetos lutando entre si. Arrancavam pedaços uns dos outros e se devoravam. Todos os tipos de coisas magicamente apareceram. Tremendo, um pouco horrorizada, a Senhora Tsogyal sentiu compaixão por eles. Aquilo se tornou mais e mais amedrontador e repulsivo, até que ela pensou: "Muitas vezes eu fiz o voto de não me apegar sob quaisquer circunstâncias ao meu corpo, fala e mente. Esses seres vivos que chamamos de insetos surgiram devido ao carma.

Por que eu deveria ter medo das trapaças mágicas de espíritos malévolos? Todas as ações são produzidas por pensamentos, bons ou maus; e visto que tudo que assim acontece é meramente pensamento, eu deveria aceitar todas as coisas com igualdade." E nesse espírito de confiança, ela cantou:

> Aquilo que entendemos como sendo fenômenos
> São apenas as projeções mágicas da mente.
> A vastidão vazia do céu
> Eu nunca vi se amedrontar com qualquer coisa.
>
> Tudo isto é apenas a luz autossurgida da claridade.
> Não há qualquer outra causa.
> Tudo o que acontece é apenas meu ornamento.
> Melhor, então, permanecer em meditação silenciosa.

Com isso, ela entrou em uma concentração de perfeita equanimidade, além de bom ou ruim, aceitação ou rejeição. E todas as visões desapareceram. Mas, novamente, outras visões e aparições surgiram. Membros mutilados estavam sendo jogados ao redor, formas repugnantes sendo jogadas e girando. Ela viu uma enorme cabeça sem corpo, suas mandíbulas abertas estendendo-se da terra até o céu, e entre elas a língua contorcendo-se agitadamente. Ela tinha presas verdes, pálidas e afiadas, e se aproximava mais e mais. Ou, mais uma vez, em um castelo, pequeno como uma semente de mostarda branca, ela viu muitas pessoas lutando em batalhas. Ou ainda surgia um fogo que tudo engolia, inundações torrenciais, rochas despencando, árvores rachando, ventos uivantes e outras coisas. Mas ela permaneceu imóvel na concentração semelhante ao vajra e, por fim, tudo se dissolveu.

Então, de É no Nepal até Ja em Mön, hordas de deuses e espíritos vieram. Eles eram das tribos de Khatra e Kangtra da terra de Lo, e disseram: "Veja, nós somos legião." Alguns estavam chorando, outros gritando, grunhindo, berrando em sua fúria. E começaram a fazer suas provocações. De cima, lançavam seus trovões. De baixo, seus fogos crepitavam. Entre eles vinha água em redemoinhos. Nevascas asfixiantes de armas furiosas se agitavam. Mas tudo isso apenas serviu para fortalecer a realização da Senhora Tsogyal. A consciência pura se manifestou e seu canal de sabedoria se abriu. Uma fé inabalável brotou, e ela cantou:

> *Emaho!*
> O Dharmakaya,
> Sabedoria da Grande Mãe;
> Essência das dez perfeições,

Prática de profunda sabedoria,
Estes agora foram completados.
Nenhuma aparência agora me amedrontará:
Tudo surge como a exibição do Dharmakaya.
Esses fantasmas são apenas a compaixão de meu
    Professor.
Rezo para que ele possa me enviar mais e mais!

Emaho!
Sabedoria de Samantabhadra,
Essência da Visão, Meditação e Fruto,
A prática de não se misturar com os pensamentos que surgem,
Estes eu agora aperfeiçoei.
Pensamentos e conceitos não me trazem medo:
Tudo que surge é apenas a exibição dos pensamentos.
Esses pensamentos são a compaixão do meu Professor;
Rezo para que ele possa me enviar mais e mais!

Emaho!
A Sabedoria do Guru do Lótus,
A essência de Ati que tudo permeia,
A prática da Mente imaculada,
Todas elas eu aperfeiçoei.
Conceitos de obscurecimentos não chegam até mim,
Obscurecimentos são a exibição da realidade definitiva.
Tudo que percebo é meramente a compaixão de meu Professor;
Rezo para que ele possa me enviar mais e mais!

Emaho!
A observância da mulher Tsogyal,
A essência do Mantra Secreto,
A prática da igualdade de alegria e tristeza,
Todas elas eu aperfeiçoei.
Não escolho entre bom e ruim,
Pois ambos trazem progresso para minha meditação.
Tudo o que aparece é compaixão de meu Professor;
Rezo para que ele possa me enviar mais e mais!

Mas mais uma vez, as hordas de deuses e espíritos das três terras da Índia, do Nepal e do Tibete caíram sobre ela com seus demônios capitães, vermelhos, negros e azuis, tentando incomodá-la com obstáculos de todas as formas. Mas eles falharam, e assim instigaram os habitantes humanos à hostilidade contra ela. Assim, pela intervenção dos deuses, toda a terra de Mön foi abalada por calamidades indescritíveis. Uma escuridão se abateu de tal forma que ninguém conseguia distinguir o dia da noite. Houve inundações, tempestades, granizo, neve, chuva e pragas. Todos os tipos de misérias apareceram. Todos diziam: "Quem está nos atacando? De onde vem tudo isso?"

Então, aconteceu que um caçador, um nativo de Mön, tinha visto Tsogyal.

"Lá acima", ele disse, "na caverna da rocha Nering, há uma mulher tibetana que parece ser surda e muda. Será que não é ela? Quem mais poderia ser?" Todos concordaram que ela devia ser a culpada e foram em bando para matá-la. Eles chegaram à caverna e gritaram: "Mulher mendiga tibetana! Por meio de sua bruxaria nossa terra de Mön afundou em profunda escuridão. Ela tornou-se uma terra de trevas. Relâmpagos e granizo estão caindo, e pragas e misérias se abatem sobre nós. Retire sua mágica maligna ou iremos matá-la imediatamente!"

A Senhora pensou consigo: "Eles estão sob a influência de deuses e espíritos, nada ajudará! O que quer que aconteça, devo trazer para o caminho. O que quer que surja, devo simplesmente deixar acontecer. Seja lá pelo que eu tiver que passar, não abandonarei meu voto." E assim, sem responder, ela permaneceu sentada, seus olhos bem abertos e fixos. Alguns acharam que ela estava envergonhada, outros que ela se recusava a ouvi-los. Eles jogaram poeira em seus olhos e furaram suas orelhas com facas. Mas ela permaneceu do mesmo jeito, sem se preocupar.

"*Atsi!*", eles gritaram, "esta é uma megera durona!" E atiraram flechas, bateram nela com varas, furaram seu corpo com facas e lanças. Mas nada nem ninguém conseguia prejudicar o corpo da Senhora. Assim, eles a denominaram pömo jigméma, a destemida mulher tibetana, e concordando uns com os outros que não havia o que fazer, voltaram para suas casas.

Nessa ocasião, estava presente uma garota que anteriormente havia oferecido mel à Senhora Tsogyal. Era filha do rei de Mön e, portanto, muito rica e influente. Ela teve grande fé na Senhora e fez prostrações diante dela. Às vezes, lhe oferecia leite de búfala, mel e outros serviços agradáveis de que dispunha. Pouco tempo depois, todos os deuses e espíritos que haviam anteriormente manifestado as ilusões mágicas vieram e ofereceram sua força vital à Senhora Tsogyal. À frente vinham demônios, espíritos tsen e nagas. Todos fizeram o voto de proteger os ensinamentos da Senhora e de aniquilar seus inimigos. Eles disseram:

> *Eh Ho Ho!*
> Alegria de Padma Thödrengtsel,
> Senhora Vitoriosa, nobre Heruka,
> Ninguém pôde vencê-la!

Confessamos a você nossas intenções malévolas e ações negativas.
Nós que somos seus servos e amigos íntimos
Oferecemos a você nossa força vital e nossa força,
E estaremos sujeitos a cada palavra sua.
Não quebraremos esta promessa que fazemos!

Cada um deles fez uma oferenda de sua força vital e depois partiu. Da mesma forma, Rahula, Vajrasadhu e todos os outros deuses e espíritos poderosos do Tibete vieram e lhe ofereceram sua força vital. E eles partiram depois de prometer que protegeriam os ensinamentos do Buda. Com isso, todos os habitantes do país, tanto homens quanto mulheres, que anteriormente haviam feito tantas maldades com a Senhora, reuniram-se diante dela e confessaram. De fato, Hamra, o próprio rei de Mön, começou a considerar Tsogyal como objeto de fé e espanto. A sua filha, que havia anteriormente oferecido mel à Senhora, era uma garota adorável de treze anos, dotada com todas as qualidades e sinais físicos de uma dakini. Seu nome era Khyidren, Aquela que Conduz os Cães. Impulsionado por sua fé, o rei a ofereceu a Tsogyal, que mudou seu nome para Trashi Chidren, Guia Auspiciosa de Todos.

Tsogyal foi então para Paro Taktsang, onde realizou uma austeridade final por sua própria conta, a prática da gota essencial, a união de bem-aventurança e vacuidade. Nutrindo seus três companheiros, Atsara Salé, Mönpu Salé e Atsara Pelyang, com as essências de plantas medicinais, ela treinou incansavelmente, dia e noite, por sete meses. No início, todo o seu corpo se perturbou e perdeu força, e sua mente ficou entorpecida e agitada alternadamente. A linfa desceu rapidamente da parte superior para a inferior de seu corpo. Ela foi oprimida por doenças, febre, dores e tremores, e mais uma vez chegou perto da morte. Mas então toda a linfa se transformou na gota essencial, e todo o seu corpo foi tomado por bem-aventurança. De início, isso foi uma espécie de êxtase misturado com emoções, seguido por um êxtase de imensa Sabedoria Primordial e, finalmente, um êxtase fluido e estável de Sabedoria. Então, pouco a pouco, as essências branca e vermelha se misturaram, de tal modo que a dualidade sujeito-objeto desapareceu. Seu corpo se tornou a mandala dos Vitoriosos. E por meio da oferenda de bem-aventurança, ela atingiu o estado de Grande Bem-aventurança dentro de um corpo de Grande Bem-aventurança. A brancura de seu corpo se misturou com um brilho róseo, e ela assumiu a forma de uma heroína heruka, sempre jovem, dotada com o charme de uma garota de dezesseis anos. Foi então que ela teve uma visão da mandala de Amitayus e alcançou o imutável corpo de diamante intocado por morte e envelhecimento, tornando-se assim uma vidyadhara com poder sobre a vida. Foi profetizado que ela permaneceria neste mundo por duzentos e vinte e cinco anos.[59] O Glorioso Hayagriva e Vajravarahi eliminaram os impedimentos.

Os cinco dakas e as cinco dakinis executaram as atividades iluminadas dela, seguindo-a como sua sombra. Bodhisattvas cantaram suas preces de bons augúrios. Como uma vidyadhara com domínio sobre a vida, ela recebeu o nome Senhora da Vida Eterna, Resplandecente com Luz Azul.

Mais tarde, Tsogyal se dirigiu com cinco discípulos para Onphu Taktsang, onde o Precioso Mestre estava residindo. A Senhora se adiantou para encontrá-lo e fez prostrações.

"É esta uma valorosa heruka que vem até mim?", ele disse. "Como você está? Como foi sua jornada?" E ele prosseguiu:

Kyema Ho!
Ioguine experiente no Mantra Secreto!
A base para a Liberação
É esta estrutura humana, esta forma humana comum —
E aqui distinções de masculino ou feminino
Não têm consequências.
E ainda se a bodhichitta a agraciar,
A forma de uma mulher será realmente suprema!
Desde o tempo sem princípio
As duas acumulações de sabedoria e mérito você completou!
Agora, livre de falhas, dotada com qualidades,
Mais elevada entre todas as mulheres, Mãe da Iluminação,
Você não está feliz, Senhora bem-aventurada?

Você agora alcançou o seu próprio benefício.
Esforce-se pelos outros, beneficie todos os seres!
Poderia outra mulher maravilhosa como você
Existir neste mundo humano?
Nenhuma no passado, de fato, nem agora,
E nunca haverá no futuro.
Ah, Yeshe Tsogyal, Oceano Vitorioso de Sabedoria!

De agora até o fim dos tempos por vir,
Cinco emanações de seu corpo você produzirá,
Prolongando os ensinamentos do Buda por trinta anos.
Em especial na terra de Dak você aparecerá —
Uma mulher com o nome Drölma.[60]
Você tomará a essência dos ensinamentos
Da Prajñaparamita,
Ensinando a profundidade do Chö, uma doutrina

Que será do mais elevado benefício para os seres.
Nesse tempo, este indiano Salé
Será um bhikshu com o nome de Thöpa.
Minha Senhora, ele será seu consorte
Abrindo a porta secreta.
Trashi Chidren, aqui, esta garota de Mön,
Será sua única filha,
E Mönpu Salé, então será seu filho, um iogue louco.
Atsara Pelyang aparecerá como Trapa Ngoshé.
Minha Senhora, ele será seu consorte secreto:
Benefício supremo para vocês mesmos e os outros!
E eu, que agora sou Padmasambhava,
Carregando então o nome do indiano Dampa,[61]
Começarei a partir de Latö a disseminar e espalhar
A disciplina pacificadora de Shi-che.
Senhora, quando nós dois nos encontrarmos mais uma vez,
Os elos auspiciosos para o Mantra Secreto serão forjados.
A doutrina pacificadora, Shi-che, profunda e hábil,
Trará para o mundo uma pequena alegria.
Ela não permanecerá por muito tempo.
Mas no reino elevado da Luz de Lótus,
Você e eu nos uniremos mais uma vez de forma inseparável,
E na forma Sambhogakaya trabalharemos pelo benefício dos seres.

Com isso e outras predições, o Mestre Precioso animou e inspirou Yeshe Tsogyal. E ela, para agradecer sua bondade, cantou esta canção:

Emaho!
Raiz do Mantra Screto, Detentor do Vajra,
Imortal, incondicionado, Vida Ilimitada,
Heruka, Senhor da força e do poder,
Todos são apenas você, ó Padmasambhava!
E em lugar algum encontrarei alguém como você novamente.

Pela sua bondade, guia mais elevado e mentor,
Agora eu encontrei realização nos Mantras Secretos.
Conquistei os poderes dos oito grandes siddhis
E sou mestra nos sutras e tantras —
Mesmo com o corpo inferior de uma mulher.
Esta é minha boa fortuna excelente!

Minha forma agora se tornou a deidade:
A percepção ordinária agora desapareceu completamente,
A absorção semelhante ao espelho agora despontou.
Os elementos estão sujeitos ao meu poder.
Minha fala se transformou em mantra;
O balbuciar da fala inútil desvaneceu
E a absorção semelhante ao vajra surgiu.
Sobre todos os Dharmas do sutra e do mantra
Eu agora tenho maestria.

Minha mente tendo se tornado buda,
Os pensamentos comuns desapareceram no espaço;
O destemor heroico despontou sobre mim.
Minha mente agora é idêntica à de Vajradhara.

Meu Senhor e Mestre, grande é sua compaixão!
De agora em diante e em todo o tempo e lugares futuros,
Através de toda a sucessão de minhas vidas,
E mesmo se seus pés de lótus em algum momento me abandonassem,
Eu nunca buscaria outro mestre.
Portanto, olhe para mim com bondade, nunca me abandonando.
Grande é sua compaixão, muito além de qualquer possibilidade
    de retribuição!
Todas as transgressões do samaya relativo ao seu Corpo,
Fala, Mente, Qualidades e Ação
Foram o fruto da ignorância.
Eu as confesso agora e prometo evitar de agora em diante a menor
    das falhas!
Eu imploro à bondade do Guru:
Agora, para o benefício de todos os seres,
Por favor, gire a roda do Dharma do Mantra Secreto!

Ela relatou em detalhes como havia praticado as austeridades e conquistado realização, como haviam surgido aparições enganosas de deuses e espíritos e seres humanos, e especialmente como ela havia realizado o Mantra Secreto em Paro Taktsang e visto as deidades reunidas de Amitayus.

Com sua face radiante de alegria, o Guru colocou sua mão direita sobre a cabeça da Senhora e disse: "Chegou o tempo de você praticar, aqui neste lugar, a yoga do vidyadhara da imortalidade. Os eventos em Paro Taktsang demonstram que se você praticar de acordo, e com as bênçãos do Mestre, o sucesso certamente virá. Eu abrirei a mandala de Amitayus e lhe concederei a iniciação, mas você deve encontrar um companheiro como suporte para sua prática de longa vida. Da mesma forma, Khyidren, esta garota de Mön, possui o caráter e todas as marcas físicas de uma dakini de sabedoria da atividade vajra. Então, dê ela para mim e eu a tornarei minha consorte na prática mântrica de Vajrakila. Pois é necessário disseminar muitas instruções orais sobre Vajrakumara, de outra forma o Mantra Secreto não se espalhará nesta terra tola do Tibete, e os iogues que o praticam serão incapazes de proteger mesmo suas próprias vidas. Na verdade, a multidão de deuses e espíritos do Tibete, os inimigos do Dharma, criarão obstruções e a disseminação do Mantra Secreto será interrompida. E mesmo que não fosse assim impedida, desapareceria rapidamente."

"Então eu", a Senhora Tsogyal relembrou, "fiz prostrações e, para agradecer ao Guru por sua bondade, ofereci-lhe uma mandala de ouro e turquesa junto com a garota Trashi Khyidren. Eu disse: Grande Guru! Vasta é a sua bondade ao conceder a mim, a mulher Tsogyal, as instruções essenciais para a ioga de longa vida. Mas me diga, que espécie de companhia eu precisarei como suporte para a prática? Atsara Salé é inadequado? Grande seria a sua compaixão se abrisse para mim também a mandala tântrica de Vajrakila. Eu lhe ofereci a garota Khyidren. Agora, em sua bondade, eu lhe rogo que abra para mim a porta do Mantra Secreto. Pois sou uma mulher tímida e de pouca capacidade; de condição humilde, o alvo de todos. Se vou mendicar, sou atacada por cães; se comida e riquezas chegam até mim, sou presa de ladrões; como sou bonita, sou vítima de cada patife lascivo; se estou ocupada com muito para fazer, o povo do campo me acusa; se eu não faço o que eles pensam que deveria, o povo me critica; se cometo algum erro, todos me detestam. Tenho que me preocupar com tudo o que faço. É assim que é ser uma mulher! Como pode uma mulher conquistar de algum modo realização no Dharma? Simplesmente conseguir sobreviver já é difícil o bastante! Assim, eu lhe imploro, conceda-me também as instruções para Vajrakila que estão guardadas em seu coração."

O Guru fez uma pausa, refletiu por um momento, e então disse: "É como se a prática de longa vida fosse o capitão, e Kila, a escolta de proteção. Por esta razão, em qualquer trabalho que alguém faça no Mantra Secreto, é importante primeiro praticar Kila para dissipar obstáculos. Além do mais, Kila é a sua deidade yidam, consequentemente você pode praticá-la. Mas, quer você faça Kila ou a prática de longa vida, será necessário um companheiro. Portanto, vá para Uru, no Tibete, onde há um garoto de quatorze anos. O nome do pai dele é Lhapel, sua mãe é Chokroza. Ele pertence ao clã de Lang. Torne-o seu companheiro na prática e juntos vocês realizarão o yidam."

"Seguindo estas instruções, eu descobri o garoto e retornei ao Guru. O Mestre disse:

Este garoto, um detentor do conhecimento de Kilaya,
Alcançará a vida vajra.
Ele não será derrotado facilmente —
Um herói, domador de demônios, profetizado pela deidade,
Possuindo a grande força e poder dos leões!

Que seu nome seja Lhalung Pelgyi Sengé,
Leão da Glória Profetizado pela Deidade!

"Então, ele introduziu o garoto à mandala do Mantra Secreto e o conduziu à maturidade.

"Depois disso, Lhalung Pelgyi Sengé, Namkhai Nyingpo de Lhodrak, Ma Rinchen Chok, eu mesma Yeshe Tsogyal, e Dudjom Dorje, os cinco filhos espirituais principais do Guru, nos encontramos, junto com outros, para praticar a sadhana de Kila."

A garota Dewamo, agora com o nome de Pelgyi Chönema, foi apontada como cozinheira vajra.[62] Atsara Salé e Atsara Pelyang foram apontados como dançarinos vajra com os nomes de Karma Dondeub e Karma Tharché. Mönpu Salé foi nomeado Jampa Pelzang e foi apontado como assistente vajra. No início, Yeshe Tsogyal foi a consorte principal; mais tarde, Trashi Khyidren foi a consorte de "liberação". O Guru e suas duas Consortes abriram a mandala dos quarenta e dois Étram, que estão relacionados ao tantra Vidyottama de Vajrakila, assim como a mandala dos setenta e oito Kilas, e realizaram a prática por sete dias, com o que todos os sinais e marcas da realização surgiram perfeitamente. Eles viram a hoste reunida das deidades de Vajrakila. As phurbas materiais voaram, rindo e flutuando no ar, flamejanetes e espalhando um doce perfume. Nessa mesma noite, ocorreram sinais inconcebíveis. O Guru surgiu como Dorje Drolö (unido com Tsogyal na forma de Ekadzati e com Khyidren transformada na tigresa). Ele subjugou o Tibete e suas quatro regiões circundantes, assim como todos os deuses e espíritos de um milhão de universos. Montando na tigresa, na qual a garota Khyidren havia se transformado, o Guru em união com Yeshe Tsogyal permaneceu absorto no samadhi de Vajrakila. Ele brandia em sua mão direita um vajra de nove pontas, e em sua mão esquerda girava uma phurba metálica, projetando incontáveis emanações iradas e ferozes, idênticas a ele mesmo. Uma delas, com o nome Vajrakila Azul-Negro irado, foi até Paro Taktsang, onde subjugou e atou por juramento todos os deuses e mamos, demônios e as oito classes de espíritos nas terras de Mön, Nepal, Índia, e outras regiões selvagens ao sul. Outra emanação, com o nome Vajrakila Vermelho-Sangue irado, foi até o segundo Taktsang em Kham, onde venceu os deuses, demônios, e as oito classes de espíritos em Kham, Jang, China, Hor, e outros países bárbaros. Atando-os sob juramentos, ele tomou sua força vital.

Naquele tempo, havia um naga maldoso que vivia em um canto do Lago Manasarovar.⁶³ Ele era capaz de se transformar e, tomando a forma de um boi vermelho, foi até o rei e implorou por proteção. Suas pernas foram rasgadas e perfuradas por unhas, e seu crânio foi partido de forma que sangue e miolos escorreram. Sua língua estava pendurada e seus olhos se projetavam de suas órbitas de modo que parecia que iriam cair de sua cabeça.

"O que aconteceu com você?", perguntou o rei.

"Padmasambhava", respondeu, "aquele filho de selvagens pagãos está nos levando à ruína, os deuses e humanos do Tibete! É assim que ele atormenta os deuses e os espíritos tibetanos, mesmo sendo inocentes! Eu vim, Grande Rei, para buscar sua proteção."

O rei religioso foi movido por profunda compaixão, mas tão pronto ele pronunciou as palavras, "Você pode ficar aqui", o boi desapareceu. "O que poderia ser isto?", ponderou o rei, e então o Guru lhe contou:

> Ó Grande Rei, sua piedade foi mal direcionada!
> Agora, ao longo da guirlanda de suas vidas futuras,
> As realizações estarão mescladas com obstáculos
> Em um fluxo sem fim.
> As vidas daqueles que praticam o Dharma
> Serão breves e repletas de problemas.
> A partir de hoje três gerações decorrerão
> E então este boi vermelho demoníaco ressurgirá — como rei!
> E novamente ele será conhecido como 'Boi'.⁶⁴
> Seu irmão mais velho ele assassinará
> E estruturará leis malignas, pelas quais
> Os próprios nomes de sutra e mantra
> Serão obliterados.
> Isto é o carma,
> Não há como socorrer ou remediar.

Mas nesse momento Pelgyi Dorje aspirou: "Possa eu ter o poder de vencê-lo", ele exclamou.

"Isto foi bem dito", o Guru respondeu, e profetizou que ele, de fato, o subjugaria. Ele lhe concedeu a iniciação, nomeando-o Pelgyi Dorje (pois foi nessa ocasião que ele recebeu o nome), oferecendo-lhe naquele exato momento predições detalhadas, pergaminhos e instruções orais. Ele o introduziu às extremamente poderosas sadhanas dos vinte Kilas e assim por diante, com a determinação de que ele deveria praticá-las.

"Eu, a mulher Tsogyal, realizei a prática de Vajrakila com o jovem Pelgyi

Sengé, e em pouco tempo nós vimos as deidades da mandala e conquistamos a realização. Nós fomos, então, introduzidos, por meio de iniciação e sadhana, a Phurba Chindü, que está relacionada aos textos raiz de Vajrakumara. Sua seção superior é um método para atingir a iluminação, uma sadhana pacífica relativa a Vajrasattva, enquanto que sua seção inferior, um método para aplicar as várias atividades tais como 'liberação', é aquela do Dukphur Nakpo, a atividade 'liberadora' que está ligada aos Filhos de Kila."

"Então, nosso Guru disse: 'Eu, Padmasambhava, não possuo qualquer ensinamento sobre o ciclo de Vajrakila mais profundo do que isto. Pratiquem-no e usem sua força! Quando tiverem assim feito, transmitam parte dele oralmente e o resto ocultem como um Tesouro.'

"Depois disso, ele nos introduziu às mandalas de Tsepamé Ökyi Trengwa, Dorje Trengwa, Sangwa Kundü, Gyalwa Kundü, Lhachik Pumchik, e sessenta e duas deidades de longa vida. E assim, Pelgyi Dorje e eu, irmãos vajra, realizamos a prática, sem cair na preguiça nem mesmo por um instante. E assim nós tivemos a visão de todas as deidades e alcançamos com facilidade o nível de vidyadhara da imortalidade."

Foi nessa época que Yeshe Tsogyal derrubou os perversos Bönpos, mas isto, assim como suas últimas austeridades, será relatado mais adiante. De Kailash a Jamling, sobre vinte e cinco regiões de montanhas nevadas, em dezoito importantes locais sagrados e em cento e oito locais menores, doze grandes terras ocultas, sete lugares de maravilhas, cinco enclaves secretos, e sete milhões de terrenos de Tesouros, em cada canto do Tibete ela praticou de uma forma que ultrapassa nossa imaginação. Uma parte disso será contada mais adiante, mas, para evitar que este livro não se torne longo demais, isso não será relatado em detalhes.

SAMAYA GYA GYA GYA

CAPÍTULO 6

Sinais de Realização

❖

Um relato detalhado dos sinais que surgiram durante a prática de Yeshe Tsogyal foi oferecido no capítulo anterior e não será repetido aqui. Segue, entretanto, uma versão abreviada em versos, nas palavras da própria Dakini.

> Movida, em Tidro, pela exibição alegórica das dakinis[65],
> Eu passei pelas oito austeridades,
> Extraindo certos sinais de realização.
>
> Residindo em um lugar onde a neve e as morainas se encontram,
> Eu encontrei o calor do fogo de tummo
> E joguei fora as vestimentas do mundo.
> No Local de Reunião das Dakinis
> O calor da quarta iniciação se tornou meu,
> E tudo que eu via foi purificado,
> Tornando-se, assim, a presença do Mestre.
>
> No Nepal eu trouxe um homem morto de volta à vida,
> E por este meio resgatei meu Atsara
> Para conquistar a essência do caminho profundo.
> Minha fala era vibrante como a melodia de Brahma;
> Meu corpo viajou como um arco-íris para campos celestiais;
> Minha mente se tornou a Sabedoria dos três tempos.
> Em Sengé Dzong eu tomei a seiva de ervas curativas
> E tive a visão das deidades da medicina.
> Em Nering subjuguei eu suprimi o levante
> De uma hoste de demônios, e alcancei realização.
> Eu contemplei a face de todas as deidades que pratiquei,

E atingi a realização com facilidade.
Em Paro Taktsang, com meus três companheiros,
Trilhei o caminho profundo e grandioso;
E eu, Heruka da Grande Bem-aventurança,
Controlei e trouxe para o meu poder
As veias sutis, a gota essencial e as energias,
E igualmente domei os cinco elementos.
Meu corpo, fala e mente transfiguraram-se
Como o Triplo Kaya,
As profecias de Amitayus chegaram a mim.
Inseparável de Vajravarahi
Eu, então, me tornei senhora de todas as mandalas.

Em Onphu Taktsang realizei Kilaya
E capturei a força vital dos deuses e espíritos
De um bilhão de mundos.
As deidades da mandala de Amitayus eu contemplei
E alcancei o nível de uma vidyadhara imortal,
Como um diamante, invencível e indestrutível.
Por todas as regiões remotas do Tibete,
Em cada colina e vale,
Os locais onde pratiquei são incontáveis.
E nem mesmo um único torrão de terra que as mãos possam agarrar
Está agora sem minhas bênçãos,
E o tempo esta verdade demonstrará —
A prova será a extração dos Tesouros.
Em locais menores, tantos que a mente não pode abranger,
As marcas de minhas mãos e pés agora recobrem as rochas.
E mantras, sílabas e imagens,
Eu coloquei e defini que sejam
A permanência e base dos fiéis futuros,
E orei para que, conectados a esses símbolos,
Eles possam extrair grande benefício.
Estes são os sinais de minha realização:
Demônios e os de mente maldosa foram subjugados,
Os cinco elementos foram colocados sob meu controle,
E em todas as direções eu preenchi a terra com Tesouros.

Visto que conquistei memória infalível,
A totalidade do ensinamento de Padma eu compilei.

Visto que a confiança intrépida me pertence,
O futuro eu prevejo, e protejo os afortunados.
Visto que sou igual a todos os budas,
Levo seus esforços à completitude—
O trabalho daqueles que no tempo presente, passado e futuro
Se foram para a bem-aventurança.
E assim estou adornada por todas as realizações.

Em resumo, para relatar minhas realizações ordinárias,
Eu mantenho os fenômenos sob meu controle.
Eu tenho o poder dos pés velozes,
O remédio universal e o bálsamo da visão mágica,
E acesso às terras ocultas
Escondidas no céu e na terra e nas zonas secretas.

Então, para relatar minha realização suprema:
Eu possuo a concentração tripla.
A mente de sabedoria, vastidão de Samantabhadri,
Não me é oculta,
E a Realidade Última é minha joia e brinquedo.
Não tenho expectativas pela Liberação
E as dores do inferno eu não temo.
Distante do niilismo dos descrentes,
Tal é a calma segurança do profundo Dharmata!
A Grande Perfeição, que nenhuma ação pode realizar,
É de fato o fruto que conquistei,
A presença que tudo permeia de Atiyoga.

Onde quer que o espaço permeie, minha mente de sabedoria está
    presente;
Minha compaixão agora ofusca o sol.
Maiores são minhas bênçãos que os bancos de nuvens,
E mais rapidamente que a chuva eu concedo realizações.

Seres fiéis, que me seguirão em tempos futuros,
As suas preces a mim têm a mais elevada efetividade,
Pois eu forjei os elos que nos conectam.
Saibam que eu os guiarei mesmo nos estados de sofrimento,
Enquanto que aqueles que se afastam, abandonando-me,
Voltarão suas costas para todos os budas.

Apenas o sofrimento pode ser o fruto de tal erro.
Porém, mesmo então, meu amor não os abandonará,
E quando seu carma se exaurir, eles virão até mim.

Samaya Gya Gya Gya

CAPÍTULO 7

Beneficiando os Seres

❖

O único propósito de um ensinamento do Buda é o bem daqueles que vagueiam no samsara. Não há outra razão para as ações de um Buda. Neste capítulo, portanto, falaremos de três coisas. Primeiro, contaremos como a Senhora Tsogyal plantou firmemente os ensinamentos preciosos do Buda, subjugando demônios e aqueles de mente maligna. Em seguida, relataremos como, uma vez que o Budadharma havia sido estabelecido, ela o propagou, estruturando a sangha por meio de ensinamentos tanto dos sutras quanto dos tantras. Por último, será contado como ela ocultou grandiosos e inexauríveis Tesouros do Dharma, de modo que enquanto este mundo perdurar, e até que não haja mais o samsara, a Doutrina do Conquistador possa crescer de modo inabalável.

Quando Nyatri Tsenpo, o descendente da dinastia Shakya da Índia, tomou o Tibete como seu domínio, a tradição religiosa Bön estava amplamente disseminada. Então, em passos graduais, começando com Lhathothori, o herdeiro dessa mesma dinastia, o Budadharma foi introduzido, de modo que o nome de Shakyamuni veio a tomar as quatro províncias, e a doutrina das dez virtudes foi proclamada. A religião do Bön Interior foi propagada na mesma época, e se descobriu que estava em harmonia com os ensinamentos budistas. Pensava-se que o Buda Shakyamuni e Shenrab,[66] o patriarca do Bön, eram dois aspectos da mesma realidade, e muitas foram as imagens e representações de ambos. O Bön Interior foi denominado Escola da Nova Tradução de Zhang Zhung.

Durante a vida do grande rei religioso Songtsen Gampo, uma emanação de Arya Avalokiteshvara, duas imagens do Buda Shakyamuni foram trazidas ao Tibete. Começando com os dois templos de Lhasa e Ramoche, cento e oito templos foram construídos para subjugar e controlar as forças malignas nas terras pantanosas e nas quatro províncias centrais.[67] Imagens e pinturas sagradas podiam ser encontradas em todos os lugares, de acordo com os estilos tanto do Nepal quanto da China. Além do mais, quando a imagem de Tara, conhecida como Jomo Zhelzigma, apareceu espontaneamente em Trandruk, tão grande foi o espanto do rei que ele construiu para ela um templo de beleza superior. O nome das Três Joias, a recitação do mantra de seis sílabas e imagens do Grande Ser Compassivo preencheram todo o Tibete até os confins da China.

Tanto o Bön Interior quanto o Budadharma se disseminaram nessa época, e nenhuma sombra de seita ou facção havia entre eles. Dizia-se que a circum-ambulação para a direita era um sinal do Mahamudra, circum-ambulação para a esquerda uma marca do Dzogchen, enquanto que as prostrações indicavam a grande Madhyamika. Esse foi um tempo em que as pessoas se esforçavam em suas práticas sem disputar as diferenças. O rei estabeleceu leis baseadas no ensinamento das dez virtudes. Muitos tantras do Grande Ser Compassivo na forma extensa, média ou concisa foram traduzidos por Thönmi Sambhota, e o rei, seus ministros e suas esposas se esforçaram de modo perfeito em suas práticas.

Mas Songtsen Gampo morreu e, em vinte e cinco anos depois de sua passagem, a tradição perversa de Gyu Bön começou a crescer em força e sua escuridão encobriu o Budadharma e o Bön Interior. Os seguidores do Bön Interior foram banidos para Kham, Kongpo, Tsang, Jar e outras regiões nas fronteiras, e até hoje eles permanecem fracos e sem voz ativa. Tentativas foram feitas para arruinar o Dharma até suas raízes, mas visto que os conselhos dos reis e seus ministros sempre variaram, ele não foi completamente destruído. Porém, ele se enfraqueceu e decaiu. O país se deteriorou pelo conhecimento maligno dos Gyu Bön e, posteriormente, quando o trono foi assumido por Trisong Detsen, o Rei Religioso, havia muitos impedimentos para a disseminação do Ensinamento.

Segundo o sistema de sua doutrina falsa, o Gyu Bön negava a existência de terras puras. Assim como seus deuses, eles veneravam oito classes de espíritos, tais como Gyalpo e Gongpo, bem como deuses locais e senhores da terra, e as deidades de boa sorte e prosperidade—todos presos nos círculos do mundo.[68] Era costume deles banir suas filhas quando os filhos traziam suas esposas para a família. Suas tradições continham muita superstição, e eles adoravam elaborados jogos de adivinhação e disputas verbais. Os deuses da sorte e da prosperidade eram propiciados pela dança e pela música, segundo eles. No outono, eles ofereciam sacrifícios sangrentos de mil veados; na primavera, cortavam as pernas de corças como resgate para suas vidas; no inverno, faziam sacrifícios sangrentos para os deuses; e, no verão, faziam oferendas de fumaça para o Patriarca do Bön, seu pai fundador. E era assim que acumulavam os carmas das dez não virtudes e os pecados de perdição imediata.

Tudo é mente insubstancial, eles acreditavam, manifestando-se na forma de deuses e espíritos, que nada são além da mente. Eles sustentavam que entre três possíveis metas, a mais elevada seria o renascimento na esfera da Nulidade; inferior a esse seria o renascimento na esfera da Infinitude; e o menos elevado seria o renascimento na esfera de Nem Existência nem Inexistência.[69] O sinal da realização desses níveis, segundo eles, seria que os próprios deuses se mostrariam. No melhor caso, eles consumiriam a carne das vítimas dos sacrifícios; num caso pior, beberiam o sangue; ou, por último, fariam com que arco-íris aparecessem. A maior parte do povo, em sua ignorância, assumia tudo isso como doutrina verdadeira; ao aderir às crenças ruinosas do Gyu Bön, as pessoas traziam desastres para si mesmas. Era uma tradição perniciosa que havia tomado o país, e era sustentada e promovida especialmente pelos ministros de Zhang.

Durante esse período, pinturas e esculturas budistas desapareceram. O Dharma não era ensinado ou estudado. Os templos de Lhasa e Trandruk não foram mantidos, e aqueles das províncias foram arruinados. Então, como o país havia caído em tal condição abjeta, e de modo a restabelecer a doutrina do Buda, o nobre bodhisattva Mañjushri enviou sua emanação, e o grande rei religioso Trisong Detsen nasceu. Ele convidou muitos eruditos da Índia, entre eles Shantarakshita, o Bodhisattva de Zahor. Os templos de Lhasa, Trandruk e Ramoche, tão caros ao coração do rei religioso Songtsen Gampo, foram restaurados e reconsagrados. Mas quando estavam sendo feitas preparações para construir o templo de Samye, foram criados tantos obstáculos pelos deuses, o povo e os sacerdotes Bönpo do Tibete que, por um tempo, a construção foi atrasada. Com isso, o Abade Shantarakshita deu este conselho: "Ninguém", ele disse, "seja humano ou deus ou espírito, poderia jamais prejudicar aquele que alcançou o corpo de diamante, o mestre nascido do lótus de Orgyen. Convide-o para cá, ou não haverá fim para esta adversidade—para você, o patrono, e para mim, o professor!"

O rei enviou imediatamente três de seus cortesãos para a Índia. Eles eram seguidores do Dharma e foram treinados como tradutores; sua missão era a de suplicar ao Precioso Mestre de Orgyen. Os três tradutores chegaram sem obstáculos até a presença do Guru e, tendo entregado o convite, retornaram com ele para o Tibete. O rei tibetano, seus ministros, seus cortesãos e suas rainhas sentiram uma fé irresistível no Guru. A primeira delegação de recepção foi até a distante Zhongda para saudá-lo, enquanto uma segunda delegação, mais perto da capital, encontrou-o em Lhasa. E no bosque de Ombu, o próprio rei, seguido por toda sua corte, tomou as rédeas da montaria do Guru. As mentes do Guru e do rei se transformaram em uma só. O rei, os ministros, seus cortesãos e suas rainhas contemplaram o Guru com devoção e, tomados pelo esplendor de sua presença, sentiram-se irresistivelmente atraídos para obedecer a cada palavra dele. Mesmo o Abade Shantarakshita fez prostrações para o Guru e ficou por um tempo para debater a Doutrina.

Em seguida, o rei, seus ministros e sua corte, o Abade e Guru Rinpoche, junto com os tradutores, dirigiram-se até Samye, onde o Guru examinou o local e fez predições.

"Durante a vida de meu antepassado Songtsen Gampo", disse o rei religioso, "cento e oito templos foram construídos. Mas como estavam espalhados por todo o país, foi impossível mantê-los e eles caíram em ruína. Portanto, é meu desejo construir o mesmo número de templos dentro dos limites de um único espaço."

O Guru aprovou e, por meio do poder de sua concentração, fez com que surgissem quatro templos e oito santuários secundários como símbolos dos quatro continentes com seus subcontinentes e, no centro, o santuário principal representando o Monte Meru.[70] Tudo estava circundado por um muro e era claramente visível para todos.

"Grande Rei", perguntou o Guru, "um templo com esse projeto agradaria Vossa Majestade?"

O rei estava exultante de alegria. "Isto vai além de tudo o que imaginei!", ele gritou. "Tal construção é possível? Se tivermos sucesso em construí-lo assim, então o seu nome será de fato Samye, ou Além da Imaginação!"

"Não tenha medo, Grande Rei!", respondeu o Guru. "Simplesmente aja, não há como não ter sucesso! Você é o rei. O povo do Tibete está sujeito à sua vontade, enquanto todos os deuses e espíritos estão sob meu jugo. Como poderíamos falhar?"

E, assim, Samye foi construído. A estrutura externa dos templos foi terminada e eles foram preenchidos até transbordarem com representações do Corpo, Fala e Mente dos Budas. A Sangha se estabeleceu. Um colégio de cento e oito grandes tradutores foi fundado, todos eles seres extraordinários profetizados pelo Guru. Da mesma forma, três mil homens foram convocados entre as treze principais divisões do povo tibetano, e entre eles trezentos abraçaram a vida monástica, ordenados pelo Abade Shantarakshita e tendo o Guru como seu mestre tântrico.

Os tradutores começaram seus trabalhos com as escrituras budistas. Mas os ministros Bönpo, hostis ao Dharma, assim como os Bönpos mencionados anteriormente, fizeram esforços para colocar obstáculos em seu caminho, e em diversas ocasiões alguns dos tradutores foram mandados para o exílio. Finalmente, depois que os trabalhos tinham sido interrompidos pela terceira vez, a Sangha budista e os Bönpos decidiram fundar suas próprias comunidades separadamente, sendo que os últimos também decidiram estabelecer um cemitério em Yarlung. E por algum tempo houve paz entre o rei e seus ministros.

Aconteceu, então, o envio de um convite para que vinte e um homens eruditos da Índia e os cento e oito tradutores, que estavam espalhados por todas as direções, se reunissem novamente em Samye. Das treze divisões da população, uma multidão de três mil homens ingressou na ordem monástica. E da mesma forma, em Zhang Zhung e outros lugares, sete eruditos Bönpo e sete magos Bönpo foram convidados até Ombu, o bosque de tamariscos.

Nesse tempo, o Guru e sua Consorte estavam residindo em Onphu Taktsang, e o rei religioso despachou o grande tradutor Drenpa Namkha[71] e três assistentes para convidá-los. Voo de Águia Negro, o grande garanhão do Mestre Precioso, também foi enviado, enquanto os outros na comitiva receberam cada um uma montaria e um animal de carga. Eles voltaram rapidamente para Samye. Mas o Guru disse que eles deveriam passar por Lhasa, e ali ele realizou sete ações propícias para o estabelecimento da doutrina do Mantra Secreto. Foi então, também, que Shakyamuni[72] falou com ele e fez profecias. Eles continuaram até Samye, e em Surkhar, diante de uma estupa de pedra, foram recebidos por uma comitiva. Em Samye, na planície de Yombok, foi montado um grande trono, e o Mestre Precioso assumiu seu assento. Os vinte e um eruditos indianos e os tradutores tibetanos prestaram obediência a ele, sendo que o grande mestre Vimalamitra e os eruditos exclamaram: "Que maravilha ter encontrado o Guru de Orgyen, o próprio Padmasambhava pessoalmente! *Alala!* Isto realmente se deve a méritos reunidos por muitos éons!" E eles contemplaram o semblante do Guru, suas faces úmidas com as lágrimas. Grande foi, de fato, a alegria de Guru Rinpoche e de Vimalamitra com o seu encontro, como um filho se reencontrando com o pai. De mãos dadas, eles subiram até o templo principal. O rei religioso, o Abade e a corte fizeram prostrações a eles no salão superior do templo antes de se dirigirem ao aposento mais elevado, dedicado a Vairochana, onde assumiram seus assentos.

O Guru declarou que, para que o Dharma se propagasse, uma consagração tripla deveria ser realizada, e também três oferendas de fogo para a subjugação de forças demoníacas. A consagração foi realizada cuidadosamente, mas arrastado em um momento de distração, o rei falhou em requisitar a terceira oferenda de fogo e, portanto, o Guru não a realizou. "Assim acontecerá", predisse o Guru, "que apesar de o Dharma realmente crescer, o mal crescerá e se espalhará com igual velocidade."

Então, quando o mês final do ano tibetano se aproximou, o povo, tanto budistas quanto Bönpos, se reuniu em Samye para os ritos de homenagem ao rei religioso. Cinco eruditos Bön foram convidados para Samye. Eles não reconheceram ou compreenderam as representações do Corpo, Fala e Mente do Buda. A doutrina das dez ações virtuosas era estranha ao seu entendimento, e eles nem fizeram prostrações nem circum-ambulações. Sentaram-se em uma fila, apoiando suas costas nas imagens. O rei e a maior parte de seus ministros ficaram ofendidos.

Cedo, no dia seguinte, antes de se refrescar, o rei encontrou os Bönpos no santuário mais elevado diante da imagem do Buda Vairochana. Os Bönpos lhe disseram: "Senhor e Majestade, quem seria essa imagem nua, lá no centro, circundada por imagens de oito homens nus? Qual é sua origem? Não são eles panditas indianos?"

O rei religioso respondeu: "A imagem no centro representa o Buda Vairochana, e ele está circundado por oito bodhisattvas. Estas são imagens de budas, e é fazendo prostrações e oferendas diante delas que expiamos nosso carma negativo e acumulamos mérito."

"E o que são", eles perguntaram novamente, "aquelas duas figuras horríveis ali embaixo, bloqueando a porta? Elas são estátuas de assassinos, com certeza. Do que elas são feitas, e a qual propósito servem?"

"As duas imagens abaixo, ao lado da porta", respondeu o rei, "são representações do Glorioso Legden Nakpo. Ele é o irado e todo-poderoso destruidor daqueles que violam seu samaya, e amigo daqueles que praticam o Dharma. As imagens foram feitas de diversas substâncias preciosas por artesãos hábeis e foram abençoadas por Padmasambhava, o grande sábio da Índia. Elas são necessárias para a disseminação dos ensinamentos e para a purificação das negatividades."

"O que pode advir de simples argila modelada por um artesão?", eles replicaram. "Você foi enganado, Ó Rei! Amanhã, nós, bönpos, demonstraremos maravilhas e uma oferenda de grande mérito. Nós, os bönpos, podemos lhe mostrar sinais reais de realização que o inspirarão com fé." Depois, quando caminhavam e relaxavam do lado de fora, viram as estupas e perguntaram: "O que são essas coisas ali com capuzes de abutres em suas pontas, rugas no meio e algo que parece com montes de sujeira de cachorro na base?"

"Elas são chamadas de filhos dos Sugatas", respondeu o rei, "ou representantes do Dharmakaya. Esses nomes são profundamente significativos. Eles são o amadurecimento do Sambhogakaya e, como Nirmanakaya, proporcionam uma base para as oferendas dos seres. A espiral indica os treze estágios do Dharma; ela é adornada com os símbolos do parassol e os ornamentos da coroa das oitenta perfeições físicas de um Buda. O domo central, na forma de um vaso redondo, representa o palácio do Dharmakaya marcado pelo caracter das quatro qualidades incomensuráveis. A base é um trono, carregado e adornado por leões. É um símbolo da casa de tesouros de tudo o que pode ser desejado."

"Feitas com tanto trabalho duro e ainda assim completamente inúteis!", atacaram os Bönpos. "Inúteis como uma base de luta para guerreiros, inútil como um local de esconderijo para covardes. Isto é completamente estrangeiro! Nosso rei se tornou um joguete de indianos de corações negros!"

Mas o rei e seus ministros deixaram isso passar e não deram importância.

Então, os Bönpos se reuniram nos três templos das rainhas para realizar a cerimônia real de adoração. Os monges budistas foram posicionados nos oito templos secundários, enquanto os panditas estavam no santuário de Hayagriva. Os Bönpos declararam que como esta seria uma cerimônia para um grande rei, eles precisariam de mil veados com galhadas totalmente desenvolvidas. Eles precisavam de corças com cabrestos de turquesa; iaques, ovelhas e bodes, machos e fêmeas, totalizando mil de cada um; tudo isto junto com um conjunto completo de vestes reais. Tudo foi rapidamente provido pelo rei. Eles também disseram que precisavam de todos os tipos de coisas mundanas, e elas também foram recebidas. Oito tipos de cerveja e nove tipos de grãos eles disseram que precisavam, e tudo foi devidamente oferecido.

"Agora, ó Grande Rei", eles gritaram. "Venha com sua corte encontrar os bönpos!"

Assim, o rei e suas rainhas, seus ministros e toda sua corte prosseguiram até o local. E ali, no centro, eles viram os nove eruditos Bön sentados em fila. À direita e à esquerda estavam as filas de nove grandes feiticeiros e outros bönpos. Havia muitos Bön Shen, denominados Servos do Sacrifício, cada um carregando uma faca. Também havia muitos assim chamados Purificadores, que carregam grandes quantidades de água em conchas douradas com as quais lustravam os animais, os veados e assim por diante. Havia bönpos negros que espalhavam grãos sobre eles, e Questionadores, cuja função era questionar os deuses e espíritos e receber suas respostas.

"Aqui estão os veados!", gritou o Bön Shen. E eles cortaram as gargantas das vítimas e fizeram sua oferenda. Da mesma forma, imolaram os iaques, ovelhas e bodes, rasgando suas gargantas; uma hecatombe de três mil animais machos. Então eles sacrificaram os cervos fêmeas, arrancando suas pernas. "Aqui estão as ovelhas fêmeas, cabras e iaques fêmeas", eles gritavam à medida que as ofereciam, esfolando a pele dos membros dos animais enquanto ainda estavam vivos. Da mesma forma, sacrificaram cavalos, bois, dzos, mulas, cães, aves e porcos, matando-os de diferentes formas e oferecendo sua carne. O fedor de pelo queimando se espalhou por toda Samye. Os Açougueiros desmembraram as vítimas, os Distribuidores dividiram a carne e a compartilharam com aqueles que estavam presentes, enquanto os Contabilistas mantinham as contagens. Então, os Recolhedores de Sangue vieram, enchendo seus vasos de cobre e arrumando-os sobre as peles; em outras peles eles empilharam a carne, cantando os feitiços e encantamentos dos Bön. Diante dos olhos do infeliz rei, suas rainhas e ministros, o sangue começou a ferver e a fumegar. O vapor gerou muitos arco-íris brilhantes, e as vozes caídas de espíritos desencarnados podia ser ouvida: *Hushu, Haha* – sons enlouquecidos e estridentes.

"Estas", eles gritaram, "são as vozes dos deuses da swastika—Cha e Yang, Fortuna e Prosperidade!" E tomados pelo temor, ofereceram a carne sangrenta e o sangue coagulado.

"Poderia tal oferenda lamentável ser de algum benefício?", perguntou o rei.

"É para a boa prosperidade do monarca que fazemos estas coisas", responderam os bönpos. "Para nós, os Bön, na verdade é para nosso prejuízo. A sua fé não despertou, ó Grande Rei? Você não está maravilhado?"

Mas o rei religioso estava desolado e os outros estavam perdidos, sem saber o que pensar. E todos, perplexos, retornaram ao templo principal.

Os tradutores e panditas tinham assistido a esses acontecimentos e disseram: "Uma doutrina não pode ter dois professores. Se o leste é baixo, o oeste naturalmente será elevado. Fogo e água nunca podem permanecer em companhia.

É loucura misturar os ensinamentos do Buda com a tradição desses hereges. Malfeitores deveriam ser banidos para longe! Nem por um instante podemos nos misturar com aqueles que possuem corações negros, nem deveríamos beber a água nos vales onde infratores do samaya habitam. Vamos embora para o isolamento! Vamos cultivar o samadhi!"

E assim eles avisaram o rei e suplicaram nove vezes, dizendo: "Ou o budadharma será estabelecido no país do Tibete ou a doutrina dos bönpos prevalecerá. Mas nem por um instante podem os dois permanecer lado a lado."

Quando a mensagem foi lida pela última vez, o rei religioso convocou diante dele seus ministros e sua corte e assim falou:

"*Kyema Ho!* Ouçam-me, ministros e corte. As tradições dos Bönpos e dos budistas são como a palma e as costas de uma única mão. Um deve ser aceito e o outro rejeitado, um deve ser praticado e o outro deixado de lado. Não pode haver conciliação entre os dois. Esses são os conselhos dos eruditos indianos, dos tradutores tibetanos e da Sangha dos três mil, recentemente ordenados. O que faremos?"

Os ministros Bön de Zhang responderam: "Senhor e Majestade! Seria realmente feliz se o rio pudesse fazer companhia às suas margens! Uma situação similar surgiu algum tempo atrás, e foi necessário banir muitos tradutores que se comportaram inadequadamente. Faça o mesmo agora. Faça com que os Bön mantenham seu lugar adequado e os budistas o deles. Então, haverá paz."

Foi Goe, o Ancião, quem decidiu a questão. "Se o Bön prosperar, o rei estará infeliz e desanimado. Se o budadharma prosperar, os ministros não terão confiança e serão ineficazes. Se os dois forem colocados em pé de igualdade, serão como fogo e água, inimigos mortais. Vamos eliminar qualquer coisa que ameace o reino. Um julgamento público definirá o assunto. A verdade será separada da falsidade pela disputa e será decidida por votação. A doutrina correta será revelada e distinguida da falsa, e então nada mais precisará ser feito. Amanhã, portanto, com o rei acima, presidindo, e os ministros e a corte sentados diante dele, que os monges budistas assumam seu lugar em uma fila à direita e que os Bönpos estejam diante deles, à esquerda. E que a disputa comece! As posições filosóficas serão discriminadas, e então faremos um brinde à verdade, afastando-nos da falsidade! Que milagres sejam demonstrados como sinal da verdade, que cada um manifeste seus poderes e habilidades! Então, se o Dharma se provar verdadeiro, permaneçamos com ele e eliminemos o Bön. Mas se o Bön for verdadeiro, que o Dharma seja abolido e o Bön confirmado. Façamos uma lei com esse efeito. Que todo aquele que a transgredir seja punido — rei ou ministro, rainha ou cortesão! Todos vocês, assumam o compromisso!"

O rei, seus ministros, suas rainhas e sua corte concordaram e deram sua palavra. Até mesmo os ministros Bönpo se pronunciaram a favor do compromisso, pois pensavam que os budistas não podiam rivalizar de modo algum com os Bön em manifestações milagrosas e maravilhas. Então, o rei religioso falou com os panditas budistas, dizendo:

> *Emaho!*
> Sábios eruditos,
> Mestres elevados de realização, ouçam-me.
> Como carrascos são os budistas e os Bön.
> Ao se encontrarem, eles não têm piedade!
> Confusão invade o rei, suas rainhas e ministros,
> E o Bön e o budismo igualmente geram dúvidas.
> Amanhã, portanto, ambos disputarão:
> Lutando um com o outro em milagres e poderes,
> Com sinais de verdade e de realização.
>
> Seja qual for a doutrina que se revele como verdadeira,
> O rei e seus ministros acreditarão e a seguirão.
> A falsidade será completamente suprimida e banida,
> Afastada para as terras inóspitas nas fronteiras.
> Considerem isto, o julgamento do rei e seus ministros.

Todos os panditas se regozijaram e deram esta resposta ao rei:

> Majestade Sagrada, poderoso entre os homens!
> Esta é a forma correta de ação,
> O caminho de todos os reis religiosos!
>
> Aquilo que não é o Dharma será superado pelo Dharma.
> Demônios e maldosos serão acovardados pela verdade!
> Os sábios e realizados mestres reunidos aqui —
> Nenhum é maior, mesmo no Trono de Diamante!
>
> Em tempos antigos os hereges foram subjugados pela verdade,
> Por que deveríamos agora ter medo de destruir os Bönpos?
> Que as penalidades sejam aplicadas àqueles que perderem,
> E que eles não permaneçam ou se demorem aqui!
> É correto, portanto, movê-los pelas leis!

Essa resposta agradou ao rei e ele falou sobre ela em detalhes com os bönpos, dizendo-lhes para se prepararem. Eles lhe asseguraram que, se houvesse um debate, seus nove eruditos venceriam, e seus nove feiticeiros, disseram eles, também triunfariam. E assim, no décimo quinto dia do ano novo, um trono elevado foi arrumado para o rei em Samye, no centro da grande planície de Yombok. No lado direito, os tradutores e panditas se sentaram, com as escrituras budistas empilhadas como uma parede. À esquerda, se sentaram os Bönpos, com suas escrituras arrumadas de maneira similar. Na frente, estavam as filas de ministros e cortesãos. E aglomerada ao redor havia uma grande multidão de pessoas, os vermelhos e os negros, os religiosos e os leigos, das quatro províncias do Tibete.

O rei foi o primeiro a falar. "Povo do Tibete que vive sob meu jugo!", ele gritou. "Deuses e homens, budistas e Bönpos, ministros de estado, rainhas e toda a minha corte, ouçam o seu rei! Os reis do passado cuidaram dos ensinamentos do Dharma e do Bön de modo equânime. E foi assim que, visto que os Bönpos cresceram e se espalharam excessivamente, eu tentei buscar um equilíbrio entre as duas tradições, como Songtsen Gampo, meu antepassado. Mas uma inimizade mortal surgiu entre o Dharma e o Bön, de modo que um deve ser adotado e o outro abandonado. As diferenças entre os dois ensinamentos ficarão claras agora, e tomaremos para nós aquele que conquistar nossa confiança. Quem rejeitar essa decisão será destruído pelo poder da lei. A tradição que for provada falsa será banida para os pântanos externos do reino, e em todo este reino do Tibete seu nome será completamente apagado. Esse é nosso destino e lei! Os derrotados aceitarão a derrota, e aos vencedores concederemos a honra da vitória. E todos deverão segui-los."

Este edito foi proclamado nove vezes, e quando os ministros o anunciaram em pergaminhos legais, todos se submeteram a ele. Nesse momento, o Grande Guru de Orgyen apareceu sentado no ar com a altura de uma palmeira.

"Kyé!", ele exclamou. "Benéfico será distinguir as doutrinas do Dharma daquelas do Bön! Comecem com um embate preliminar de compreensão, pois este é o primeiro estágio de cada debate. Então, estabeleçam a base com uma explicação de sua própria tradição, uma verdadeira alegria para qualquer linhagem! Por fim, apresentem seus argumentos, deixando claras suas premissas e conclusões, separando a verdade da falsidade. Assim, a diferença entre as doutrinas será revelada. Concluam apresentando evidências de sua realização, pois isso demonstrará sua força e inspirará confiança no rei e em seus ministros." Dizendo isso, ele assumiu a forma do Buda Shakyamuni, de modo que o rei, seus ministros e todos os Bönpos foram ofuscados por seu esplendor. Uma emanação de sua fala surgiu como o próprio Padmasambhava, o mestre dos panditas reunidos, dando assim ainda mais coragem a eruditos e tradutores. A emanação de sua mente surgiu na forma de Dorje Drolö, desmoralizando aqueles de opiniões perversas e manifestando aparências milagrosas incompreensíveis, de modo que mesmo os Bönpos o louvaram com devoção sincera.

Então, Atsara Pelyang competiu com os Bönpos, medindo forças com eles em um torneio verbal. E nisso, foram vitoriosos. A comitiva Bön levantou seu estandarte e louvou seus deuses. O rei lhes enviou uma oferenda de bebidas, enquanto os ministros Bön ficaram bastante satisfeitos e enviaram presentes generosos para o competidor Bön. O rei ficou desolado, mas o Mestre Precioso disse: "Vitória rápida, derrota rápida! Eles foram bem no jogo de enigmas, mas isto não tem nada a ver com o Dharma. Agora, os nove eruditos Bön e os grandes panditas debaterão sobre assuntos religiosos." Com isso, o poderoso sábio Vimalamitra levantou-se da fila dianteira e disse:

> Tudo surge de uma causa.
> Essa causa foi explicada pelo Tathagata.
> A exaustão dessa causa
> Foi determinada pelo grande Renunciante:
> Não cometa erros de qualquer tipo,
> Pratique a virtude até a perfeição,
> E subjugue perfeitamente sua própria mente.

Em seguida, ele se sentou na postura vajra, flutuando no ar. Com três estalos de seus dedos, os nove feiticeiros Bön desmaiaram, enquanto os nove eruditos Bön ficaram tontos e permaneceram sentados, perplexos e incapazes de responder. Da mesma forma, os vinte e cinco eruditos indianos e os cento e oito tradutores tibetanos começaram, um de cada vez, com uma exposição escritural e entraram em debate, apresentando diferentes sinais autênticos de realização. Os Bön ficaram sem palavras e foram incapazes de realizar quaisquer milagres verdadeiros, afundando em confusão e escuridão.

Os ministros Bön os repreenderam. "Então!", eles gritaram. "Eles venceram o debate! Mas que cada um de vocês demonstre seus milagres. Esses monges confundiram toda a população do Tibete, deuses e homens, com suas maravilhas; suas argumentações são um deleite de ouvir; seu comportamento é encantador e as pessoas ficam tão felizes que nós, ministros, sentimos que fomos trapaceados. O que forem capazes de fazer, sinais de realização, poderes milagrosos ou mágicas maléficas, sejam rápidos com isso!" E, na fúria de seus corações maldosos, agitaram os Bön com palavras ásperas e terríveis: "Esses bárbaros indianos contaminaram os deuses da swastika do Bön. Nós não iremos disputar com os panditas agora, mas iremos assassiná-los com mágica mais tarde. Debateremos com os tradutores, pois eles são tibetanos!"

Enquanto isso, o rei religioso estava derramando louvores sobre os panditas, presenteando cada um deles com uma medida de pó de ouro, um lingote de ouro e vestes de brocado. A bandeira do Dharma foi levantada, a concha soou e uma chuva de flores maravilhosas caiu realmente do céu. Deidades apareceram nos céus com palavras de poesia em seus lábios, e o povo do Tibete, cheio de assombro e com suas faces úmidas de lágrimas, ofereceu seu coração para o Dharma.

Mas, nas fileiras do Bön, caiu um dilúvio de granizo e pedras, de modo que os ministros Bön gritaram: "Os deuses revelaram quem está correto!" E eles fizeram prostrações diante das escrituras budistas, colocaram os pés dos panditas sobre suas cabeças e confessaram seus pecados aos tradutores. O rei religioso teve uma visão de Mañjushri e compreendeu em seu coração o que era o verdadeiro Dharma e o que era falsidade. A maioria das pessoas estava dizendo que os budistas tinham vencido com uma doutrina que era grandiosa e maravilhosa. E, com isso, as pessoas começaram a se dispersar, se comprometendo a praticar.

O rei religioso, entretanto, decretou que os tradutores tibetanos e os Bönpos deveriam se preparar para o debate. O grande tradutor Vairotsana enfrentou Thangnak, enquanto Namkhai Nyingpo competiu com Tongyu. E, da mesma forma, cada um dos tradutores debateu com os Bön, mesmo cada um de seus oponentes não sendo capaz de rivalizar com eles. O rei decidiu que verdades estabelecidas deveriam ser registradas com pedras brancas, enquanto a falsidade deveria ser marcada com pedras negras. Vairotsana recebeu novecentas pedras brancas para a verdade, enquanto Thangnak recebeu quinhentas pedras de falsidade. Com gritos de júbilo, os tradutores levantaram sua bandeira. Namkhai Nyingpo, do clã de Nub, recebeu três mil pedras brancas e Tongyu, trinta mil negras, e, novamente, os tradutores hastearam seu estandarte. Tsogyal competiu com Yudrung Bönmo Tso, do clã Chokro, e a superou na disputa. Como será relatado, Tsogyal realizou maravilhas que deixaram Bönmo Tso boquiaberta. Igualmente, os cento e vinte tradutores tiveram sucesso, e todos os Bön, os nove grandes eruditos à sua frente, foram derrotados e ficaram perplexos. Suas línguas encolheram em suas cabeças, seus lábios ficaram rígidos, o suor apareceu em suas testas, seus joelhos tremeram e balançaram, e nenhuma palavra saía de suas bocas.

Então, chegou o momento da disputa em sinais de realização. Vairotsana começou, sustentando os três níveis do mundo na palma de sua mão. Namkhai Nyingpo cavalgou os raios de sol, manifestando muitas maravilhas. Ao simplesmente apontar sua phurba, Sangye Yeshe subjugou forças maléficas e, com um golpe, foi capaz de destruir seus inimigos. Ao golpear as rochas com a phurba, ele era capaz de perfurá-las. Dorje Dudjom, pés velozes como o vento, circundou os quatro continentes em um único instante, oferecendo como prova ao rei sete tesouros dos cantos mais distantes do universo. A cabeça de cavalo de Hayagriva brotou do topo da cabeça de Gyalwa Choyang e retumbou três vezes por um bilhão de mundos, com o clamor de seu relincho. Em um instante, ele subjugou os três níveis do mundo, o Senhor do céu de Tsangri e outros, e ofereceu em testemunho a roda dourada de nove raios de Brahma. Gyalwa Lodrö caminhou sobre a superfície da água sem afundar. Denma Tsemang guiou os Bön com sua exposição do ensinamento do Buda, explicando todo o Kangyur de memória, e fazendo com que vogais e consonantes aparecessem no céu, visíveis para todos. Kawa Peltsek tornou seus servos os espíritos arrogantes. Odren Zhönnu nadou como um peixe sob as águas de um lago. Jñana Kumara fez com que néctar fluísse de uma rocha. Ma Rinchen Chok partiu um rochedo e o comeu como se fosse pão. Pelgyi Dorje passou através de morros e rochas, sem impedimentos. Com o mudra do gancho, o mantra da convocação e o poder de sua concentração, Sogpo Lhapel fez com que uma tigresa grávida aparecedesse do sul, e Drenpa Namkha convocou iaques selvagens do norte. Chokro Lui Gyaltsen invocou diante dele, no céu, os Bodhisattvas das três Famílias. Landro Könchok Jungden trouxe treze relâmpagos e os mirou e atirou como se fossem flechas. Kheuchung capturou pássaros, amarrando-os apenas pelo poder de sua concentração. Gyalmo Yudra Nyingpo triunfou completamente na gramática e na lógica e, pela força de sua concentração, influenciou as percepções de outras pessoas, fazendo com que coisas desaparecessem ou mudassem sua forma. Gyalwa Changchub se elevou no ar, sentado na postura vajra. Tingdzin Zangpo voou pelo céu e em um único instante passou pelos quatro continentes. Da mesma forma, os vinte e cinco mahasiddhas de Chimphu, os cem siddhas de Yerpa, os trinta tantrikas de Sheldrak, os cinquenta e cinco iogues de Yangdzong e outros, todos demonstratam um sinal diferente de realização. Eles transformaram fogo em água e água em fogo. Voaram pelo céu, passaram sem impedimentos através de rochas e montanhas, caminharam sobre a água, transformaram uma pequena quantidade em uma maior, e uma grande quantidade em uma menor, e realizaram muitas outras maravilhas. Os tibetanos não tiveram como não desenvolver fé no Dharma, enquanto os Bön não tiveram escolha além de se renderem. Os ministros favoráveis ao Bön ficaram sem palavras. E não houve dúvidas de que a Senhora Tsogyal derrotou todos os Bön com os quais disputou.

E assim, os Bön começaram a tecer suas magias malignas:

"Poder do fedor de uma doninha,
Papa que é jogada no bucho de um cão de caça,
Lâmpada de manteira afundada no sangue coagulado,
E a pele resinosa de um animal poderoso,
Poderosas Tsen e espíritos malignos,
E os outros... todos sejam lançados e enviados!"

Nove magias malignas eles fizeram e, no mesmo instante, nove jovens monges caíram mortos, seus rostos no chão. Mas a Senhora colocou cuspe na boca de cada um deles e eles voltaram à vida, sua sabedoria nove vezes mais aguçada do que antes. Assim, os Bön também foram superados nessa disputa.

Fazendo o gesto ameaçador do dedo apontado na direção dos nove magos, Tsogyal pronunciou a sílaba *P'et* nove vezes. Eles colapsaram, inconscientes, incapazes de se mover, ressurgindo apenas quando ela pronunciou a sílaba *Hung* nove vezes. Da mesma maneira, demonstrou seu poder sobre os cinco elementos. Sentou-se no ar na postura vajra. Das pontas dos dedos de sua mão direita surgiu um redemoinho de fogo de cinco cores que atemorizou todos os Bön, e das pontas dos dedos de sua mão esquerda surgiram fluxos de água de cinco cores que eram arrastados até o grande oceano no limite do mundo. Apenas com suas mãos quebrou rochas em Chimphuh e as moldou em diferentes formas. Tsogyal projetou vinte e cinco emanações idênticas a ela, e cada uma realizava um sinal diferente de realização.

Por todo o Tibete, os Bönpos se tornaram objeto de zombaria geral. "Vejam!", o povo zombava, "eles não dão conta nem mesmo de uma mulher!" Mas os Bön replicaram: "Amanhã, nossos nove magos trarão os trovões e, em um único instante, reduzirão Samye a um monte de cinzas!" E eles partiram para Hepori, e lá, realmente, trouxeram os trovões. Mas Tsogyal enrolou tudo isso ao redor da ponta de seu dedo indicador. E fazendo o mudra da ameaça, ela arremessou tudo sobre o acampamento Bön de Ombu, que explodiu e se quebrou em pedaços. Treze relâmpagos caíram sobre os Bön e, depois disso, eles foram até Samye implorando por misericórdia.

E assim os Bön foram afastados, tendo sido derrotados também no teste de forças mágicas. Apesar disso, Takra, Lugong e alguns outros ministros não puderam ser depostos, pois seu poder era muito grande. Eles foram novamente a Ombu e, ali, por meio dos nove ciclos de Pelmo, as ações maiores e menores, lançaram seus encantamentos sobre o fogo, a terra e o ar, esforçando-se poderosamente para levar todo o Tibete à ruína. O rei inquiriu os panditas e os tradutores, perguntando sobre meios para impedir esse desastre. Nesse momento, Guru Rinpoche fez uma predição e instruiu a Senhora Tsogyal a ir proteger o rei. Com isso, no santuário central, ela abriu a mandala de Vajrakila e a praticou. Passaram-se sete dias e ela teve a visão das deidades e demonstrou o poder que havia adquirido. A maldição se voltou para eles, e os Bön se tornaram seus próprios executores. Takra e Lugong e os cinco outros ministros hostis ao Dharma morreram instantaneamente; e oito dos nove magos foram destruídos, restando apenas um. Assim foi que, por meio do poder da magia, os feiticeiros do Bön foram vencidos e destruídos.

Logo depois, o grande e religioso rei convocou todos os Bönpos para Samye e os puniu com moderada severidade. O Guru disse: "O Bön interior está em harmonia com o Dharma; portanto, deixe-os como estão. Mas em relação aos Bön depravados, entretanto, eles não são diferentes dos pagãos fanáticos. Ainda assim, seria errado matá-los. Portanto, que eles sejam banidos para as fronteiras."

Seguindo o conselho do Guru, o rei religioso fez com que todos os escritos do Bön fossem classificados e denominados "externos" ou "internos". Todos os livros do Bön Externo foram queimados, enquanto aqueles do Bön Interno foram ocultados como Tesouros. Os seguidores do Bön Interior foram enviados para Zhang Zhung e as fronteiras externas do Tibete, enquanto que os seguidores do Bön Externo foram banidos para a terra de Treulakchan, na Mongólia.

E daquele dia em diante, o rei, seus ministros e a corte, e todos os que viviam sob sua regência, tibetanos ou estrangeiros, foram obrigados por lei a evitar o Bön e a sustentar o Dharma. Assim, a terra do Tibete, indo até a distância de Trigo, na China, foi coberta pela Doutrina do Buda, e havia muitas comunidades da sangha monástica e grupos de estudantes e praticantes. Quando o rei religioso promulgou a segunda lei religiosa, o tambor do Dharma foi batido em Samye, a concha do Dharma foi tocada, a bandeira do Dharma foi levantada e os tronos do Dharma foram posicionados. Os vinte e um panditas da Índia se sentaram sobre almofadas de nove tipos de brocado, enquanto Padmasambhava, o Ser Poderoso de Orgyen, assim como o Bodhisattva Abade de Zahor, e Vimalamitra, o Sábio de Kashmir, sentaram-se na frente sobre grandes tronos de ouro. Vairotsana e Namkhai Nyingpo, os tradutores, sentaram-se sobre nove almofadas de brocado, enquanto todos os outros tradutores se sentaram sobre almofadas de brocado também, duas ou três para cada um. Então, o rei os presenteou com suntuosas oferendas de ouro e outras coisas. Para cada um dos panditas indianos, ofereceu nove rolos de brocado, três lingotes de ouro, três medidas de pó de ouro e assim por diante, empilhando-os tão elevadadamente quanto as montanhas. Aos três Mestres de Orgyen, Zahor e Kashmir ele ofereceu mandalas de ouro e turquesa, pilhas de seda e cetim, e incontáveis outros presentes adoráveis, pedindo-lhes que propagassem a dupla tradição de sutra e mantra na terra do Tibete. Os grandes panditas sorriram com alegria e disseram: "Isto é realmente excelente." O Abade, o Mestre e Vimalamitra deram sua palavra de que protegeriam os Ensinamentos do Buda até que os desejos do rei estivessem satisfeitos.

Em um único ano, três comunidades gêmeas foram estabelecidas. Uma universidade foi fundada em Samye para sete mil alunos e, em Chimphu, um centro de meditação para novecentos praticantes. Em Trandruk, uma universidade foi construída para mil alunos, e um centro, em Yangdzong, para mil meditadores. Por fim, uma universidade para três mil alunos foi estabelecida em Lhasa, com um centro em Yerpa para quinhentos meditadores. Além desses estabelecimentos religiosos, maravilhosas universidades e casas de meditação foram fundadas em Langthang no Kham, Rawagang em Menyak, Gyaltham em Jang, Jatsang em Mar, em Rongzhi e Gangdruk, Dongchu em Powo, Ronglam em Barlam, Puchu em Kongpo, e também em Chimyul, Danglung em Dakpo, em Tsuklak – pelas quatro províncias do Tibete central, em Takden Jomonang em Tsang, em Labchi e assim por diante, por toda Tsang e Tsangrong, tão longe quanto Ngari.

Yeshe Tsogyal protege e cultiva a sangha

A tradição budista, as casas monásticas, as universidades tântricas e os ensinamentos do Dharma se disseminaram sem impedimentos por todo o Tibete. Os sábios da Índia, da China e do Nepal retornaram para suas casas muito satisfeitos, carregados com o ouro e as riquezas oferecidos em gratidão por sua bondade. Mas o Abade, o Mestre Vajra e Vimalamitra permaneceram no Tibete para girar a roda dos sutras e dos tantras. Assim, foram realizados os desejos do coração do rei religioso. Seu poder e a amplidão de seus domínios tinham alcançado o seu zênite. Seus inimigos das quatro fronteiras foram subjugados e os malignos Bön haviam enfraquecido. E quando tinha realizado cada aspiração, até mesmo a última delas, transferiu o poder real para seu filho, o príncipe Muné Tsenpo. Ele estava pleno de felicidade e bem-aventurança, protegido da menor dor ou doença. E foi assim que chegou à véspera de sua morte. O rei disse algumas palavras de conselho aos príncipes e às rainhas, aos seus ministros e à corte. À meia-noite, lançou flores de consagração em todos os templos e concedeu sua bênção. Antes do amanhecer, recitou o texto do estágio da geração de sua deidade yidam, e quando o dia raiava, em um estado de clareza radiante, ele se dissolveu no coração do nobre Mañjushri e desapareceu.

Então aconteceu de o príncipe da coroa ser assassinado por uma das rainhas, que o envenenou com ervas e, em seu lugar, o Príncipe Mutri Tsenpo foi elevado ao trono. Também ocorreu, nessa época, de as rainhas que eram hostis ao Dharma semearem conflitos e discórdia entre duas comunidades do Dharma. Mas a Senhora Tsogyal, com suas habilidades compassivas, reuniu-as e as reconciliou. Tais disputas foram, então, proibidas por lei.

Nessa época, a mulher Bönmo Tso[73] estava vivendo em Hepori. Ela pertencia ao Bön Interior do clã Chokro, e conhecia Tsogyal desde sua infância. Ela ofereceu a Tsogyal um néctar envenenado para beber. Mas Tsogyal percebeu e, tendo bebido, disse:

> *Kyema!*
> Amiga do coração, ouça bem.
> Esse foi um poderoso e saboroso néctar
> O qual meu corpo de diamante imaculado —
> Maravilhoso de fato! — transformou

Em uma dose de imortalidade!

O plano que você arquitetou falhou
E, porém, trouxe-me tanto mérito.

Não guarde ciúmes em relação a mim;
Pratique, em vez disso, o budismo e o Bön com igual fervor.
Suplique ao seu yidam, e à sua família do Dharma
Veja com pura percepção.
Para os desprovidos, olhe com bondade amorosa,
E seja devotada ao seu senhor, o Guru.

Ao dizer isso, seu corpo se transfigurou em uma brilhante luz de arco-íris, e em cada um de seus poros havia um vajra. Bönmo foi tomada pela vergonha e se mudou para outro país. Mas devido ao ocorrido, as rainhas foram tomadas por despeito e baniram Tsogyal para Tsang.

De início, ela permaneceu em Kharak Gang, reunindo uma comunidade de trezentos meditadores, de modo que, posteriormente, o local ficou conhecido como Jomo Kharak — Kharak da Senhora. Trinta e nove desses trezentos iogues atingiram a realização e conquistaram poderes milagrosos. Além disso, entre os trinta e nove, vinte eram capazes de beneficiar os seres e sete alcançaram até mesmo o nível de Tsogyal, sendo assim incomensurável o seu trabalho em benefício dos seres.

Depois, Tsogyal praticou em Jomo Nang. Mil monjas se reuniram ali, das quais cem se tornaram capazes de garantir o verdadeiro benefício dos seres. Sete se tornaram iguais a Tsogyal e trezentas alcançaram a realização. É por isso que esse lugar é conhecido como Jomo Nang, a Família da Senhora. Em seguida, ela foi praticar em Sangak Ugpalung, e em toda Tsang se disseminou o seu nome. Mil monges e iogues e mil e trezentas monjas se reuniram ali e, por meio do insuperável Mantra Secreto, Tsogyal conduziu todos à maturidade espiritual e à liberação. Todos se tornaram Seres Que Não Retornarão.[74] Sete deles ficaram conhecidos como os Sete Seres Afortunados de Tsang, e oitenta foram celebrados como grandes iogues. Ela concedeu a todos eles os ensinamentos da linhagem de transmissão oral e, em Jomo Nang, propagou a linhagem sussurrada ao ouvido das instruções diretas essenciais. Assim, Ugpalung se tornou um centro de estudo das escrituras, e muitos siddhas surgiram em Kharak e em Jomo Nang, da mesma forma.

Tempos depois, aconteceu de a Senhora Tsogyal estar em Shampo Gang e ser atacada por sete bandidos que a estrupraram e assaltaram. Mas ela cantou esta canção para eles, introduzindo-os às Quatro Alegrias:

Namo Guru Padma Siddhi Hri!
Filhos, que ao me encontrarem, sua mãe,
Agora receberam as quatro iniciações,
Através da força dos méritos acumulados no passado,
Não se distraiam do ritmo da Alegria Quádrupla!
Ao verem a mandala desta mulher, sua mãe,
Uma poderosa luxúria se elevou em suas mentes:
Através desse anseio vocês receberam a Iniciação do Vaso.

Experimentem a natureza do desejo,
Misturem e a unam com a deidade
Do estágio da geração.
A assim chamada deidade yidam não está em qualquer outro lugar.
Meditem sobre sua luxúria, meus filhos,
Como o próprio corpo da deidade.

Com o espaço, a mandala desta mulher, sua mãe,
Vocês se uniram. Seus canais sutis
Tremeram com o Grande Êxtase. A raiva de suas mentes
Cessou e o amor nasceu. E através desta força
Vocês conquistaram a iniciação secreta.[75]
Sustentem-na por um momento em união com seus ventos sutis.
Assim é o Mahamudra, nada mais.
Experimentem, ó meus filhos, o êxtase do Mahamudra.

Unindo-se com o bem-aventurado espaço desta mulher, sua mãe,
Despertas pelos esforços indefesos do instinto
A unirem-se com minha mente, suas mentes, como uma só —
Esta bênção lhes traz a Iniciação da Sabedoria.
Sustentem a natureza deste êxtase sem oscilações,
E unam-se ali com a vacuidade.
O estado imaculado de vazio-êxtase não é nada além disso.
Experimentem, ó meus filhos, a suprema Alegria da Grande
    Felicidade!

Unindo-se com o bem-aventurado canal desta mulher, sua mãe,
Se vocês não perderem, mas sustentarem, sua bodhichitta,
O senso dualista de identidade própria e de outras cessa.
Através dessa Sabedoria Primordial vocês obtiveram
A Iniciação do Poder da Consciência.

Em meio às suas percepções
Preservem uma simplicidade de mente descomplicada.
O seu prazer se mistura com a vacuidade —
A Grande Perfeição — isto e nada mais.
Experimentem, ó meus filhos, a Alegria coemergente
   que ultrapassa a alegria.

Como este ensinamento é completamente sublime, que maravilha!
A liberação surge ao apenas encontrá-lo!
As Quatro Iniciações são obtidas de uma única vez;
E através da Alegria Quádrupla, a realização amadurece.

Quando ela pronunciou estas palavras, os sete ladrões em um único instante atingiram a maturidade espiritual e a liberação. Eles alcançaram a maestria sobre os canais sutis e as energias dos ventos, e tornaram-se adeptos nos ritmos das Quatro Alegrias. E, mesmo com seus corpos físicos, esses sete ladrões mahasiddhas foram até Orgyen, e ali manifestaram benefícios ilimitados para os seres.

Depois disso, a Senhora viajou para o Nepal, acompanhada por seis discípulos. Lá, com a ajuda de benfeitores antigos e do rei nepalês, Jila Jipha, ela disseminou muitas das instruções essenciais do Guru. Foi lá também que aceitou como discípula uma garota de quatorze anos, conhecida como Dakini; o nome de seu pai era Bhadanana e a mãe era conhecida como Nagini. Como ela era de fato uma dakini da "linhagem do corpo", e era seu destino atingir a realização no Mantrayana, recebeu o nome Kalasiddhi.

Então, a Senhora Tsogyal avançou progressivamente de Khoshö até Mangyul, onde abriu a mandala tântrica relativa ao Guru. Ela praticou por um ano e, com a ajuda de suas instruções, Kalasiddhi, Lodrö Kyi, Dechenmo e Seltra, entre outros, alcançaram realização. Cerca de duzentos dos fiéis se reuniram e, apesar de anteriormente o ensinamento do Buda não haver sido transmitido em grande medida ali, o país se tornou uma terra religiosa, e seus habitantes, homens e mulheres, cresceram na compreensão da doutrina crucial da lei do carma.

Nessa época, o rei religioso Mutri Tsenpo enviou três de seus cortesãos com um convite para a Senhora Tsogyal. Deixando a monja Lodrö Kyi como sua regente em Mangyul, ela viajou de volta ao Tibete, na companhia de Kalasiddhi e onze outros discípulos. Em seu caminho para Samye, o povo de Kharak, Jomo Nang e Ugpalang veio venerá-la e homageá-la. Uma recepção maravilhosa para ela foi organizada pelo rei, e uma procissão de monges vestidos de amarelo a conduziu ao templo principal. Grande foi a alegria dos ministros, cortesãos e tradutores ao saudarem-na. Era como se eles tivessem achado que ela estava morta, e então descobriram que estava novamente viva.

Diante dos restos mortais do grande Abade Shantarakshita, a Senhora Tsogyal ofereceu uma mandala composta de sete punhados de pó de ouro e nove peças de seda. E com o rosto umedecido pelas lágrimas, disse:

Kyema Kyehü!
Ai de nós! Supremo e sagrado professor!
O céu é vasto e amplo,
As multidões de estrelas são numerosas,
Mas, se o sol puxado por sete corcéis se foi,
Quem afastará as trevas da ignorância?
Qual lâmpada permanece para isto,
Terra escura do Tibete?
Para onde foi o orbe imaculado de fogo de cristal?
Se você não mais nos protege com os raios de sua compaixão,
Quem nos guiará agora, os cegos olhando fixamente sem visão?

O depósito de tesouros real está cheio de riquezas,
Mas quando a joia dos desejos não se encontra mais aqui,
Que esperança há para o fim dos tormentos
Nesta terra de pretas?
Para onde foi a preciosa joia que realiza desejos?
Se você não mais nos proteger com sua generosidade que tudo provê,
Quem defenderá os deficientes que caminham com pés claudicantes?

Muitos são os senhores e príncipes neste cosmo de um bilhão de
    mundos,
Mas se o monarca universal partiu,
Qual proteção pode haver, qual esperança de segurança
Para o Tibete, esta terra selvagem?
Para onde você partiu, senhor e imperador do mundo?
Se você não mais nos proteger, ensinando-nos a disciplina,
Quem defenderá os estúpidos que balbuciam sem sentido?

Apesar de haver muitos eruditos e seres realizados
Nesta terra central de nosso mundo,
Se você, Grande Abade, não está mais conosco,
Quem será o detentor dos ensinamentos?
Para onde você partiu, regente incomparável do Buda?
Se você não nos proteger com os sutras e os tantras,
Quem nos defenderá agora, os mortos vivos?

Ai de nós, supremamente erudito Shantarakshita,
Senhor entre os bodhisattvas elevados!
Protetor, através de sua graça
Possamos eu mesma e os outros
Ingressar, em todas as nossas vidas, pela porta do Dharma.

Possa eu, através dos ensinamentos dos sutras e dos tantras,
Amadurecida, liberada e conduzida até a bem-aventurança,
Realizando o benefício dos outros
Através das quatro qualidades de atração,[76]
Exercer as ações perfeitas dos filhos do Buda.

Possa eu me tornar uma professora perfeita do Dharma,
Hasteando alto a bandeira do triunfo que nunca deve ser enrolada!
Cruzando, assim, o oceano com este corpo que é como um barco,
Para o benefício da Doutrina e de todos os seres migrantes,
Possa eu me tornar sua professora e capitã.

E da parte superior do sagrado relicário veio uma voz:

Om Ah Hung!
As ações de todos os budas do passado, presente e do futuro Você tem realizado!

Ilimitada, igual aos confins do céu,
Tal tem sido a bússola de sua ação!
A doutrina do Vitorioso, raiz e ramos,
Permeia e preenche as dez direções!
Mãe todo-acolhedora
Dos budas do passado, presente e do futuro,
Possa você prosperar!

A voz foi ouvida por todos que ali estavam reunidos, e eles se regozijaram.

Depois disso, a Senhora Tsogyal se tornou a orientadora espiritual do rei. Ela morou em Chimphu por onze anos, nunca se afastando do Guru, seu senhor, propagando a Doutrina por meio do ensinamento e da prática. Do depósito secreto de tesouros de seu coração, Guru Rinpoche extraiu todos os ensinamentos e instruções essenciais do Mantra Secreto, não retendo nada. Ele ofereceu tudo para ela, como um vaso transbordante sendo vertido em outro.

Então, ele disse: "Não está distante o tempo em que deverei partir para Ngayab, reino das dakinis. Mas antes eu devo plantar por toda a terra do Tibete tesouros inexauríveis, vastos e profundos. Você deve tomar esses Tesouros sob seus cuidados. Esta garota foi corretamente denominada Siddhi. Ela pertence à família da concha na linhagem do Corpo das dakinis e é realizada no Mantra Secreto. Eu a tomarei como minha consorte com o propósito de propagar muitas diferentes instruções essenciais do Mantra Secreto, jamais ouvidas em qualquer outro lugar. E eu as ocultarei como Tesouros."

"De acordo com o desejo do Guru", a Senhora Tsogyal relembrou, "eu lhe ofereci a garota Siddhi como sua consorte, e depois abri a mandala de *Lama Gongpa Düpa*, conduzindo à maturidade espiritual e à liberdade o rei Mutri Tsenpo, que estava engajado em propagar os ensinamentos do Dharma, da mesma forma que seu pai.

"Foi então que todas as instruções que o Mestre Precioso havia oferecido, e que deveriam ser ocultadas como Tesouros, foram colocadas por escrito. Isto foi feito por Namkhai Nyingpo, que era um adepto da arte de escrever com velocidade milagrosa; e por Atsara Pelyang, extremamente preciso e cuidadoso; por Denma Tsemang, excelente na ortografia, velocidade e acurácia; por Kawa Peltsek, adepto na ortografia; por Chokro Gyaltsen, um escriba mestre; por Yudra Nyingpo, hábil na gramática e na lógica; por Vairotsana, realizado em todas estas artes; e por mim mesma, Yeshe Tsogyal, que havia alcançado a memória infalível. E houve outros também—os vinte e cinco discípulos e muitos filhos do coração. Alguns escreveram em sânscrito, alguns nas escritas das dakinis, alguns em Newari, alguns na escrita do fogo, alguns na escrita da água, alguns na escrita do ar, alguns na escrita do sangue. Alguns utilizaram letras tibetanas, tanto *uchen* quanto *ume*, as escritas chagkyu com letras negras espessas, tanto longas quanto curtas. Alguns escreveram com as escritas de *dru* e *drutsa*, *khong seng* e *khyinyal*, *kangring*, e *kangthung*, com todos os sinais de pontuação. Nós compilamos um milhão de ciclos de prática sobre a Mente do Guru, dez mil ciclos do *Nyingtik*: tantras, agamas e upadeshas etc., todos extremamente profundos. Aqueles que eram extensos também eram de importância crucial; aqueles que eram breves também eram completos; mesmo os fáceis de praticar estavam imbuídos de grandes bênçãos; profundos e rápidos, eles estavam repletos com tudo o que era necessário. De modo a inspirar confiança, listas de localização, guias proféticos internos e os mais profundos, e predições relativas à sua descoberta foram acrescentados. Tudo foi arrumado e colocado em ordem."

Foi assim que o Guru e sua consorte Yeshe Tsogyal, unidos na sabedoria de suas Mentes, promoveram o benefício dos seres por meio de seus meios hábeis e sabedoria. Unidos nos movimentos iluminados de sua Fala, eles revelaram naturalmente os ensinamentos do sutra e do tantra. Unidos em seus poderes milagrosos de Corpo, eles tinham as aparências do mundo sob seu comando. Unidos em suas Qualidades Iluminadas de Conhecimento, eles planejaram o benefício dos seres. Unidos em suas Ações Iluminadas, eles possuíam maestria sobre as quatro atividades. Na esfera absoluta, o seu nome é Kunzang Pema Yabyum — o Nascido do Lótus Todo Excelente Guru-Consorte. Seu Corpo, Fala, Mente, Qualidades e Atividades estão presentes em todos os lugares, onde quer que o espaço permeie.

Algum tempo depois, eles partiram de Chimphu e, gradualmente, se moveram a pé por todo o Tibete, preenchendo-o com bênçãos. No início, visitaram os três Taktsang, ou cavernas de tigres. Em Paro Taktsang de Mön, eles colocaram os Tesouros em diferentes locais e deixaram uma predição sob a sua descoberta. Guru Rinpoche disse: "Este é um lugar da Mente do Guru. Quem quer que pratique aqui atingirá a realização do Mahamudra. Quando eu, o Guru, estava em Akanishta, estas representações de meu Corpo, Fala e Mente apareceram por si mesmas." E ele abençoou e orou diante da imagem de Dorje Drolö, uma estupa e um mantra de seis sílabas — todos autossurgidos.

Prosseguiram, então, para Onphu Taktsang, no Tibete. Lá, o Guru colocou sob seu poder todos os espíritos, designando-os como guardiões e senhores dos Tesouros, e ocultou os guias proféticos mais profundos.

"Este é um local sagrado do meu Corpo", ele disse. "Quem praticar aqui atingirá a realização da vida imortal. Quando eu nasci sobre o lago de Dhanakosha, estas três representações de meu Corpo, Fala e Mente surgiram por si mesmas." E, como antes, as abençoou e rezou diante das imagens o mantra de três sílabas, o mantra Rulu de nove sílabas, uma estupa e um vajra.

Foram então para Taktsang, em Kham, onde o Guru ocultou Tesouros em diversos lugares e fez com que os senhores dos Tesouros assumissem o compromisso como protetores. Ele fez predições sobre os Tesouros e deixou para trás uma lista com suas localizações.

"Este é um local sagrado de minha Fala", ele disse. "Aqueles que praticarem aqui desfrutarão de grande renome e receberão grandes bênçãos. Mas aqueles sem samaya encontrarão muitos impedimentos. Tanto as realizações mundanas quanto a suprema podem ser conquistadas aqui. Quando eu girei a roda da Doutrina no Trono de Diamante e outros lugares, subjugando demônios e os seguidores de visões equivocadas, estas três imagens apareceram espontaneamente aqui, junto com o mantra de seis sílabas, de três sílabas e de doze sílabas e assim por diante, assim como as representações da Mente." Ao dizer isso, ele as abençoou e rezou diante delas.

Aqueles que desejam conhecer as viagens do Guru e da Senhora Tsogyal para outros destinos deveriam procurar nas histórias da vida do Guru.

Então, mais uma vez, o Guru e sua Consorte permaneceram no santuário central, atuando como guias espirituais para o grande rei do Tibete. Depois de conceder liberalmente e em detalhes as instruções orais e predições relativas à descoberta dos Tesouros do Dharma, e depois de oferecer conselhos ao rei, aos ministros, às rainhas, aos cortesãos e aos tradutores, no décimo dia do mês do macaco do ano do macaco, o Guru partiu, montando um raio de sol, para o continente de Ngayab, no sudoeste. Tsogyal ficou para trás para o benefício do rei e de outros, especialmente as três comunidades gêmeas, realizando assim o benefício dos seres e preenchendo a terra com os Tesouros dos ensinamentos do Guru.

O rei do Dharma e seu séquito escoltaram o Precioso Guru até o desfiladeiro de Gungthang. Ali, pediram a ele predições e instruções, e depois retornaram, com tristeza em seus corações.

"Mas eu, Tsogyal," a Senhora relembrou, "montando um raio de sol, acompanhei o Guru até a ravina de Tsashö, na fronteira entre o Tibete e o Nepal. Descendo até a caverna secreta de Tsashö, nós ficamos ali por três semanas. Lá, o Guru abriu a mandala do *Dzogchen Ati Khyabdel* e me concedeu a iniciação. Mas o momento auspicioso foi maculado devido às dúvidas e à atitude descuidada de Chönema.[77] O Guru disse: 'Apesar de que os ensinamentos do Mantra Secreto se disseminarão pelo Tibete, os ensinamentos Ati, que são o pináculo do Mahayana, serão um tema de disputas, e os que conquistarão a liberação por meio deles serão poucos, seja na linhagem oral ou na dos Tesouros. Eles serão de pequeno benefício para os seres. Devido a esta circunstância cármica, mesmo os ensinamentos gerais do Mantra Secreto terão pequeno poder e rapidamente crescerão e cairão.'

"E ele negou a iniciação a Chönema. Para mim, Tsogyal, entretanto, ele a concedeu de forma completa, sem deixar nada de fora."

"Este é o momento perfeito", disse o Guru, "para lhe conceder essa instrução. Ela pertence ao veículo extraordinário que faz com que o intelecto analítico diminua. Se eu tivesse oferecido este ensinamento cedo demais, no momento inadequado, teria sido como realizar a colheita de uma única vez. O fruto teria sido colhido, e não haveria como você permanecer por mais tempo neste mundo. Para alguém que pratique este ensinamento, não há coisas como bom ou mau carma, posição elevada ou humilde, juventude ou velhice, faculdades aguçadas ou embotamento. O seu fruto é denominado 'absorção total no espaço no qual todos os fenômenos são extintos'. Se esta instrução tivesse sido oferecida anteriormente, seria difícil para você estabelecer com segurança o benefício dos seres vivos e a Doutrina do Buda, e para ocultar os profundos Tesouros para o benefício dos outros. Pois o seu corpo material teria sido consumido instantaneamente. Agora, você deve praticar sem abandonar por um instante o reconhecimento direto da realidade última. Dessa forma, você rapidamente atingirá o estado búdico enquanto ainda estiver neste corpo. De agora em diante, pratique em lugares como Zabbu e Tidro, e em três anos as experiências do reconhecimento da natureza última se intensificarão. Em seis anos, a consciência primordial alcançará seu ponto final. Quando chegar este momento, oculte todos os Tesouros remanescentes e, por meio das instruções diretas essenciais, realize de modo perfeito o benefício dos seres.

"Depois, continue sua prática em Lhodrak Kharchu, manifestando milagres sobrenaturais, às vezes visivelmente, às vezes invisivelmente. Os afortunados serão beneficiados desta forma. Depois de cerca de duzentos anos, o seu corpo se dissolverá e, no estado da grande Sabedoria primordial, você me encontrará em Ngayab, o reino das dakinis. Lá, inseparáveis, seremos budas para o benefício dos seres." Dizendo disso, o Guru se preparou para partir, montando um raio de sol. "Mas eu me prostrei, implorando-lhe desesperadamente com minhas lágrimas. Eu gritei:

> Pesar e tristeza! Ó, meu Senhor de Orgyen!
> Agora mesmo você esteve comigo, mas já está partindo!
> Não é este o significado de 'passar pelo nascimento e morte?'
> Como posso eu cessar esta maré de nascimento e morte?
> Pesar e tristeza! Ó, meu Senhor de Orgyen!
> Até este momento estivemos inseparáveis,
> E em um instante estaremos separados?
> Não é este o significado de 'unir e separar'?
> Como eu poderia estar com você, para nunca me separar?
>
> Pesar e tristeza! Ó, meu Senhor de Orgyen!
> Há pouco, no Tibete, você era o Professor que ia a todos os lugares,
> Apenas pegadas de sua presença agora restam!
> Não é este o significado de 'impermanência'?
> Como eu poderia reverter o vento do carma?
>
> Pesar e tristeza! Ó, meu Senhor de Orgyen!
> Pouco tempo atrás o Tibete estava protegido pelo seu ensinamento,
> Agora tudo são apenas histórias que as pessoas ouvem!
> Não é este o significado de 'mudar e vir a ser'?
> Como eu poderia ter maestria sobre eles?
>
> Pesar e tristeza! Ó, meu Senhor de Orgyen!
> Até agora eu fui a amiga que nunca o deixou,
> Mas agora, meu Guru, você está partindo para as alturas,
> Abandonando esta mulher de mau carma.
> A quem eu agora suplicarei por bênçãos e iniciações?

Pesar e tristeza! Ó, meu Senhor de Orgyen!
Profundas foram as instruções que você me concedeu,
Mas agora você se eleva aos céus imortais,
Abandonando esta mulher presa no corpo de carne.
A quem eu agora suplicarei para me ajudar a avançar e a dissipar meus obstáculos?

Pesar e tristeza! Ó Senhor Compassivo!
Eu lhe imploro, conceda-me ainda algumas palavras de ensinamento,
Olhe para mim com os olhos da piedade que não abandona,
Olhe para o Tibete com orações e desejos auspiciosos!

"Com terríveis lamentações, eu lancei treze punhados de pó de ouro sobre o corpo do Guru. E ele, montando um raio de sol à distância de algumas jardas, disse:

Kyema!
Ouça-me, donzela, oceano de qualidades!
Eu, o Nascido do Lótus, agora parto para disciplinar os ogros!
Alguém que, através da perfeição dos Três Kayas, é poderoso em suas ações,
Não pode ser comparado aos seres que se dissolvem como bolhas.
Se nascimento e morte a assustam, entregue-se ao Dharma sagrado.
A maestria sobre o estágio da Criação e da Perfeição,[78] os canais e os ventos:
Esta é a única forma de derrotar nascimento e morte.

Kyema!
Ouça-me, Senhora, virtuosa e fiel!
Eu, o Nascido do Lótus, agora parto para o benefício dos outros.
Minha compaixão é imparcial, acolhendo a todos;
Eu não posso ser comparado a seres cegos pela delusão.
Pratique Guru yoga se quiser estar comigo constantemente.
Com percepção pura, tudo surge como o Professor:
Não há outro ensinamento para a inseparabilidade.

Kyema!
Ouça-me, Senhora, agradável de contemplar!
Eu, o Nascido do Lótus, agora parto para ensinar para o benefício dos outros.
Minha forma, imaculada, suprema, da qual todas as impurezas

desapareceram,
Não pode ser comparada com aquela dos seres arrastados por seu carma maléfico.
O país do Tibete eu preenchi com siddhas, filhos do meu ensinamento.
Ao ver a impermanência, medite no Mahamudra.
Liberando, onde estiverem, as percepções de samsara e nirvana,
Não há forma melhor de restringir os ventos do carma.

Kyema!
Ouça-me, jovem e fiel garota!
Eu, o Nascido do Lótus, pregarei o Dharma na terra dos ogros.
Minha forma diamantina imaculada, que supera a mudança,
Não pode ser comparada com aquela dos seres torturados pelas doenças.
O país do Tibete eu preenchi com o Dharma, dentro da terra e sobre ela.
Se vocês forem fortes na prática e nas instruções,
Não haverá carência de Dharma.
Ouvir, estudar, meditar: se, assim, vocês sustentarem o ensinamento do Buda,
E naturalmente alcançarem o benefício próprio e dos outros,
Não há uma forma mais profunda para derrotar 'vir a ser'.

Kyema!
Ouça-me, princesa, donzela de Kharchen!
Eu, o Nascido do Lótus, agora irei até o reino da Luz de Lótus.
Invocado pela sabedoria dos budas do passado, do presente e do futuro,
Eu não posso ser comparado com os seres arrastados pelo Senhor da Morte.
No corpo supremo de uma mulher você conquistou a realização;
A sua própria mente é o Senhor; peça-lhe por iniciações e bênçãos.
Não há outro regente para o Guru do Lótus.

Kyema!
Ouça-me, consorte Yeshe Tsogyal!
Eu, o Nascido do Lótus, agora irei para o reino da Grande Felicidade.
Sublime e imortal, repousando na esfera da vacuidade,

Eu não posso ser comparado com aqueles cujas mentes abandonam seus corpos.
Através das instruções profundas, Tsogyal agora está livre;
Medite sobre a Grande Perfeição, que extingue a forma da carne.
Ore e medite para banir obstáculos e trazer avanços;
Apenas através da compaixão do Guru seus obstáculos se dispersarão.

Kyema!
Ouça-me, Luz Azul Resplandecente, dakini na verdade!
Muitos conselhos no passado e muitas instruções eu lhe concedi.
Todas estão resumidas neste ponto chave: pratique Guru yoga.

Sobre a coroa de sua cabeça, um cúbito acima,
Sobre um lótus e uma lua, envoltos na luz de arco-íris,
Eu, o Nascido do Lótus, resido, o professor de todos os seres.
Eu tenho uma face, minhas duas mãos seguram um vajra e uma taça de crânio.
Eu visto um manto inferior, um casaco de brocado,
Uma túnica e o manto do Dharma, um xale de remendos e uma capa;
Símbolos de todos os veículos de prática.
O chapéu de lótus com pena de abutre está sobre minha cabeça,
E brincos e um colar precioso são meus ornamentos.
Eu me sento na postura vajra, irradiando luz,
E carrego as marcas maiores e menores do estado búdico.
Circundado por uma luz de arco-íris em cinco tons, o cintilar das dakinis,
De forma límpida e clara eu apareço, a radiância brilhante da própria mente.

Ao me ver claramente, receba iniciações,
E descanse repousando na Visão.
Até me ver desta forma, persista na meditação.
Recite o mantra quintessencial do Guru Siddhi,
E, na conclusão, permita que seu corpo, fala e mente
Fundam-se com o Guru.
Invoque-me com orações e dedicação,
E permaneça na Grande Perfeição,
A esfera essencial além de qualquer ação.

Nada superará isto, Consorte Tsogyal!
A compaixão de Padmasambhava não declina nem foge;
Os raios de minha compaixão pelo Tibete não podem ser cortados.
Ali eu estarei diante de qualquer um que ore a mim—
Eu nunca me separarei daqueles que têm fé.
Para aqueles que possuem visões errôneas eu estou oculto,
Apesar de estar diante deles.
Meus filhos profetizados serão protegidos para sempre por meu
  amor.

No futuro, de agora em diante, no décimo dia da lua,
Eu, o Nascido do Lótus, virei montando a estrela diurna suprema.
Em formas pacíficas, enriquecedoras, atraentes e iradas,[79]
Quatro vezes eu me apresentarei,
E assim concederei realizações aos meus filhos.
No décimo dia da lua minguante minhas proezas serão similares,
Apesar de especialmente nos aspectos de atração e de ira.
No décimo quinto eu virei sobre os raios da lua
E agitarei com preces de piedade os abismos do samsara,
Esvaziando totalmente os estados de pesar.
Minhas obras de poder serão perfeitas para o benefício dos seres.
No oitavo dia, na aurora e no crepúsculo, no nascer e no pôr do sol,
Montando meu corcel, que conhece cada desejo meu,
Por todos os lugares do mundo eu cavalgarei
Para conceder realizações.
A roda da Doutrina moverei nas terras de ferozes ogras.
Para pacificar, enriquecer, envolver e subjugar
Os habitantes das vinte e uma terras selvagens e inferiores
E em trinta regiões ainda mais remotas,
Eu me apresentarei como fogo ou água,
Vento, espaço, arco-íris,
Terremotos, sons—
Enviando milhões de formas mágicas para guiá-los até a
  bem-aventurança.
Nunca o meu trabalho pelos seres cessará.

Você, ó donzela, por um século, de agora em diante,
Será a alegria dos seres no Tibete.
Cento e um anos passarão, e então você virá para Ngayab,
Para ser a protetora dos seres, comigo, o Nascido do Lótus.

> Ó Vidyadhara, Luz Azul Resplandecente!
> Seu Corpo, Fala e Mente serão iguais aos meus.
> O fluxo de nascimento e morte cessará; os ventos cármicos cessarão.
> Você enviará emanações para o benefício dos seres do futuro,
> E nas regiões do Tibete o seu fluxo de encarnações não cessará.
> Você nunca se exaurirá em seu trabalho pelos seres.
>
> E, assim, agora, Tsogyal, sustente a Visão,
> E você e eu nunca nos separaremos nem por um instante.
> Mas, ao modo do mundo, adeus!
> Pela virtude de minhas preces amorosas,
> Possa todo o Tibete ser feliz!

"Quando ele terminou sua fala, todo o céu foi tomado por dakas e dakinis que tocavam música e cantavam, carregando guarda-chuvas cerimoniais, bandeiras da vitória, flâmulas, pendões, dosséis, tapeçarias, címbalos, tambores, conchas, chifres, trompetes de fêmur, alaúdes, bandolins, sinos, flautas e uma grande orquestra de instrumentos. No coração dessa imensa nuvem de oferendas uma luz brilhante foi emanada, como se acenasse para o Guru, e ele entrou nela. Isso eu não pude suportar, e gritei:

> Guru Rinpoche!
> Apenas você é o ensinamento do Buda,
> Apenas você é o pai dos seres,
> Apenas você é o olho do Tibete,
> Você é o meu próprio coração!
> Pequena é sua compaixão,
> E suas ações são cruéis!
> Aflição e pesar! Ai de nós! Ai de nós!

"Desta forma, eu lhe supliquei para retornar, prostrando-me e batendo meu corpo no chão. Ele voltou seu rosto para mim e ofereceu seu primeiro testamento. Então, voltando seu olhar para o sudoeste, partiu em uma explosão de raios brilhantes e luzes pulsantes. Porém, novamente eu joguei meu corpo no chão, arrancando meus cabelos, arranhando meu rosto, rolando sobre a terra. E lhe supliquei:

> Aflição e pesar! Senhor de Orgyen!
> Abandonará você o Tibete como uma terra vazia?
> Você está retirando a luz de seu amor?

Você está deixando de lado o ensinamento do Buda?
Você largará o povo do Tibete tão descuidadamente?
Você está deixando Tsogyal sem qualquer refúgio?
Ó, olhe para mim com piedade!
Agora, agora, olhe para mim!

"E era assim que eu me encontrava, chorando e lamentando amargamente. Dessa vez ele não reapareceu, mas ouvi sua voz, vívida e clara, quando me ofereceu seu segundo testamento. Então, todo o céu foi novamente preenchido com radiância, e toda a terra foi atingida por raios de luz. Em meio a esse tecido ofuscante e luminescente, dakinis podiam ser vistas voando rapidamente para lá e para cá, gradualmente se tornando menos distintas, até que tudo havia desaparecido. Novamente eu bati todo o meu corpo contra as rochas. Pedaços de minha carne se desprenderam e eu os ofereci junto com meu sangue como um ganachakra, chamando pelo Guru à distância, em intensa perturbação:

Ai de nós! Ó Vastidão da Compaixão!
Estendendo-se até os limites do céu—
Tais são as ações de meu Guru.
Mas hoje o seu trabalho acabou no Tibete.
Todas as nações têm seus diferentes destinos,
E hoje o Tibete encontrou o seu.
Todos os seres têm, por sua vez, alegrias e tristezas,
E agora, hoje, é minha vez de sofrer.
Pesar! Ai de nós! Olhe rapidamente para mim com seu amor!

"Apesar de não haver ninguém para ser visto, surgiu uma voz. 'Tsogyal', ela disse, 'olhe aqui!'. E quando olhei, caiu do céu diante de mim uma bola de luz, do tamanho de uma cabeça humana. Dentro estava o primeiro legado do Guru. Com isto, todas as luzes, com as quais as regiões do Tibete tinham sido iluminadas por inteiro, foram reunidas e brilharam em direção ao sudoeste, para onde o Guru havia partido, e desapareceram. Mais uma vez, isso estava completamente além do meu poder de tolerância, e gritei: Ó, ser reverenciado de Orgyen, não coloque de lado sua misericórdia! Olhe para mim! Como é possível você me abandonar?

"Surgiu uma voz, assim como antes, e naquele momento um relicário de luz, não maior que um punho, caiu diante de mim. Dentro estava o segundo legado. Então, as luzes e raios, e também o sol, se reuniram e se puseram no sudoeste, deixando para trás a escuridão da noite. O Guru e as dakinis não estavam mais lá. Era como acordar pela manhã de um sonho. Perturbada e lacrimosa, eu pensei no Guru e, chorando novamente, cantei esta canção de pesar:

Kyema!
Reverenciado e Precioso Ser de Orgyen,
Único pai que protege o Tibete,
Você partiu para o reino das dakinis,
O Tibete agora se tornou uma terra vazia.
Joia quintessencial, para onde você foi?
Para você, na verdade, não há 'ir' ou 'permanecer',
Porém, neste dia você partiu para Orgyen.
Para todos os habitantes do Tibete, tanto deuses quanto homens,
Por trás de cada cabeça o sol se pôs.
Quem os aquecerá, nus e sem roupas?
Os olhos caíram do semblante das pessoas,
Quem os guiará agora, os cegos que veem?
Dos peitos das pessoas seus corações foram arrancados,
Quem os guiará agora, os mortos vivos?
Você veio até aqui para o bem dos seres,
Como assim você não permanecerá para sempre?
Kyehü! Ser Precioso de Orgyen,
Para o Tibete um tempo de profunda escuridão chegou,
Um tempo em que os eremitérios estão desguardados,
Em que os tronos do Dharma estão desocupados,
Em que o vaso de iniciação está seco e deixado vazio,
Em que a introdução à Mente é realizada por fanfarrões,
Em que as pessoas esperam que instruções possam ser encontradas
   em livros,
Em que o Professor tem que ser relembrado e visualizado,
Em que devemos ter imagens suas e retratos,
Em que as pessoas colocam esperança em sonhos e visões.
Um tempo maléfico como este, de fato, chegou até nós.
Pesar e tristeza, reverenciado Senhor de Orgyen,
Olhe para nós com piedade, Senhor do Dharma de Orgyen.

"Assim eu falei. E do sudoeste veio um feixe repentino de raios de luz, carregando em suas extremidades um relicário de luz que não era maior que meu polegar. Ele flutuou até mim, e dentro dele estava o terceiro legado. Depois disso, eu conquistei uma confiança destemida: o ninho de esperanças e medos se dissolveu completamente e o tormento das emoções maculadas foi dissipado. Eu experimentei diretamente a inseparatividade entre mim e o Professor e, com muita devoção, abri a mandala do *Lama Sangwa Düpa*. Eu a pratiquei por três meses; durante esse tempo, contemplei o Guru em cada um dos seis períodos do dia e da noite, recebendo dele muitas predições, conselhos e instruções essenciais da linhagem que é sussurrada ao ouvido."

Então, de modo a restaurar o samaya de Chönema com o Guru, Yeshe Tsogyal recebeu a permissão do Mestre para praticar e ensinar-lhe, assim como a muitos outros seguidores fiéis, a sadhana conhecida como *Yang Phur Drakma—Vishuddha* e *Kila* reunidos. Essa sadhana possui uma "atividade superior", contendo uma seção de confissão relacionada ao texto raiz de *Vishuddha*, assim como uma "atividade inferior", consistindo de uma expulsão de obstáculos associada a Vajrakumara. Esta sadhana foi transmitida pela Senhora Tsogyal tanto na linhagem oral quanto na dos Tesouros.

Depois disso, a Senhora se dirigiu a Mangyul, onde os monges, discípulos e o fiel Lodrö (que ela havia deixado ali anteriormente) a receberam com grande alegria, celebrando um festim ganachakra e requisitando-lhe permanecer ali permanentemente. Mas ela ficou por apenas um mês, concedendo-lhes muitas instruções definitivas, conselhos sobre a eliminação de obstáculos, desenvolvimento da meditação e assim por diante. Foi então para Tsang, onde todo o povo da província exclamou que, apesar de o Guru ter partido para a terra dos ferozes canibais, a Senhora, para seu deleite, havia voltado para eles! E com a mesma devoção por ela que tinham pelo Guru, eles se aproximaram e ficaram ao seu redor de modo tão apertado que ela mal conseguia caminhar. Tsogyal ofereceu iniciações e instruções, e gerou benefício para incontáveis seres antes de ir para Zurpa, onde permaneceu por um ano. Lá, Nyen Pelyang, Bé Yeshe Nyingpo, Lasum Gyalwa Changchub, Odren Pelgyi Zhönnu (o jovem), Langlab Changchub Dorje e Dacha Rupa Dorje (que era uma criança de apenas sete anos) estavam prontos para receber os ensinamentos. Aceitando-os como seus discípulos, a Senhora conduziu-os à maturidade espiritual e à liberdade. Depois disso, ela se dirigiu a Shang onde, por três anos, viveu nas cavernas de Pama Gang, dedicando-se poderosamente ao benefício dos seres. Tempos depois, foi para Zabbu, onde permaneceu na visão sem esforços de Ati, o pináculo do Mahayana. Depois de um ano, suas experiências se intensificaram. Tsogyal foi preenchida por uma imensa alegria e progrediu enormemente na prática. Também foi em Zabbu que ocultou treze grandes Tesouros. Partindo dali, foi para Tidro, em Zho, onde viveu por seis anos. Lá, sua consciência lúcida alcançou a amplidão definitiva, e a realização da Grande Perfeição penetrou seu ser mais profundo. Também se conta a história de que ela assegurou o bem-estar de muitas dakinis, viajando por sessenta e duas terras puras. Mas essa história está oculta em outros lugares.

Foi nessa época que a Senhora Tsogyal realizou sua útima série de austeridades, sacrificando-se pelos outros. E ela mesma relembrou:

"O ministro demoníaco Shantipa, que havia me causado tanto sofrimento no passado, havia renascido no inferno denominado Calor Intenso, mas com força e vigor nascidos de minha compaixão, eu o tirei dali. O relato detalhado de como fiz isso, e de como agitei as profundezas do abismo criando elos entre mim mesma e todos os seres nascidos no inferno, deve ser buscado em outro lugar. Além disso, ofereci meu corpo para as bestas selvagens, comida para aqueles que estavam famintos, roupas para aqueles que estavam com frio, remédios para aqueles que estavam doentes, riquezas para os necessitados, refúgio para os fracos, e meus membros inferiores para os lascivos.[80] Em resumo, para o benefício dos outros, lhes ofereci meu corpo e minha vida. Foi então, enquanto estava engajada nas ações virtuosas da generosidade completamente além do autoapego (mesmo até o ponto de sacrificar os órgãos de meu corpo), que tanto o deus Indra quanto Nanda, o naga, vieram até mim e me testaram.[81]

"Certo dia eu estava em Tidro e um aleijado veio até mim, acompanhado por três homens; os três se revezando para carregá-lo.

"'De onde você vem?', perguntei, 'e o que o traz aqui?'

"'Nós somos de Onbu, no Tibete,' responderam. 'Este homem, apesar de inocente, foi punido pelo rei e teve suas rótulas arrancadas. Os sábios médicos do Tibete todos declaram que há uma forma de transplantar as rótulas de uma mulher para um homem. Não há outro remédio. Nós ouvimos, Senhora, que você oferece por caridade tudo o que os outros precisam. E, assim, viemos para suplicar. Seria possível você oferecer-lhe seus joelhos?' E, ao dizerem isso, deram um grande suspiro.

"A compaixão brotou de minhas profundezas, e eu disse: darei o que quer que precisem. Venham, peguem-nas. Eu fiz uma promessa ao meu Guru de que ajudaria os seres com meu corpo, fala e mente.

"'Para arrancá-las', eles disseram, sacando suas facas, 'teremos que infligir feridas profundas. Você pode passar por um grande sofrimento.'

"'Não importa o que aconteça', respondi, 'arranquem-nas'.

"Eles fizeram incisões cruzadas sobre meus joelhos e arrancaram as tampas, que saíram com um estalido bem alto. Redondas e vermelhas, eles as colocaram no chão à minha frente. fiquei levemente tonta, mas, me recuperando, disse: 'Levem suas rótulas', e eles partiram alegremente.

"Tempos depois, quando meus joelhos tinham sarado, chegou um leproso, em muito pior estado do que os outros. Sangue e pus pingavam de todo o seu corpo e seu nariz tinha apodrecido, deixando no lugar uma ferida aberta. De sua boca, o fedor da putrefação se espalhava por uma milha ao redor, e tudo o que ele fazia era chorar.

"'De que adianta chorar?', eu lhe disse. 'Este é o resultado de suas ações passadas. Chorar não adianta nada. Seria muito mais benéfico visualizar a deidade e recitar o mantra.'

"'Ser assolado pela doença', ele disse, 'faz parte da vida neste mundo. Mas algo muito pior aconteceu a mim.'

"'Mas o que', perguntei, 'poderia ser mais terrível do que isso que está passando?'

"'Esta doença caiu sobre mim repentinamente e com grande força', ele respondeu. 'Eu tinha uma esposa. Ela era como você, uma filha dos deuses! Mas ela não me deseja mais, encontrou outro homem e me jogou para fora da casa. E eu pensei que, como você vive apenas para o benefício dos outros, você poderia... talvez... ser minha esposa.' E mais uma vez começou a chorar. Com a compaixão brotando dentro de mim, eu disse: 'Não chore! Eu o servirei de qualquer forma que desejar.' E, desse modo, eu vivi com ele e atendi às suas demandas.

"E assim eu passei por muitas provações. Por exemplo, sete Bönpos vieram até mim e, para fazer uma bolsa ritual para Yang, o deus da prosperidade, eles pediram a minha pele. Eu a esfolei e ofereci a eles. Muitas outras pessoas vieram pedindo por meus olhos, minha cabeça, meus membros, minhas pernas, minha língua e assim por diante. Eu lhes ofereci tudo com preces de regozijo.

"Mas depois de um tempo, o próprio Indra surgiu e me ofereceu muitas coisas prazerosas para os deuses: os cinco grandes mantos dos seres celestiais, o vaso de amrita, as sete riquezas celestiais. E ele me louvou desta forma:

> Ó, garota humana, ó maravilhosa, suprema!
> As ações dos Bodhisattvas do passado são suas.
> Não se preocupando com a vida ou a carne,
> Você se ofereceu aos outros.
> Ó Mãe, glória da compaixão,
> A você eu venho.
> Grandiosa e maravilhosamente sublime, a você meu louvor!
> Deste dia em diante, e enquanto esta era perdurar,
> Esta, Ó Rainha, sempre será minha oração:
> Que você possa sempre girar a roda do Dharma.

"Dizendo isso, ele desapareceu, e meu corpo se reconstituiu como era antes. O leproso também se transformou no naga Nanda, que reuniu diante de mim a fortuna inconcebível dos nagas. Juntando suas mãos em devoção, e com lágrimas nos olhos, ele cantou para mim:

> *Kyema!*
> Guru, mãe, Yeshe Tsogyal,
> Chave para os mistérios de Padmasambhava,
> Com misericórdia assumindo as dores dos outros.

Livre de conceitos,
Puro e impuro não têm poder sobre você.
Ávida pelo benefício dos outros,
Você enterra no subsolo todo o amor pelo eu,
Senhora detentora dos Ensinamentos,
Mãe dos Vitoriosos, prostro-me diante de você.
Padma Thödreng é meu guru,
E você mesma é minha irmã no Dharma.
Portanto, olhe para mim com olhos amorosos!

Todo o oceano da Doutrina, os Mantras Secretos,
E as transmissões profundas de Padma,
Orais e pelos Tesouros,
Você propaga e protege de toda corrupção.
Enquanto estiver neste mundo,
Sua sombra eu serei, seu escudo e protetor,
Seu servo, desbaratando toda a adversidade!

"Ele se calou e desapareceu no solo."

Quando o rei Mutri Tsenpo soube que a Senhora estava em Tidro, enviou-lhe um convite, e ela foi para Samye e residiu em Chimphu por seis anos. O rei religioso, com seu séquito de tradutores, ministros, cortesãos e rainhas, ofereceu-lhe serviço e homenagens. De todas as comunidades de meditação estabelecidas anteriormente em Chimphu e outros lugares, os mahasiddhas que haviam alcançado o próprio benefício tinham partido para trabalhar pelo bem-estar dos seres, enquanto outros, tendo envelhecido, haviam passado para além do sofrimento. Assim, essas comunidades estavam reduzidas em número. Ao comando do rei, mil e quinhentos novos monges foram ordenados, em uma única cerimônia, pelo abade indiano Kamalashila. A Senhora lhes deu instruções e os enviou para meditarem na própria Chimphu. A prática de todos foi frutífera, sem exceção, e houve muitos que conquistaram realização e se tornaram capazes de demonstrar os sinais de sua realização.

Então, naquele tempo, ocorreu uma controvérsia entre duas teorias filosóficas conhecidas como Tönmin e Tsemin.[82] Um certo Hashang havia proposto um ensinamento errôneo, que havia sofrido oposição e tinha sido suprimido. Devido a isso, a comunidade religiosa de Samye estava dividida. O mestre Kamalashila havia se estabelecido no templo de Hayagriva, enquanto Hashang assumira sua posição no templo de Maitreya. E, por um curto tempo, houve controvérsia.

"Nesse ponto", a Senhora recordou, "eu, Tsogyal, acompanhada de um séquito de cem discípulos, descemos de Chimphu para estabelecer a paz. Mas como eles não me ouviram, manifestei muitos milagres. O resultado foi que tanto a facção Tönmin quanto a Tsemin começaram a ter fé em mim e acabaram se reconciliando. Dali em diante, foi proclamada uma nova lei religiosa seguindo a tradição do Mestre Kamalashila. O Mestre Hashang e seus seguidores foram carregados com ouro e enviados de volta à China, seu país nativo. O grande rei religioso expandiu todas as comunidades religiosas em Lhasa, Samye, Trandruk e assim por diante, fazendo com que treze mil ingressassem na ordem monástica.

"E eu, Tsogyal, enquanto vivia em Chimphu, tornei-me uma fonte de ensinamentos e instruções para os discípulos originais do Guru, os novos monges, meus próprios discípulos, e todos que tinham fé em Guru Rinpoche — de Ngari, Mangyul, Purang, Mön, Tsang, Jar, Loro, Kongpo, as quatro províncias do Tibete central, as quatro províncias do norte, Dokham Gangdruk, da China, Jang, Hor, Menyak e outras terras. Assim, meu trabalho pelo benefício dos seres se tornou ilimitado como o céu, e as linhagens de meus discípulos, os discípulos da Senhora, recobriram e preencheram o mundo."

A Ocultação dos Tesouros

A terceira seção geral deste capítulo descreve brevemente como, de modo a cuidar dos Tesouros do Dharma e para realizar o benefício de infinitos seres, a Senhora foi a pé até todos os locais sagrados maiores e menores, terras ocultas e pontos importantes.

A Senhora Tsogyal refletiu: "Eu gerei benefício para os seres e para a Doutrina. Da duração de vida prevista para mim, pelo Guru, metade já se passou. Minha consciência lúcida alcançou sua maior amplitude, e também minhas atividades. Portanto, irei até todos os lugares abençoados pelo Mestre precioso. Lá eu ocultarei os Tesouros, farei preces de boas aspirações e me engajarei na meditação."

Inicialmente ela foi para Tidro, onde permaneceu por um ano e sete meses. Lá, ocultou dez Tesouros, orando e aspirando que todas as conexões com eles fossem significativas. Partiu então para a Caverna de Cristal em Yarlung, onde viveu por treze meses, e com muitas preces de aspiração ocultou cinco Tesouros. Em Yangdzong, viveu por um ano e escondeu treze Tesouros. A Senhora permaneceu por um mês em Yerpa, e ocultou ali dez Tesouros. Depois disso, ela gradualmente se dirigiu para o sul até Tsari Gang, onde ficou por um ano e quatro meses, ocultando trinta grandes Tesouros. Em seguida, foi para Kongpo, onde escondeu, no total, cento e cinquenta Tesouros. Depois, no sul, nas regiões nevadas do Nepal, Tsogyal se demorou por treze meses e escondeu cinquenta e cinco Tesouros. Foi então para o oeste, até as fortalezas nevadas de Lapchi, onde residiu por quatro meses e sete dias, ocultando oito Tesouros. Depois, seguiu para o norte, até a região nevada de Nöjin, onde permaneceu por três meses e cinco dias e ocultou três Tesouros. Visitou as montanhas nevadas de Drongje por dez dias e ocultou três Tesouros. Novamente, nas montanhas nevadas de Yulung, ela se demorou por três meses e escondeu quatro Tesouros. Na região nevada de Jomo, residiu por cinco meses e ocultou dez Tesouros. Nas montanhas nevadas de Nyewo, permaneceu por cinco meses e ocultou quatro Tesouros. Visitou as montanhas nevadas de Dzayul por vinte e um dias, ocultando lá um Tesouro. Foi também à região nevada de Nanam por sete dias, onde escondeu cinco Tesouros. Nas montanhas nevadas de Lhorong, ela se demorou por três meses e sete dias e ocultou treze Tesouros. Na região nevada de Rongtsen, viveu por sete meses e escondeu quinze Tesouros. Nas montanhas nevadas de Shelzang, permaneceu por dois meses e dez dias e ocultou cinco Tesouros. Residiu na região nevada de Gampo por um ano, um mês e um dia, lá ocultando vinte Tesouros. Nas montanhas nevadas de Chephu, permaneceu por um mês e ocultou quatorze Tesouros. Na região nevada de Pubol, permaneceu por vinte e um dias e escondeu três Tesouros. Visitou a região nevada de Sengtrom por sete dias, ocultando dois Tesouros, e foi também à região nevada de Tsonak por nove dias e meio mês, onde ocultou um Tesouro. Da mesma forma, no leste, em Makunglung, permaneceu por um mês e escondeu treze Tesouros, enquanto no sul, em Bachak Shri, a Senhora viveu por um ano e ocultou sete Tesouros. No oeste, em Drangmenlung, permaneceu por um mês e escondeu três Tesouros; no norte, em Semodo, ela se demorou por três meses e escondeu quatro Tesouros. E também em Tsari Dzong superior, em Kahrak Dzong intermediário, em Gere Dzong inferior, em Phakri Dzong em Mon, em Puchu Dzong em Kongpo, em Pakyul Dzong em Puwo, em Dorje Dzong em Den, em Nabun Dzong em Cham, em Nering Senge Dzong, em Yari Drakmar Dzong, em Kaling Sinpo Dzong, em Lhari Yuru Dzong, em Tolai Pelbar Dzong, em Pumo Dzong em Rekha, em Drakmar Dzong em Ling, em Lhadrak Dzong em Dri, em Drakar Dzong do Kongpo inferior e em outros lugares, permaneceu por alguns meses e dias, criando conexões com aqueles locais e ocultando Tesouros. Do mesmo modo, ficou por alguns anos nas oito grandes terras ocultas, escondendo ali muitos Tesouros apropriados para aqueles lugares, a saber: Dremo Shong no Nepal, Pemako em Loyul, Zabbulung em Shang, Gowojong em Me, Mudojong em Gyalmo, Lhamo Ngulkhang Jong, Gyalung Jokpolung, Pudumlung em Mon.

No total, Yeshe Tsogyal visitou vinte e cinco regiões de montanhas nevadas, os quatro lugares de benedição, os dezoito locais importantes, e os cento e oito lugares onde o próprio Guru Precioso havia praticado. Por onde passou, meditou por anos, meses e dias, escondendo Tesouros e fazendo preces de bons augúrios. Especialmente na região de Dokham, ela abençoou os oito lugares consagrados pelas oito manifestações de Guru Rinpoche, os cinco locais dos cinco aspectos de Thödrengtsel, os doze lugares de sua atividade espantosa, os três lugares abençoados por profecias e assim por diante. Ocultou Tesouros ali, assim como está especificado nos guias proféticos extensos para descoberta.

Em geral, tomando o Tibete como um todo, cento e cinco grandes pontos sagrados podem ser mencionados, assim como mil e setenta lugares sagrados menores e, também, milhões de outras localidades onde a Senhora permaneceu e ocultou os Tesouros. No entanto, eles não foram enumerados pelo nome devido à enorme extensão de tal lista. Apesar disso, relatos sobre como os Tesouros foram ocultados por todo o Tibete, em Samye, Lhasa, Trandruk e assim por diante, podem ser encontrados nos guias proféticos e nas biografias detalhadas do Guru.

Samaya Gya Gya Gya
Ithi Guhya Khatham Manda Zabgya

CAPÍTULO 8

Estado Búdico

Depois te ter abençoado os grandes lugares sagrados do Tibete e ocultado Tesouros, Tsogyal retornou para Chimphu, no centro do país, como guia espiritual do rei. Ali permaneceu por algum tempo, trabalhando ainda mais esforçadamente para o bem-estar dos seres. No templo de Kharchung Dorying,[83] para setenta discípulos valorosos, incluindo o rei religioso Mutri Tsenpo, o príncipe Murum Tsenpo e a rainha Ngangchung Pel, ela concedeu muitos ensinamentos insuperáveis, profundos e vastos, que amadurecem e liberam. Em especial, ela abriu para eles as mandalas de *Lama Kasang Düpa, Yidam Gongpa Düpa* e *Dzogchen Ati Düpa* e conferiu as iniciações que os colocaram no estado de maturidade e liberação. Quando a mandala de *Lama Sangdü* foi aberta, todos eles a praticaram. Antes da aurora do sétimo dia, eles iniciaram a sadhana e, no momento da invocação, recitaram:

> Na fronteira noroeste do país de Orgyen,
> Surgido no coração de uma flor de lótus,
> Dotado perfeitamente com os maravilhososo siddhis,
> E celebrado como o Nascido do Lótus,
> Você está circundado por uma multidão de dakinis.
> Nós seguimos suas pegadas praticando.
> Venha, oramos, e conceda suas bênçãos![84]

"Quando tínhamos terminado a recitação desta oração", a Senhora Tsogyal relembrou, "o próprio Guru apareceu envolto em uma aura de luz brilhante. Aproximando-se do sudoeste no meio de seu séquito, veio acompanhado por som de música, fragrância de incenso, uma doce melodia, uma dança elegante e canções de realização. E assumiu seu lugar no centro da mandala. Eu pedi ao rei para preparar um trono para o Guru sentar. Mas, vencido pela intensidade de sua fé, o rei havia desmaiado, de modo que o trono não foi preparado.

"O Guru disse, 'No futuro próximo, não muito distante de agora, um sobrinho indigno nascerá nesta casa real. Os descendentes do grande rei não mais herdarão o trono de seus ancestrais. Quanto a este rei religioso, entretanto, ele não será mais obrigado a assumir um corpo cármico, tal é a força de sua devoção. Ele será capaz de ajudar os outros por meio de emanações, sua realização e liberação ocorrerão simultaneamente.'

"Com isso, o príncipe Murum preparou muitas almofadas e implorou ao Guru que se sentasse. Mutri Tsenpo, o rei, ofereceu cem mandalas de ouro e turquesa ao Guru Precioso e, com prostrações, fez o seguinte pedido:

> *Emaho!*
> Buda do Lótus, Ser Sagrado de Orgyen,
> De todos aqueles que vivem no país do Tibete
> Você é o único verdadeiro pai.
> Pressionado pelo pesado fardo de minhas ações maldosas,
> À deriva no lamaçal de minha mente vagueante,
> Assim eu estou!
> Mas, em sua bondade, me proteja. Nunca me mande embora!
> Surgir hoje aqui: como é grande sua bondade!
> Assuma o compromisso de permanecer para sempre
> E girar a roda do Dharma mais uma vez!

"Diante destas palavras do rei, o Guru respondeu:

> Ouça minhas palavras, ó rei soberano e religioso,
> Em sua grande fé há um campo fértil de mérito,
> Alcance a maturidade agora, receba a bênção de seu Guru.
> Seja livre, a porta secreta da Senhora se abrirá.
> Realize, agora, sua mente, o Mahamudra.
> E seja realizado na vasta expansão
> Do Corpo, Fala e Mente!

"Quando pronunciou estas palavras, o Guru colocou sua mão sobre a cabeça do jovem monarca que, naquele mesmo instante, alcançou igualmente realização e liberdade. O príncipe Murum Tsenpo, então, fez prostrações e circum-ambulações, empilhando uma montanha de oferendas—com bolsas de pele cheias de ouro e treze bandejas de cobre pesadas com turquesas, cuja peça central era a grande turquesa conhecida como Abismo do Espaço. Depois disso, ele disse, 'Um típico príncipe, é isso que sou! Arrogante e orgulhoso!

Sou indolente e dado à distração. Deleito-me com coisas pecaminosas e tenho alegria na vida de soldado e em infligir punições. Tudo o que faço é maldade. Assim, imploro-lhe por instruções que sejam profundas mas concisas; fáceis de compreender e simples de realizar; grandes em bênçãos, rápidas para trazer realização; um ensinamento que devore meus pecados e repare meu samaya enfraquecido!'

Diante disso, Guru Rinpoche respondeu:

> Filho do Conquistador, você disse bem!
> Sua prece é imaculada e suas ações também,
> Fiel, sustentador do samaya Senalek.[85]
> De agora em diante, quando sete de suas vidas tiverem passado,
> Não mais com um corpo cármico, você ensinará
> Discípulos através de suas emanações,
> Sua mente igual às mentes de todos os budas.
> Um kalpa então se seguirá,
> E no final você se tornará o Buda Luz das Estrelas.

"Tendo falado assim, o Guru abriu a mandala de Vishuddha, a deidade que concede realizações rapidamente, e transmitiu ao príncipe um ensinamento profundo — uma instrução especial denominada *Zhitro Gongpa Rangdrol*, conduzindo-o, assim, à maturidade espiritual e à liberdade.

'Oculte esta doutrina', disse o Guru, 'no pico da montanha de Dakpo Dar. No futuro, ela será de grande benefício para os seres.' Ele também lhe concedeu um método extraordinário para realizar o Guru, denominado *Lama Norbu Pemai Trengwa*, dizendo-lhe para ocultá-lo no penhasco de Ramoche. O precioso Guru, em seguida, consagrou o templo de Kharchung e lá permaneceu por sete dias. Então, logo antes do amanhecer, quando estava partindo para a terra de Orgyen, eu, a Senhora Tsogyal, supliquei-lhe da seguinte forma:

> *Kyema!*
> Você que seca a areia movediça da emoção negativa,
> Mestre amoroso, veloz em liberar
> Mesmo pecadores que apenas o veem ou ouvem,
> Relembram-no ou o tocam,
> Enviado dos Conquistadores, ó Nascido do Lótus!
> Agora e sempre olhe para o país do Tibete com
>   piedade!
> Agora eu já ensinei todos aqueles que eu poderia
> E me apresso em segui-lo, Senhor Compassivo,

Rezando para nunca me separar de você nem por um único instante.

"Em resposta, o Guru cantou:

Kyema!
Consorte, Donzela de Kharchen, ouça!

Movido pela energia do vento,
O fogoso cristal do Sol dá origem
Ao dia e à noite,
A dança das estações.
O céu por si mesmo não conhece nem preferência nem desejos.
A colheita que amadureceu até a perfeição
Deleita o camponês,
Mas não pode permanecer.

Yeshe Tsogyal,
Através da ampliação da sabedoria,
Está agora livre
Das correntes das negatividades.
O selo caiu de seu corpo,
E toda a negatividade foi removida.

Mentes impuras ainda se agarram a ela,
Porém, ela não pode permanecer.
Tal é o poder do fruto perfeito
Que surge da Geração, Perfeição e Grande Perfeição.
Seres anseiam por ela,
Porém, ela não pode permanecer.
Agora o seu carma se exauriu,
Os fenômenos se dissiparam,
Seu trabalho agora está completo,
Seu corpo todo consumido.
Cinco elementos, cinco cores — tudo cessou.
Agora o sofrimento foi superado,
E grande é esta maravilha!

Quando cinquenta anos tiverem passado
E quando o oitavo dia do mês do pássaro chegar,

Ó Tsogyal, você viajará para a terra da Luz de Lótus.
Uma multidão de dakinis e dakas virá para encontrá-la.
Mas até que esse momento chegue,
Trabalhe pelo benefício dos seres.

"E com essas palavras ele desapareceu diante de nós. Com isso, eu, Tsogyal, dirigi-me à grande caverna de Lhodrak Kharchu, onde fiz com que Namkhai Nyingpo progredisse na meditação dos canais sutis e energias. Eu concedi a realização da imortalidade, de modo que o bhikshu alcançou realização, tanto a suprema quanto a ordinária.

"Depois disso, eu repousei com equanimidade na visão da Grande Perfeição além de qualquer ação e, à medida que brotou em mim a experiência em que todos os fenômenos são extintos na natureza da realidade, fui percebida de diversas formas de acordo com as necessidades dos seres.

Para os famintos, eu era pilhas de comida e de todas as boas coisas,
   e assim lhes trouxe alegria.
Para aqueles que sentiam frio e congelavam, eu era o fogo e o calor
   do sol, sendo assim sua alegria.
Para os pobres e necessitados, eu era fortuna e riquezas, sendo
   assim sua alegria.
Para os despidos, eu era qualquer tipo de vestimenta, sendo assim
   sua alegria.
Para aqueles que não tinham filhos, eu era os filhos e as filhas, sendo
   assim sua alegria.
Para aqueles que ansiavam por uma mulher, eu era uma garota
   adorável, sendo assim sua alegria.
Para aquelas que buscavam um amante, eu era um jovem atraente,
   sendo assim sua alegria.
Para aqueles que desejavam poderes mágicos, eu ofereci maestria
   nos oito grandes siddhis, trazendo-lhes assim alegria.
Para os doentes, eu era seu remédio, sendo assim sua alegria.
Para os angustiados, eu era tudo o que suas mentes desejavam,
   sendo assim sua alegria.
Para aqueles em dificuldades pelas punições dos reis, eu era o amigo
   amoroso a guiá-los para a terra da paz, sendo assim sua alegria.
Para aqueles com medo de animais selvagens, eu era um refúgio,
   sendo assim sua alegria.
Para aqueles que caíam nas profundezas, eu era sua salvação, sendo
   assim sua alegria.
Para aqueles atormentados pelo fogo, eu era um riacho que o

apagava, sendo assim sua alegria.
Para aqueles ameaçados por qualquer dos elementos, eu era seu remédio, sendo assim sua alegria.
Para aqueles que não podiam ver, eu era seus olhos, trazendo-lhes assim alegria.
E para os aleijados e impedidos, eu era os pés, sendo assim sua alegria.
Eu era uma língua para aqueles que não podiam falar, trazendo-lhes assim alegria.
Para aqueles com medo da morte, eu concedi imortalidade, sendo assim sua alegria.
Eu conduzi os moribundos no caminho da transferência, trazendo-lhes alegria.
Para aqueles que vagueavam no estado do bardo, eu era seu yidam, trazendo-lhes alegria.
Eu esfriei o calor flamejante e aqueci o frio daqueles perdidos nos reinos do inferno.
De todas as formas em que eles eram torturados eu me transformei para protegê-los, sendo assim sua alegria.
Para aqueles que permaneciam na terra dos fantasmas famintos eu era alimento e bebida, sendo assim sua alegria.
Eu era a liberação da estupidez e da servidão para aqueles presos no estado mudo das bestas—trazendo-lhes assim alegria.
Aqueles seres nascidos em terras selvagens—eu os afastei da barbárie, trazendo-lhes assim alegria.
Eu era uma trégua para a guerra e esforços dos asuras, sendo assim sua alegria.
Os deuses eu protegi de sua queda amargurada, sendo assim sua alegria.
Eu protegi todos de todas as coisas que os torturavam, sendo assim sua alegria.

Onde quer que haja espaço, os cinco elementos se encontram,
Onde quer que haja os elementos, os lares dos seres vivos,
Onde quer que haja seres vivos, carma e negatividades,
Onde quer que haja negatividades, também está minha compaixão.
Onde quer que haja necessidades para os seres, lá eu estou para ajudá-los.

"E assim eu permaneci por vinte anos na grande caverna de Lhodrak Kharchu, às vezes visível, às vezes invisível."

Nessa época, uma antiga consorte do Precioso Guru chegou da Índia, surgindo do céu com seis discípulos. Ela era uma dakini de sabedoria e uma rainha dos siddhas, a vidyadhara Dungmen Gyalmo, também conhecida como princesa Mandarava. Ela encontrou Tsogyal e permaneceu com ela pelo tempo de trinta e nove dias, pela contagem humana. Juntas, elas estudaram os ensinamentos orais, discutindo incansavelmente o Dharma. Mandarava solicitou as vinte e sete instruções essenciais, um ensinamento especial do Guru desconhecido na Índia. E Tsogyal as ofereceu. E Mandarava era uma dakini de longevidade, uma Senhora de Vida Imortal, e assim Tsogyal lhe pediu as sete instruções essenciais da longa vida, assim como as treze instruções essenciais sobre Hayagriva e outras deidades, cujos ensinamentos ela ocultou como Tesouros. Foi nesse momento que Tsogyal disse estes versos em oferecimento à sua convidada:

Om Ah Hung!
Dakini que conquistou o estado diamantino da imortalidade,
Cujo corpo, como um arco-íris, cavalga pelo céu,
Com maestria você atravessa as coisas desimpedida,
E esmaga o Demônio Senhor da Morte,
E supera o Demônio dos Agregados.
Livre dos grilhões do Demônio das Emoções Negativas,
Você humilhou e inferiorizou o Demônio Filho dos Deuses:
Dakini e senhora da longevidade,
Não seria esta você?

Desde a mais elevada Akanishta para baixo,
Através das três dimensões da existência,
De cada ser elevado e nobre você é a consorte.
O corpo do Grande Êxtase é seu,
Mandarava, padrão sublime de vacuidade,
Mãe dos migrantes, a você eu me prostro!

Para os seres no infindável fluxo cármico de nascimento e morte,
Apanhados na roda girada
Pela torrente da delusão impura,
Você fecha a porta para que eles não caiam ou regridam.
Possa minha prece para ser como você se realizar.
Quando o carma se exaure e o pensamento do prazer desaparece,
Quando o pântano da delusão é drenado,
Quando os três mundos, todo o samsara, se exaurem
E cada pensamento se extingue —

Na esfera do Grande Êxtase circundada pela bem-aventurança,
Possa eu nunca me separar da Samantabhadri do Grande Êxtase.

Assim ela rezou e solicitou muitas instruções essenciais que nunca haviam sido ouvidas no Tibete. Então, a rainha dos siddhas, a princesa Mandarava, respondeu:

Kyeho!
Realizada no Mantra Secreto,
Dançarina no céu,
Criadora de milagres que dissolveu sua forma impura
Na esfera da pureza,
Você bebeu o néctar dos ensinamentos
Do Nascido do Lótus
E reuniu toda a sua essência —
Grande Mãe, Sabedoria que foi além,
Não é esta você mesma?

Ingressando no caminho pelo qual a verdade
De todos os fenômenos é vista,
Você abandonou totalmente as oito preocupações[86] desta vida,
E praticando austeridades, viveu a partir da substância essencial,
Superando toda a existência fenomênica.
Tsogyal, sempre jovem, imaculada, a você eu me prostro!

Os seres pecadores no ciclo infinito do samsara,
Varridos pelo furacão do carma —
Estes você doma e guia da forma mais hábil.
Estabelecendo o Dharma você desfez
A perversidade diabólica do Bön.
Consorte, força soberana, possa eu me tornar una com você!
De hoje em diante, na pureza do espaço puro infinito,
Que é a pura expansão da Luz de Lótus,
Banhadas pelos raios do amor de Pema Thödreng,
Possamos você e eu juntas enviar formas emanadas
Para realizar ações iluminadas
Agitando, assim, os três mundos do samsara!

Com essa prece, ela desapareceu no espaço.

Tsogyal se dirigiu então ao vale de Zabbu em Shang, acompanhada por seus onze discípulos raiz: Bé Yeshe Nyingpo, Ma Rinchen Chok, Odren Pelgyi Zhönnu, Langlab Gyalwa Changchub Dorje, Dacha Dorje Pawo, Surya Thangwa de Ü, Trashi Chidren de Mön, a nepalesa Kalasiddhi, Changchub Drölma de Li, Shelkar Dorje Tsomo, Kharchen Zhönnu Drölma, e também por setenta e nove outros fiéis seguidores. Ela permaneceu ali por dez anos no total, auxiliando enormemente seus discípulos. Então, repousou na concentração na qual todos os fenômenos são exauridos. Seis de seus discípulos, excelentes em seu carma, liderados por Bé Yeshe Nyingpo e o fiel Khön, suplicaram-lhe para não passar para o nirvana, mas sim para permanecer e girar a roda da Doutrina:

Kyema Ho!
Ó você, Grande Mãe, Sabedoria que foi além, verdadeiro
    Dharmakaya!
O brilho do sol e da lua está se dissolvendo no espaço;
Em quem poderemos nós, que caminhamos sobre a terra, confiar?
Continue abrindo para nós a mandala da sabedoria perfeita.

Senhora Iluminada, nuvem da chuva do Sambhogakaya,
Suas instruções essenciais que são como néctar se dissolvem no
    espaço;
Em quem poderemos nós, os jovens brotos no solo, confiar?
Continue derramando sobre nós o néctar de seu ensinamento.

Tsogyal, ponto de refúgio, professora Nirmanakaya,
As marcas maiores e menores de sua iluminação se dissolvem no
    espaço;
Em quem poderão os seus dependentes, desprovidos de Dharma,
como nós, confiar?
Continue amadurecendo e liberando, rogamos, todos aqueles que
podem ser ensinados.

Kyema Kyehu! Senhora Tsogyal, genuína e realizada professora!

Assim eles oraram, suas vozes engasgando com as lágrimas.
"Meus filhos", respondeu a Senhora, "preparem um rico festim ganachakra. Eu ainda abrirei para vocês as mandalas de muitos dos mais profundos tantras e oferecerei instruções. Mas após o oitavo dia deste mês, apenas a minha memória restará nesta terra do Tibete."
E assim, com os corações pesados, eles prepararam um enorme festim ganachakra. A Senhora assumiu seu lugar no centro, enquanto os seus discípulos se

sentaram diante dela com toda sua família dármica, suas faces desoladas. Eles olhavam para o rosto da Senhora através de suas lágrimas. Então, ela falou:

Kyema Ho!
Ouçam-me atentamente, todos vocês aqui reunidos;
Voltem suas mentes e ouvidos para minha voz!

Regozijem-se comigo, não há necessidade de tristeza.
A vida é apenas um encontro de elementos dependentes,
Ela não pode durar para sempre.
Os objetos de nossos sentidos, mera percepção,
Não possuem existência em si mesmos.
O caminho, também, é ilusão;
Ele não é a verdade.
A base[87]
É o modo intrínseco da existência,
Ela não é uma coisa.
A mente é apenas pensamentos,
Não possuindo nem base nem raiz.
Algo real e sólido eu nunca vi!
Irmãos fiéis, irmãs fiéis, reunidos aqui,
Orem firmemente para mim que sou sua mãe.
Abençoados no Grande Êxtase do espaço da vacuidade,
Vocês nunca se afastarão de mim em momento algum.
Aqueles ligados a mim pelo carma
Receberão, portanto, minha orientação naturalmente.
Outros, não excluídos, serão protegidos
Pelas emanações de meu amor.
O pesar da morte não triunfará sobre mim, sua mãe.
Portanto, irmãs, irmãos,
Não há necessidade de se lamentarem.

Não há mais, sobre a terra, seres que eu possa ensinar.
Pois como o Glorioso Senhor de Orgyen disse,
Minha vida de treinamento dos seres duraria duzentos anos —
Duzentos anos e um pouco mais já passaram,
Meu cuidado pelo Tibete não foi breve, mas bastante longo!

Do meu décimo terceiro ano em diante eu fui consorte do rei,
E aos dezesseis fui levada, por compaixão, pelo Guru.

Aos vinte, tendo recebido iniciações,
Abracei a prática ascética, difícil de realizar.
Aos trinta, alcancei a realização
E promovi o bem dos seres.
Aos quarenta, atingi o nível da mente do meu Guru,
E, aos cinquenta, derrotei demônios, protegendo a Doutrina.
Aos sessenta, promovi os ensinamentos, trazendo prosperidade
  para a Sangha,
E, aos setenta, alcancei o Real.
Ao atingir a idade de oitenta,
O Guru partiu para o sudoeste.
Aos noventa, eu vi a natureza da realidade, percebendo-a
  diretamente.
Quando alcancei meu centésimo ano,
Minha consciência alcançou sua maior expansão.
Vinte anos, então, passaram e me tornei
Preceptora do rei religioso,
E dez anos depois disso, cruzei toda a extensão e amplitude desta
terra do Tibete.
Quando atingi cento e cinquenta anos,
Ocultei tesouros, assegurando assim o benefício dos seres.
Dez anos depois, Mutri Tsenpo morreu,
Minha idade era de cento e setenta anos.
Trabalhei pelos meus outros discípulos.
Enquanto em Lhodrak, dez anos depois,
Eu enviei emanações,
E dez anos depois disso, encontrei
Minha irmã, a Rainha dos siddhas.
As mais elevadas instruções essenciais ela me concedeu
E atingi o siddhi da Vida Imortal:
Os "fatos" do nascimento e da morte foram assim dissipados.
Duzentos e onze anos agora se passaram,[88]
E por um tempo adequado, o Tibete esteve sob meus cuidados.
E assim, agora, deuses e humanos,
Os seus corações não estão plenos de gratidão?
Eu fui realmente sua amiga, na alegria e na tristeza!

Parecerá, quando eu me for, que nós nos separamos.
Mas, meus queridos companheiros, não sofram,
Mas orem repetidamente com mentes muito atentas.

> Adotem a prática da Grande Perfeição, livre de ações:
> Não há outro modo de ultrapassar o sofrimento.
> De fato, o sangue do coração do Guru do Lótus de Orgyen:
> Conforme instruída, agora é isto que lhes ensino.
> Pratiquem-no e alcançarão a realização.
> Passem-no adiante para aqueles de verdadeira capacidade,
> Guardando-no daqueles inadequados como receptores.
> E não permitam que caia nas mãos daqueles que são
> Degenerados em seu samaya.
> Daqueles cujas visões são falsas,
> Ocultem-no e guardem-no.

Ela colocou o selo de segredo sobre seus ensinamentos e prosseguiu, para abrir para seus discípulos raiz, a mandala do *Dzogchen Ati*, oferecendo-lhes sua última transmissão oral: as cem instruções essenciais, o coração de todas as coisas. E naquele mesmo instante todos os seus discípulos atingiram a liberação.

A Senhora Tsogyal, então, se dirigiu para a caverna superior de Pama Gang, e ali, no seu aniversário de duzentos e onze anos, o terceiro dia do mês do pássaro, ela anunciou que cinco dias depois, no oitavo, eles iriam para o pico da montanha Zabbu. Eles partiriam para ver um grande milagre, ela disse. A própria Zangdok Pelri estava lá, a montanha Cor de Cobre.

E assim, com um séquito de onze de seus mais afortunados discípulos, e na companhia de cinquenta outros seguidores, ela se dirigiu até o pico de Zabbu. No sétimo dia do mês, chegou a uma caverna formada como o mudra das mãos em prece, situada na metade do caminho até o topo da montanha. Lá ela permaneceu e ofereceu aos seus seguidores todas as instruções essenciais das vinte e cinco seções do Dharma. Tendo feito isso, ela realizou uma enorme oferenda de festim de ganachakra, segundo a sadhana do Guru.

E então, com todos os seus discípulos reunidos diante dela, a Senhora disse: "A impermanência é uma característica essencial dos seres vivos." Após isso, Trashi Chidren ofereceu uma mandala de ouro e fez esta súplica

> Mãe, Senhora, plena de graça e amor,
> Única mãe de todos os seres dos três mundos,
> Se você não mais proteger seus filhos,
> Apenas aqueles que sabem como nutrir a si mesmos serão capazes
>   de sobreviver.
> Como não pereceriam os bebês de bocas rosadas e sem dentes?
>
> Você, grandioso ornamento dourado do céu,

Se você não mais afastar as trevas das mentes dos seres,
Apenas aqueles que possuem o olho da sabedoria encontrarão o caminho,
Enquanto que aqueles que possuem visão normal cairão nas profundezas.

Ah, regente genuína do Buda!
Se você não mais nutrir os Ouvintes da Doutrina,
Apenas os nobres Arhats sobreviverão.
Mas quem será o escudo para os monges ignorantes?

Dakini, melodiosa com a voz de Brahma,
Se você não mais nos proteger daqui diante de você,
Apenas os eruditos e tradutores — apenas os seres realizados darão conta.
Mas quem será a guia para os seres inumeráveis?

Kyema,
Senhora, mãe das realizações,
Olhe com piedade para os seus seguidores.
Conceda, suplico, o néctar de suas palavras
Sobre nós, família, aqui reunidos.

E dizendo isso, ela fez muitas prostrações. A Senhora respondeu e disse:

Kyema!
Ouça, garota de Mön, fiel a mim!
Eu, sua Senhora Tsogyal, sem arrependimento ou cansaço,
Trabalhei para o benefício dos seres.
Todo o Tibete está agora sob a proteção do Dharma.
Muitos anos, duzentos e onze, agora se passaram.
A totalidade daqueles que poderiam ser ensinados por mim agora se completou;
Não há meios para prolongar minha permanência.
E assim como na morte de qualquer pessoa, é difícil permanecer!
Mas deixarei algumas palavras como meu testamento.

Irmãos, irmãs aqui reunidos, ouçam!
Além de qualquer contagem são os membros da raça humana,
Mas aqueles que abraçaram a Doutrina podem, de fato, ser contados.

Ainda menos numerosos são aqueles que praticam verdadeiramente,
E aqueles que conquistam a realização são como estrelas durante o dia,
Ao passo que o estado búdico mal se encontra nos reinos de possibilidades.

Assim, em poucas palavras, entreguem-se ao Dharma.
Os caminhos para ingressar no Dharma totalizam oitenta e quatro mil —
Uma quantidade ilimitada, mas todos podem ser reunidos
No sistema de nove veículos.
O seu pináculo é Ati, o qual, divido em três partes,
Possui um único sentido, destilado em uma instrução suprema:
Visão, Meditação, Ação, os três e seu Resultado.
A Visão é a liberação da análise da mente e da fixação,
A Meditação é o sabor da simplicidade descomplicada,
A Ação é definida como a tranquilidade sem distrações:
Como Fruto você aperfeiçoará a força dos Três Kayas.

Estes então são os pontos cruciais do Dharma:
Faça com que sua conduta externa esteja de acordo com o Vinaya;
Impurezas e falhas naturalmente diminuirão.
Faça com que seu treinamento interior esteja de acordo com o Sutra;
O mérito naturalmente se multiplicará, refletindo, assim, sua causa.
Faça com que os sistemas filosóficos estejam em harmonia com o Abhidharma;
A incerteza e concepções errôneas se pacificarão naturalmente.
Pois estes três princípios compreendem a base do Dharma;
A Doutrina não pode ser sustentada sem eles.

Purifiquem-se de acordo com as escrituras Kriya;
As máculas dos hábitos inveterados são desta forma purificadas.
Treinem suas mentes de acordo com os textos Ubhaya
E a habilidade no Dharma virá por si mesma até vocês.
Faça com que sua Visão seja praticada de acordo com os textos Yoga;
As bênçãos da compaixão os permearão naturalmente.
Com a Mahayoga trilhem os estágios da aproximação e da realização;
E, naturalmente, Visão, Meditação, Ação — todas despontarão.
Com a Anuyoga, pratiquem sobre os canais sutis e a energia;
Poder e realização naturalmente serão alcançados.

Com Ati, purifiquem a gota essencial
E num piscar de olhos o estado búdico será alcançado.
Além disso, vocês não precisam de outros ensinamentos.
Todos vocês que me seguem, sua mãe,
Confiem nisso que durante toda sua vida sua mãe praticou.
Pois é assim que se conquista o objetivo duplo.

Então, com muitas prostrações e circum-ambulações, Kalasiddhi, a garota do Nepal, fez este pedido:

Ah, Mãe,
Quando você tiver se recolhido no útero do espaço,
Como passarão aqueles que praticam o profundo caminho
Do Mantrayana no Tibete?
Quem dissipará os obstáculos e nutrirá o progresso?
Continue a proteger o Tibete com misericórdia amorosa!

A Senhora Tsogyal respondeu:

Kyema!
Ouça, filha da linhagem!
Nascida para o Mantra, jovem donzela dotada com o siddhi.
Revelando o Dharma para todos os seres vagueantes,
Você, dotada com as liberdades, está adornada pela bodhichitta!
Todos aqueles aqui reunidos, e todos nos tempos futuros,
Que praticam o caminho profundo do mantra,
Devem primeiro selecionar um professor verdadeiramente autêntico.
Deste mestre que possui cada marca e qualidade,
Suplique por iniciações, oferecendo verdadeiro compromisso.
Treine nos canais sutis e ventos até alcançar maestria.
Requisite a terceira iniciação e treine com o desejo;
Por seis meses pratique as Quatro Alegrias, ou até que
Sinais se revelem em seu corpo.
Junte e misture as energias do masculino e do feminino.
Confie na mistura habilidosa dos ventos, acima, abaixo—
Masculino assistindo o feminino, feminino assistindo o masculino.
Todos deveriam fazer de acordo com sua medida.
Progrida, persistindo na perfeição do êxtase.
Mas se não houver a fusão do êxtase com a vacuidade
Tudo será inútil e o caminho do Mantra será abandonado.

Saboreie êxtase e vacuidade, quando surgirem, em união!
Proteja o samaya com o seu parceiro como faria com seus olhos.
Tome seu prazer habilmente com as cinco substâncias de samaya,
E treine para aperfeiçoar a habilidade, sem dispersar sua essência.
Oponha-se às forças da escuridão que trazem impedimentos,
E caso ocorram falhas, repare-as rapidamente.

Não permita que seus corpos se desviem, distraídos, para a mediocridade.
Distraídos, vocês serão como homens e mulheres comuns.
Meditem com vigor
E com a autoestima perfeita das deidades —
Saiba que nos chakras dos canais estão as deidades e seus séquitos.

Quanto à fala, esforce-se com as energias sutis do Mantra Secreto.
Sem controle da energia o ato sexual é algo trivial.
Acerte o ponto vital através do exercício de puxar para cima e espalhar,
Atravesse-o com o prego e o selo da vacuidade.
A sua mente deve se fundir com a essência.
Se a essência do centro secreto é descarregada,
A morte de um buda é o carma que você gera.
Conquiste, portanto, a maestria de qualquer forma.

Concentre-se no ponto chave desta prática sobre o desejo,
Ou de outra forma o Mantra Secreto será destituído de significado.
O Grande Êxtase é aperfeiçoado como o fruto da paixão;
Depois, preserve esse estado e não o altere,
Protegendo o seu samaya como faria com seu corpo.
Se danificá-lo, não haverá ninguém com quem poderá se confessar.
Tais são, então, meus conselhos para sua meditação.
Você que ingressa pela porta do Mantra Secreto,
Enterre no solo ambição e presunção,
Lance ao rio orgulho e ostentação,
Queime luxúria e desejo intenso no fogo,
Jogue fora fama e mau comportamento no vento,
E no espaço dissolva fingimento e enganações!
Esconda suas práticas secretas dos olhos dos outros.
Não revele os ensinamentos secretos; mantenha-os perto de você.
Oculte, não demonstre, os sinais do calor.[89]

Sustente firmemente o yidam, as Três Raízes unificadas.
Não interrompa o fluxo do festim sagrado e oferendas de torma.
Sempre proteja, para o bem dos outros, seu amor e bodhichitta,
E sempre dedique o seu mérito, livre de conceitos.[90]

Tudo isto é apenas o escopo geral da prática.
Ah, Siddhi, faça com que isto penetre o seu coração!
Você e eu possuímos uma única natureza,
Nossas emanações protegerão todos os seres futuros.

Depois disso, Bé Yeshe Nyingpo falou e perguntou:

Éma!
Mãe, Yeshe Tsogyal,
Para mim e aqueles como eu que vagueiam no samsara,
Eu lhe suplico, diga algumas palavras de orientação.
Ainda através das bênçãos de seu amor
Proteja-nos sempre. Não parta!

A Senhora respondeu:

Kyeho!
Yeshe Nyingpo, ouça!
Peça ao seu Senhor, seu Professor, por sua bênção;
Peça ao yidam por realizações;
Aos quatro clãs das dakinis solicite atividades.
Em tempos de necessidade, apresente seus sinais de poder;
É assim, de forma breve, que você deveria se
comportar.

Yeshe Nyingpo, ouça-me novamente!
Promova o crescimento de seus discípulos através da regra monástica;
Outros o respeitarão e apelarão a você.
Em sua prática, esforce-se e persevere no Mantra Secreto,
E rapidamente você alcançará a realização.
Esforce-se no Dharma, seguindo os Sutras,
E na tradição dos textos dos ensinamentos você será um erudito.
Pratique no seu yidam, combinando em um
Os estágios da aproximação e da realização,
E qualquer siddhi que desejar virá até você.

Com os textos do Abhidharma, elimine os seus enganos;
Assim você se libertará, não há dúvidas!

Em sua prática, foque os canais sutis, as energias e essências.
Os sinais do calor rapidamente serão aperfeiçoados.
Purifique-se de acordo com o Kriya,
E a purificação de suas máculas será veloz.
Acerte os pontos chave da Visão, Meditação e Ação,
E certamente o seu benefício genuíno será realizado.
Medite sobre o fruto, a Grande Perfeição livre de ações.
E a exaustão dos fenômenos, o estado além de todo o intelecto,
    será alcançada.
Tenha aspiração imparcial
E o benefício dos seres
Você, assim, realizará.

Ma Rinchen Chok, então, fez este pedido:

Mãe Tsogyal, minha Senhora e Guru!
Quando você tiver partido para a terra de Orgyen,
Quais deveriam ser nossas preces e como deveríamos nos
    comportar —
Esta família espiritual aqui reunida?
Ensine-nos o caminho para nunca nos separarmos de você.

Ao falar ele chorou e, em resposta, a Senhora disse:

Kyeho!
Ouça-me agora, ó adepto da yoga.
Você agora tem realização no caminho do mantra;
E tem a firme intenção no benefício dos seres.
Yeshe Tsogyal, eu, uma mulher,
Através da bênção do amor do Guru,
Possuo agora o fruto completo em toda sua força.
Amanhã eu partirei para Orgyen.

Todos vocês, família aqui reunida diante de mim.
Rezem e as bênçãos surgirão,
Sustentem com firmeza o Dharma sagrado, o próprio benefício a
    ser alcançado,

E trabalhem sem preconceitos pelo benefício dos seres.
Liberem-se através da Visão, Meditação e Ação.
Acompanhem suas preces com uma melodia afinada,
Gerando devoção desde a medula de seus ossos.
Meditem sobre o Professor como o brilho de sua consciência primordial;
Ao dissolverem-se e se fundirem mutuamente,
Saboreiem a vasta expansão da não dualidade.
Ali permaneçam.

E se me conhecerem, Yeshe Tsogyal,
Senhora do samsara e do nirvana,
Vocês me encontrarão habitando no coração de cada ser.
Os elementos e sentidos são minhas emanações,
E emanada desta forma, eu sou a cadeia em doze elos da coprodução:[91]
Assim, primordialmente nós nunca nos separamos.

Eu pareço ser uma entidade separada
Porque vocês não me conhecem.
Portanto, encontrem minha fonte e raiz!
E do interior, a consciência primordial surgirá;
A grandiosa e primordial Sabedoria será toda pervasiva.
O êxtase do estado natural será reunido como um lago,
E o Insight Superior, olhos de peixes de ouro, crescerá e se expandirá.
Alimentem esta produção de experiência e êxtase,
E com as asas de tal habilidade aperfeiçoada,
Vocês cruzarão para a outra margem.
Os prados das aparências vocês desviarão e correrão,
E voarão e se inclinarão na imensidão do espaço.
Dentro do vasto abismo da grande Sabedoria primordial,
A essência do Grande Êxtase brotará como um lago,
E deidades e gotas de luz em arrebatadora exibição,
E sílabas e correntes de luz cintilarão e pulsarão.
Com tal experiência da Realidade assim fortalecida,
Vocês capturarão a fortaleza da consciência primordial, chegando ao seu limite.
Tudo se dissolve, exaurido, no espaço primordial,
E é assim que vocês nunca se afastarão de mim.

Então Odren Zhönnu Pel fez este pedido:

Kyema!
Ai de nós, ó mãe, Yeshe Tsogyal!
Quando você partir para Orgyen,
Como iremos nós, tão embotados, tão fechados aos ensinamentos,[92]
Dar conta desta Visão, Meditação e Ação?
Você nos daria um pequeno ensinamento?

A Senhora respondeu e disse:

Emaho!
Ouça-me, fiel Zhönnu Pel.
Uma águia aninhada sobre um rochedo eu nunca vi
Planar com elegância e tranquilidade até que
Sua habilidade sêxtupla no voo fosse conquistada.
Mas com poderosas asas em movimento, sua arte bem aprendida,
Ela corta através da lâmina aguçada do vendaval,
Aterrissando em qualquer lugar que deseje.
Assim foi comigo, esta mulher, Tsogyal.
Eu desejava me iluminar, mas até que alcancei
Perfeição na prática, fui forçada a esperar com paciência.
Geração e Perfeição e a Grande Perfeição,
Todas foram aperfeiçoadas agora,
E esta minha forma de carne está se dissolvendo em luz.
Agora eu passarei para a presença do Senhor de Orgyen,
Mas ainda os deixarei com estas palavras de testamento.

A Visão é apenas a natureza de todas as coisas.
Ao focar no seu significado, tornando-o parte de você,
Ela não é vazia, uma vez que a consciência e grande clareza estão presentes;
Ela não possui uma entidade, nem permanência, pois a vacuidade é inerente a ela.
Esta, então, é a natureza que chamamos de Visão.
Mas como é essa Visão em termos de prática?
No estágio da Geração ela é a própria deidade.
Quando luzes são irradiadas e absorvidas, ela é compaixão.
Ao praticar o estágio da Perfeição, ela é o Mahamudra.
Esta natureza está além tanto da nulidade quanto da existência.

A verdade é esta: quando você se volta para olhar para si mesmo,
E vê a si mesmo,
Não há nada a ser visto.
O mero reconhecimento desse "ver" —
O nome utilizado para isto é simplesmente Visão.

A assim chamada Meditação é a base de todos os ensinamentos.
Ao focar no seu significado, tornando-o parte de você,
Você se familiariza, não distraído,
Atento e sem fixações,
Àquilo que foi visto ou reconhecido
Como sendo a natureza da Visão:
E "Permanecer na Visão", de fato, é como a chamamos.

Como, então, deveríamos praticar esta Meditação?
Quer você se engaje na Geração ou Perfeição,
Diversas experiências mostrarão a verdade silenciosa.
Quer sua prática seja a Geração ou Perfeição,
Não abalado por torpor, abatimento, peso,
Selado num estado centrado e na introspecção,
Se permanecer repousando nesta Visão,
Isso é a Meditação.

Ação é o exercício dos ensinamentos.
Se focar no seu significado, tornando-o parte de você,
Isso é possuir a Visão com certeza —
Fortalecida e apoiada pela meditação bem-sucedida —
Permanecer sem distrações, porém relaxado
Em todas as diferentes ações que empreender.

Sobre como essas ações são realizadas —
Seja qual for o tipo de ação,
Tudo é baseado na simplicidade descomplicada.
Não haverá conflito com o estado de meditação
Para o qual cada ação sua trará progresso.
Quero dizer que em quaisquer ações que realize,
Trabalhando, caminhando, dormindo, comendo, sentando,
Você nunca se afastará do significado da prática —
Geração ou Perfeição ou Grande Perfeição,
Assim suas ações atingirão sua amplitude final.

Estas são apenas minhas palavras de conselho,
E apesar de agora eu partir para a terra de Ngayab,
O Tibete eu deixo pleno de ensinamentos e conselhos.
Todos que possuem devoção, que orem para mim.

Então, a senhora Dorje Tso de Shelkar falou e perguntou:

Kyema!
Mãe de todo este reino tibetano,
Senhora especialmente para mim, que confio em você.
Não haverá ninguém para mim, se você partir.
Tenha piedade de mim, não me abandone.
Leve-me com você para a terra da Luz de Lótus!
Mas se, carregada demais por minhas graves ações,
Eu não puder seguir suas pegadas,
Conceda, eu imploro, ensinamentos e instruções em grande
    medida.

Sua voz falhava com o choro, e ela desmaiou em desespero. Quando retornou de seu desfalecimento, a Senhora disse:

Emaho!
Fiel donzela de Shelkar, ouça,
Dakini de sabedoria, Dorje Tso!
Este corpo, constituído de carne e sangue,
Este corpo inferior, carregado com o peso da matéria,
O caminho para ele viajar através do céu
É a meditação sobre os canais sutis e energias.
Se conquistar domínio sobre a energia e a mente —
"Realização", como se diz, nada mais é do que isto.

As mentes assaltadas pelos cinco venenos enganosos
Dão origem a personalidades indomadas e bárbaras.
Se você deseja purificar o estado grosseiro de seus pensamentos,
Se deseja conquistar a iluminação,
Repouse firmemente na Visão do Mahamudra.
Sabedoria Primordial, vacuidade, sem véus e livre —
O assim chamado estado búdico nada mais é do que isso.
Esta forma imperfeita e tão traiçoeira,
É o chão e a base para todo o bem e o mal.

Se você deseja dissolvê-la, para conquistar o corpo de arco-íris,
Pratique Ati, a Grande Perfeição.
Se alcançar o nível onde os fenômenos
Exaurem-se e se dissolvem na talidade,
Não há nada além da Presença Natural[93] livre de ações.

Não há outra forma de viajar pelo céu.
Portanto, por um tempo, até que sua carne grosseira tenha sido
    purificada,
Não possuo meios para levá-la para a terra da Luz de Lótus.
Portanto, entregue seus ouvidos ao meu ensinamento.
Suplique e ore à sua guru raiz,
Com visão pura, fé, e forte devoção,
Nunca pensando por um instante
Que ela é uma amiga em situação de igualdade.
Solicite por sua bênção e as quatro iniciações.
Medite sobre a presença vívida dela,
Nunca separada de você no centro de seu coração.
Una suas três portas com as dela, inseparáveis.
Ao meditar, permaneça no Mahamudra,
Ou preserve sua Visão Superior.

Diligentemente, cultive a união de êxtase e vacuidade,
Para que a meditação possa progredir e crescer.
Desapegada, traga os objetos de desejo para o caminho.
Busque a Grande Perfeição cheia de confiança;
Alcance a base de Ati na qual os fenômenos se exaurem.

De agora em diante, pelas suas onze vidas futuras,
Seus meios hábeis treinarão os seres do Tibete.
Depois disso, você irá para a Luz de Lótus,
Renomada como Dorje Dechen Pema Tso,
E de lá enviará emanações.
Com o bhikshu Namkhai Nyingpo, Essência do Céu,
Você se unirá como meios e sabedoria.
E hordas selvagens dispersas,
Incontáveis em terras bárbaras,
Terão vocês como seus professores, e serão ajudados de forma
    indescritível.
Namkhai Nyingpo será conhecido como Ching

(E será na verdade chamado de Che Jing Mir Gen),
E você será a consorte de seu corpo
E viverá por treze vezes dez mil anos humanos.
Depois disso, sobre a montanha da Luz de Lótus,
Você nunca se separará do senhor seu Guru.

Assim, Yeshe Tsogyal finalizou sua profecia e instruiu Dorje Tso longamente.

Então, Lasum Gyalwa Changchub fez muitas prostrações e circum-ambulações. Ele preparou uma mandala de sete turquesas, na qual havia uma joia-espírito[94] conhecida como "mil luzes brilhantes", e então falou, dizendo:

Emaho!
Senhora da palavra secreta de Padma,
Você que possui a memória que nunca falha,
Sabedoria mais elevada, Sarasvati do Grande Êxtase,
Mãe Tsogyal, único sol a se elevar sobre a escura terra do Tibete,
É certo que agora você partirá para o sul e o oeste.
E assim eu lhe suplico, conceda-me esta grande bênção —
Palavras breves que condensem o significado,
Uma prática veloz e aguda, completa com todos os pontos profundos.
Um ensinamento que traga o estado búdico em uma única vida.

E então, quantas vidas mais eu devo viver
Antes de chegar até você que dança no céu?
Eu lhe suplico, em sua misericórdia, mantenha-me com você, nunca
    se separe.

Em resposta, a Senhora concedeu a transmissão do Kachö Trulkui Nyingtik, cuja seção externa estava de acordo com os Sutras e continha dez tópicos.[95] A seção interna estava de acordo com o Mantra Secreto e compreendia onze tópicos.[96] Finalmente, a seção secreta estava de acordo com a tradição das instruções essenciais e consistia de doze ensinamentos últimos.[97] Naquele momento, quando tudo isso foi concedido, a Senhora previu que Gyalwa Changchub e seis outros discípulos alcançariam a liberação na Claridade Radiante, sem deixar seus corpos para trás. E, de fato, assim aconteceu. Com isto, a Senhora Tsogyal ofereceu os seguintes discurso e profecia:

Emaho!
Ouça, Gyalwa Changchub, sem distrações,

Chölo Gönpo, ouça-me cuidadosamente!
Você é Arya Salé, meu herói nos meios hábeis.
Anteriormente, ó Salé, quando Atsara era como os outros o chamavam,
Você e eu nos unimos como meios hábeis e sabedoria.
Propícios foram os muitos elos sagrados que formamos
No Mantra Secreto mais profundo.
Assim, você foi abençoado com a liberdade nesta vida.
Porém, houve momentos em que você me considerou sua amiga comum,
Às vezes zombando, às vezes repreendendo, às vezes duvidando.
E assim, através do fluxo de vidas futuras,
Obstáculos irão persegui-lo, mesmo sendo um siddha no Mantra Secreto.
Fofocas maldosas o perturbarão,
E muita fala negativa pelas bocas maldosas de difamadores.
De tempos em tempos, adversidades frustrarão seu trabalho pelos seres.

O que quer que aconteça, saiba que é devido ao seu carma passado.
Reze para Padmasambhava e Tsogyal indivisíveis.
De agora em diante, por treze vidas futuras,
Você alcançará o benefício para os seres.
Sua emanação aparecerá finalmente
No oeste, em um lugar selvagem e escarpado além deste morro.
Você terá o nome de Namkha
E o comportamento de um herói vajra irado.
Conhecido por três vidas então como Taksham,
Você cessará o vento cármico e irá para a Luz de Lótus.
Então, inseparável de mim através de meios e sabedoria,
E até que o fluxo de migrantes seja extinto,
Você enviará suas emanações.

Então a força das preces virtuosas será completada.
Então a essência do profundo e Secreto Mantra se abrirá em flor.
Então o fruto de sua profunda experiência amadurecerá.
Então a Geração e a Perfeição atingirão seu pico de intensidade,
Então os resíduos cármicos produzirão sua colheita perfeita.
Então a força de vontade profunda espalhará grandes nuvens de bênçãos;

O firmamento da grande compaixão derramará sua chuva,
E você, ó Arya Salé, terá conquistado a realização.
Gyalwa Changchub, assim a força da verdade se manifestará.
Enquanto isso, reze com zelo e pratique!

Quando a noite caiu no oitavo dia, doze dakinis *nyul-le* vieram de Orgyen, o reino das dakinis, proclamando que sua espécie contava doze milhões. Quando chegou a meia-noite, os doze tipos de dakinis devoradoras de homens chegaram: senhoras da vida, ladras da respiração, devoradoras de carne, bebedoras de sangue, mascadoras de ossos e outras, dizendo que ao todo elas contavam cinco milhões, cinco mil e quinhentas. E assim a terra e o céu ficaram tomados por esses seres ferozes. Depois da meia-noite, uma multidão de dakinis mundanas e dakinis das doze divisões do tempo apareceram, declarando que, no total, elas contavam doze milhões, cento e vinte mil. Estavam todas montando leões e outros animais ferozes, diversas espécies de pássaros como garudas, diferentes animais domésticos tais como elefantes, e uma variedade de criaturas selvagens como cervos e rinocerontes. Elas mesmas tinham diferentes formas, com cabeças humanas ou cabeças de animais, e toda a terra estava tomada por elas. Então, ao amanhecer, outras dakinis chegaram declarando que eram as dakinis das quatro direções da terra de Orgyen, e dakinis dos doze continentes. Elas estavam reunidas em grupos de diferentes cores: brancas, vermelhas, verdes, azuis e amarelas. O grupo branco compreendia aquelas que eram completamente brancas e as que eram metade vermelhas, verdes, azuis ou amarelas. E assim também era para o grupo amarelo e os outros. Todas seguravam diferentes tipos de armas, indicativas de sua natureza, e todas estavam adornadas com xales de seda, ornamentos de osso, diademas e mantos para cobrir seus membros superiores e inferiores. Elas carregavam pequenos sinos, trompetes de fêmur, tambores de crânio e uma variedade de outros instrumentos musicais. Havia milhões e milhões delas, impossíveis de contar, apesar de dizerem que, no total, somavam cinco milhões e duzentos mil. Então, do nascer ao pôr do sol, as dakinis das sessenta e oito mandalas, junto com sua senhora, Pema Garwang Lhundze, apareceram, declarando quem eram. O céu estava vibrante com arco-íris, a terra exalava a fragrância do incenso, e o ar estava vivo com as dakinis. Mais tarde, entre o meio-dia e o entardecer, todas as dakinis das trinta e duas terras sagradas, os dez locais sagrados dos herukas, os oito grandes terrenos de cremação, de Thung Chö e Tsen Do e suas regiões vizinhas, chegaram e anunciaram sua presença. Cada uma delas apresentava um comportamento físico diferente, com diferentes gestos. Elas tocavam diferentes instrumentos musicais e cantavam todos os tipos de canções, dançavam com diferentes passos e exibiam uma variedade de habilidades, fazendo oferendas de muitas formas e com vários adornos. Pois era assim que elas veneravam e louvavam a Senhora, e havia tantas delas que o solo mal podia ser visto.

A Senhora então celebrou um imenso festim ganachakra, e com um único pedaço de melado, milagrosamente alimentou e satisfez todos os seres humanos presentes, oferecendo ainda mais para as dakinis. E todos foram presenteados e entretidos com uma única copa de crânio de cerveja. Depois disso, ela conferiu a iniciação do símbolo secreto da dakini, e todos os presentes experimentaram uma unidade intensa com a dakini, e foram finalmente estabelecidos no nível do não retorno.

No nono dia, no crepúsculo, a Senhora deixou a Caverna do Coração, que ficava na metade do Monte Zabbu, e subiu até o pico, que era realmente da mesma forma da Montanha Cor de Cobre. Antes da aurora, no décimo dia, ela abriu a mandala do *Lama Thukdrup Druchik*. Naquele mesmo instante, uma hoste incontável de rakshasas surgiu. Eles eram tão numerosos que não podiam ser contados. Alguns tinham três cabeças, alguns uma cabeça, outros não tinham cabeças. Alguns tinham cinco cabeças, outros nove, outros cem. E possuíam números variados de braços e pernas, indo de centenas a milhares. "O Guru Padma nos enviou", eles gritaram, "para convidar a Rainha de todos os rakshasas, a dakini Luz Azul Esplendorosa." E ali estavam todos eles, em uma grande multidão.

Ao nascer do dia, depois da celebração do ganachakra, eu, Gyalwa Changchub, e os onze filhos fiéis e outros, junto com todas as diferentes raças de humanos, dakas, dakinis, rakshasas, deuses e espíritos, fizemos devotadas prostrações à Senhora. Com lágrimas de tristeza em nossos olhos, fizemos o pedido:

> *Kyema Kyehü*, Dakini de Sabedoria,
> Guru de todos nós, ó senhora Yeshe Tsogyal,
> Única mãe do Tibete, partindo no céu,
> O que faremos agora, nós, bebês desprovidos e sem dentes?
> Proteja o Tibete, oramos, tanto agora quanto para sempre!

> Se agora você partir, se realmente não pode permanecer,
> Nós imploramos, conte-nos e descreva
> A sorte, positiva e negativa, do Dharma no Tibete.
> Diga-nos quem serão os detentores do ensinamento;
> Diga-nos como chegarão os maldosos fantasmas demoníacos,
>   trabalhadores da destruição,
> E quais poderiam ser os meios para afastá-los,
> As sequências causais pelas quais eles podem ser detidos.
> E revele de fato o advento de suas emanações.
> Quais serão seus nomes, seus locais, seu trabalho e doutrina?

Não oculte, ou simplesmente insinue, mas conte-nos abertamente.
Rainha Onisciente, nós suplicamos, conte-nos!
Suas três biografias, sejam longas ou resumidas,
As duas transmissões, anterior e posterior —
Mãe e filha — passadas adiante da boca ao ouvido,
E especialmente os ensinamentos do *Khandro Trulkui Nyingtik* —
Deveriam eles ser passados adiante por palavras,
Ou escondidos e ocultados como Tesouros?
A quem devem ser oferecidos, quem serão os afortunados?
Se como Tesouros deveriam ser ocultados, onde deveriam ser escondidos?
Quem virá para manifestá-los e o que, então, ocorrerá?
Por favor, seja generosa com instruções precisas e indicações proféticas.

O que deveríamos fazer agora, nós, família aqui reunida?
Em quem podemos acreditar e depositar nossa confiança?
Quem nos oferecerá conselhos no momento de nossa morte,
Quem afastará todos os obstáculos?
Kyema Kyehü! Olhe para nós com compaixão veloz!

O relato completo com a resposta de Yeshe Tsogyal pode ser encontrado nas "Indicações Proféticas Extensas". Mas, em resumo, foi isso o que ela disse:

Emaho!
Tibetanos, deuses e humanos, prestem atenção em mim!
Ouçam-me bem, meus fiéis, dotados com carma virtuoso!
Agora que eu, sua mãe, a iluminada Yeshe Tsogyal,
Cuidei do Tibete por duzentos e onze anos,
O rei protetor do Dharma Tri Ralpachen,
Uma emanação do grande Vajrapani,
Elevará os sutras e os tantras às alturas do céu.
Porém, seu irmão mais jovem Lang,[98]
Um fantasma demoníaco,
Conspirará com os ministros maléficos
E, assassinando seu irmão mais velho,
Tomará o trono.
Locais de religião, assentos de aprendizado dos sutras,
Ele arruinará, apagando seus nomes.
Baseado nas dez não virtudes

E pecados que geram a perdição imediata,
Ele levantará leis contra o budadharma.
Os maiores entre os monges serão mortos,
Os menos importantes serão exilados, e os inferiores serão
    escravizados.
E mesmo assim a família vajra do Mantra Secreto,
Chefes de família, manterão os ensinamentos vivos.
Lhasa, sim, e Samye declinarão e cairão em ruína.

Mas Pelgyi Dorje recordará a profecia[99]
E matará o inimigo real, e fugirá para Mekham.
Mar e Yo cuidarão da chama dos ensinamentos do Vinaya;[100]
Em Langthang Drölma dez monges se reunirão,
E para cada canto de Ü e Tsang
A lâmpada brilhante da Doutrina será carregada,
Para se espalhar novamente por toda a terra religiosa do Tibete.
E graças aos hábeis monges e eruditos,
A terra será abraçada pelo Mantra Secreto.

Mas práticas deturpadas e erros surgirão,
E assim a emanação da Fala de Orgyen,
O renascimento de Shantarakshita, de nome Atisha,[101]
Propagará amplamente os sutras e os tantras.
E nessa época, eu, Tsogyal, então com o nome de Jayakara,
Serei discípula próxima do tradutor no clã de Drom.
Quando o apogeu da vida humana for setenta anos,
A religião crescerá e se disseminará.
Os sutras e os tantras surgirão e preencherão o mundo com luz.
Depois disto, quando sessenta anos marcarem o pico da vida humana,
Uma emanação do rei do Dharma, de nome Sa, sustentará a
    Doutrina.
A linhagem real falhará, e os Horpas se tornarão patronos religiosos.
Uma emanação do Corpo do Nascido do Lótus, de nome Drogmi,
Surgirá para propagar o Caminho e o Fruto,
Estabelecendo o aprendizado dos sutras e dos tantras.
Sua vinda será como o advento do incomparável Shakyamuni.
Mais adiante, quando a linhagem Sakya se dispersar fragmentada,
Quando a velhice começar aos cinquenta anos, o ensinamento de
    Phagmo surgirá;
O antigo sistema da lei religiosa será restaurado, assim como hoje.

Dos desfiladeiros no sul virá uma emanação da Mente do Guru.
Renomado como Marpa, ele propagará os ensinamentos do Mantra Secreto,
E Tsogyal, eu mesma, serei sua esposa e consorte.
Alguém conhecido como Mila surgirá,
E praticando austeridades conquistará a realização.
Uma emanação das Qualidades do Guru do Lótus
Aparecerá em Dakpo;
Dri, Tak, Kar e Druk jorrarão como os córregos de Kailash:
Um oceano da Doutrina, que concede a bem-aventurança, tudo permeará.
Na época em que as pessoas começarem a envelhecer aos quarenta,
A Doutrina se dispersará e se desintegrará,
Os ensinamentos dependerão
Do pilar dos Horpas e hordas mongóis.
O Tibete será dividido em pedacinhos,
Parecendo com uma pele ulcerada.
A Atividade do Nascido do Lótus então aparecerá como carma.
A Doutrina se disseminará por todo o Tibete,
Sua vida estendida por mais trinta anos.
O som sagrado do Mani permeará todo o reino.

Quando a idade de trinta marcar o estágio em que o envelhecimento iniciar,
A doutrina dos seres Virtuosos nascerá.
Uma emanação da Talidade do Nascido do Lótus nascerá em Ü,
E o Tibete será tão feliz quanto um céu dos deuses.
Um descendente da linhagem de Zahor e poderoso senhor dos homens
Propagará os ensinamentos em Ü, Tsang e Kham.
Isto passará, ཏོད་དམག་མཚན་ཉོན་ཟླ་བ་དུ་གྲུབ་,[102]
O Tibete cairá na miséria, tudo será desfeito,
Todos buscarão apoio dos Horpas e mongóis.
Quando a velhice começar quando vinte anos tiverem passado,
Uma emanação da Fala de Padmasambhava
Aparecerá em Lhodrak, restaurando a felicidade para os seres.
Um rei do Dharma, com uma marca de nascença em seu ombro,
surgirá em Li.
Então, quando a vida atingir sua plenitude aos dez anos,[103]
A Doutrina que se encontrará em terras estrangeiras, falhará.

O ciclo atual terá alcançado seu ponto mais baixo,
E emanações serão apenas máscaras e sombras,
A essência da terra falhará:
A era negra Dudjom Nagpo Gyachu chegará até aqui.

Depois disso, acontecerá a vinda de Maitreya, e todos reviverão.
Depois, um ciclo de queda e dois de crescimento,
E ainda um terceiro, e quatro períodos de tempo mais.

Estas, então, são apenas simples generalidades.
Consultem os ensinamentos do Nascido do Lótus
Para saber como combater os problemas dos períodos de transição.
Pois sua palavra é verdadeira, incapaz de enganar.

E Yeshe Tsogyal, eu na verdade,
Nunca deixarei o Tibete sem o toque de minha compaixão.

Minhas emanações, raios radiantes de meios hábeis,
Guiarão todos os seres futuros à felicidade.
Meu Corpo, Fala e Mente, minhas Qualidades e Ação,
Cada um corporificará cinco emanações.
Essas vinte e cinco serão guardiãs constantes do Tibete.
Cada uma delas emanará cinco vezes e cada uma dessas ainda outras
    cinco,
E todas elas ainda cinco e cinco novamente —
Elas virão aos milhões,
Até que não haja seres deixados sem liberação,
Até que todos sejam reunidos no espaço da alegria
De Samantabhadri, Mãe do Grande Êxtase.

Quinhentos anos a partir de hoje, para relatar de forma breve,
O Tibete parecerá uma fortaleza cheia de armas,
E fortes cobrirão toda a terra, tanto colinas quanto vales,
Demônias enganarão o povo com falsas doutrinas,
Uma paródia maligna do Chö tomará a terra.
Então, uma emanação da Fala do meu Corpo, renomada como
    Drölma surgirá;
Uma emanação do Corpo do meu Corpo, Kunga Zangmo, surgirá;
Uma emanação da Mente do meu Corpo, denominada Palmo,
    aparecerá em Ü;

Uma emanação das Qualidades do meu Corpo, denominada Pu,
   virá para Yeru;
E uma emanação das Ações do meu Corpo surgirá em Kham, em
   Tamyul.
O aprendizado no profundo e Secreto Mantra será reafirmado.
O sentido profundo da Prajñaparamita,
As instruções sobre o Chö serão expostas.
Quatro Filhos Leões ensinarão e domarão as pessoas.

Então, o Tibete será o alimento de cemitério para Zahor,
E Ü e Tsang serão como marcas em dados;
O Ensinamento dos budas será como
Uma lâmpada que transbordou — uma chama que se debate,
E obstáculos malignos se agitarão como ferozes tempestades de areia.

Então, aparecerão os cem Reveladores de Tesouros
Profetizados por Padma,
E os Tesouros do Dharma do Mantra Secreto
Trarão alegria para o mundo.
Tesouros malignos também aparecerão, diferentes das descobertas
   dos cem,[104]
Corrompidos e falsificados, tesouros mortais e substâncias de
   feitiçaria.[105]

Quando eles se disseminarem, uma encarnação do Corpo da Fala
   de Tsogyal
Nascerá em Ngari, com o nome de Nyendrak.
Ela julgará os Tesouros, discernindo os verdadeiros dos falsos.
Uma encarnação da Fala de minha Fala surgirá em Ü,
E será uma monja, com o título de Orgyen.
Ela encontrará uma casa de meditação.
Os sinais demonstrados por ela a exibirão como uma siddha do
   Mantra Secreto.

Uma emanação da Mente de minha Fala aparecerá em Tashö.
Conhecida como Padma, ela extrairá Tesouros.
Significativas serão todas as conexões com ela,
Pois ela conduzirá discípulos até a realização.
A Qualidade de minha Fala será emanada em Kongpo.
Ela terá o nome Pu e será um conforto para os humildes,

Removendo obstáculos que impedirão os Reveladores de Tesouros.
Uma encarnação da Atividades surgirá em Tsang.
Conhecida como Jomo, ela fundará um centro para a prática de Varahi,
E rituais de Varahi se espalharão por toda a terra.

Então, exércitos estrangeiros invadirão o Tibete,
Agressivos como as ondas tempestuosas do verão.
Haverá desentendimentos entre Sa e Dri,
Piorados por problemas nas regiões de fronteira.
Cada um se aferrará ao seu lado e princípios,
E intolerância e facções começarão entre os Antigos e os Novos.
Doutrinas verdadeiras e falsas serão confundidas e praticadas.
Então, uma encarnação do Corpo de minha Mente surgirá em Nyaksa.
Ela terá o nome de Orgyen, e será
Uma poderosa siddha, rica em realização e experiência.

A Fala de minha Mente aparecerá como alguém conhecida por Sonam Peldrön.
No norte ela nascerá e terá o comportamento de uma mulher comum.
Porém, todas as conexões com ela serão significativas,
E sua morte mostrará sua realização.
Para muitos abençoados pela fortuna ela oferecerá
Realizações, apesar de ser de forma oculta e indireta.

A encarnação da Mente de minha Mente, conhecida como É, virá até Ü,
E conduzirá aqueles ligados a ela aos reinos das dakinis.
Ela ensinará para muitos iogues o caminho da liberação
Através da prática sobre os canais sutis e energias.
Uma encarnação das Qualidades de minha Mente virá até Lhodrak.
Manifestando diferentes formas, ela guiará todos aqueles ligados a ela até a felicidade.
No Nepal, a Atividade de minha Mente se manifestará,
E muitos ela atrairá, através de meios hábeis, para o Dharma.

Então, o rei religioso virá novamente numa emanação quíntupla.
O governante de Tsang flutuará como um vaga-lume.
Palácios serão como cidades fantasma,

Notícias boas serão como as distantes canções das Fadas.
Os maus conselhos dos especialistas serão como veneno adoçado,
E professores da religião serão como uma lâmpada que falha e apaga.

Quando os assentos dos patronos, os Horpas e mongóis,
Tocarem as almofadas de seus professores,
Uma encarnação do Corpo de minhas Qualidades aparecerá, uma dakini, em Ü.
Drölma, encarnação da Fala de minhas Qualidades, surgirá no Kham.
Uma encarnação da Mente de minhas Qualidades surgirá em Nyemo.
Uma professora aparecerá no norte, a encarnação da Qualidade de minhas Qualidades,
E a Atividades de minhas Qualidades será emanada em Tsang Rong.
Todas assumirão diferentes formas, dotadas com poderes milagrosos
E diversas clarividências, conduzindo aqueles conectados à terra da Grande Felicidade.

Quando isso tiver passado, o Tibete, tanto superior quanto inferior, será fragmentado.
As passagens, vales e desfiladeiros serão disputados e divididos.
As famílias serão registradas, e todos dirão: "Esta terra pertence a mim."
Toda a riqueza estará na terra dos Horpas
E todos vestirão as roupas deles.
As pessoas religiosas lutarão, com monges à frente;
O clero pegará em armas, com camelos como animais de carga;
Monjas farão o trabalho de pedreiros, e os leigos ensinarão a religião.
Ações negativas serão o destino das crianças.
Lhasa será derrubada pela água;
E furacões destruirão Samye;
Trandruk não resistirá, e a ruína cairá sobre as quatro províncias.

Então, uma emanação do Corpo da Atividade surgirá em Chimphu.
A fala de minha Atividade se manifestará em Ngari.
A Mente de minha Atividade aparecerá em Puwo.
A Qualidade de minha Atividade aparecerá em Ü, uma líder.
Todas essas emanações terão diversas formas
E conduzirão as infinitas miríades de seres até o final do samsara,
E aqueles conectados a elas, para a Grande Felicidade.
Diversas de minhas encarnações aparecerão em terras ocultas,

Concedendo ajuda àqueles dotados com boa fortuna, e dissipando
   obstáculos.
E assim, de hoje até a purificação de todo o samsara,
Meus fluxos de emanações, primárias e secundárias,
Fluirão incessantemente.
Especialmente para aqueles que no futuro meditarem
Sobre os canais sutis e energias
Eu me mostrarei — no melhor caso diretamente,
Ou então em visões, ou pelo menos em sonhos,
Aparecendo como uma pessoa comum, ou como a consorte secreta.
Eu purificarei os obstáculos daqueles que mantêm o samaya,
Trazendo progresso para sua prática,
Ajudando a atingir velozmente o calor do êxtase e, portanto, a
   realização.

Minhas três biografias, sua mãe—extensas ou abreviadas:
Escondam a longa aqui, no pico de Zabbu;
A mais curta ocultem em Lhodrak Namkhachen;
E esta, de extensão média, ocultem em Lhorong Kham.

Agora, em relação aos ensinamentos do Khandro Nyingtik,
E às duas transmissões, anterior e posterior,
Passadas adiante da boca ao ouvido,
O melhor é seguir as instruções que eu dei para cada um.
Changchub, Bé e Ma, esses três dotados com a fortuna,
Serão no futuro aqueles que as encontrarão.

Esta biografia, de fato, tem nove possibilidades auspiciosas.
Primeiro, se aquele com o nome Chöwang a encontrar,
Sua fama de benefício se espalhará por todo o reino,
Tocando aqueles que vivem tão longe quanto a China.
Se esta chance for perdida, o Tesouro permanecendo escondido,
Alguém chamado Trashi aparecerá vindo de Latö.
Se ele, com o cabelo todo trançado, retirá-lo,
Ü, Tsang e Kham serão a esfera de sua efetividade e benefício,
E sua influência alcançará os confins do Nepal.
Se essa chance for perdida, o Tesouro permanecendo escondido,
Aquele denominado Dorje, mas renomado como Pawo,[106]
Aparecerá ao sul das montanhas nevadas de Lhorong.

Se ele retirá-lo, encontrará renome em Dokham,
Tocando aqueles, no mínimo, tão distantes quanto Hor.
Se a chance for perdida mais uma vez, um iogue com o nome Radza
Chegará vindo de Shampo: ele também terá o poder de retirá-lo.
Ou então um certo Dorje, habitante de Puwo,
Ou um homem com o nome Kunga, do leste, poderá retirá-lo.
O benefício, a cada vez, será diminuído pela metade.
Se mesmo eles não o descobrirem, uma oportunidade final restará.
Três mulheres o escavarão, ou ele aparecerá por si mesmo.
Se assim acontecer, a região de sua descoberta será o campo
    completo de sua influência.
Então, no futuro, quando os nove filhos previstos
Se reunirem em um único momento, os ensinamentos se revelarão
    e espalharão.

Então, no futuro,
Após os cinco períodos de quinhentos anos,[107]
Haverá um local de nome Kathog,[108] a leste daqui,
Local de ensinamento do Guru Senge Dradok
E abençoado pelo Nascido do Lótus com treze consagrações.
A montanha ali, formada como um leão orgulhoso,
Tem tesouros escondidos em sua "garganta" de grande profundidade.
Em tempo futuros, quando as circunstâncias amadurecerem,
O trabalho do Guru do Lótus e de sua consorte pelos seres se
    espalhará por toda esta região.
Ali, eu, Yeshe Tsogyal, surgirei como Dampa Gyaltsen,
E o ensinamento Ati do Mantra Secreto permanecerá ali até o final.
Apesar de declinar de tempos em tempos,
Aqueles carmicamente dotados surgirão passo a passo.
Os últimos discípulos de Tsogyal aparecerão e ali habitarão.
Todos esses conselhos e instruções eu agora transmiti a vocês,
Não há meios adicionais que façam com que Tsogyal permaneça.
Assim, apressem-se agora com as preces e a meditação.
Discípulos reunidos aqui e nos tempos por vir,
Tomem em seus corações minhas palavras de profecia e ensinamento!

Então, com sua mão direita, Tsogyal tocou Trashi Chidren, a garota de Mön. Ela se transformou em um lótus utpala azul com oito pétalas, marcadas com as sílabas *Hung* e *Phat,* e se dissolveu no lado direito do coração da Senhora. Em seguida, com sua mão esquerda, Tsogyal tocou Kalasiddhi do Nepal, que se transformou em um lótus vermelho de dezesseis pétalas marcadas com as dezesseis vogais e *Hri*, e se dissolveu no lado esquerdo de seu coração.

Quando a noite caiu no nono dia, apareceram os quatro Reis Guardiões à frente de uma hoste de espíritos, os seres atados por juramento internos e secretos pertencentes às oito e doze classes. Eles vieram para encontrá-la. "Agora", eles gritaram, "todas as súplicas e mensagens de convite de Ngayab, a morada das dakinis, foram feitas. Portanto, venha, ó detentora da sabedoria, Luz Azul Resplandecente!"

Por nove vezes os deuses e o povo do Tibete suplicaram à Senhora Tsogyal que postergasse sua partida, como foi descrito em outros lugares. Ali, então, apareceram todas as grandes e poderosas deidades de todo o país, cada uma delas acompanhada por um séquito especial: Dorje Lekpa de Tsang, Machen Pomra do leste, Rongtsen Mebar do sul, Tsomen Gyalmo do norte, Gangzang Hao do oeste, Lijin Harlek de Ü, Thanglha Gangtsen de Nyen e outras. Especialmente para o benefício das doze Tenma, Yeshe Tsogyal respondeu muitas questões e ofereceu profecias para os deuses e os espíritos. Mas, devido à sua extensão, elas não foram registradas aqui.

Por fim, no décimo dia do mês, quando a primeira luz da aurora apareceu no céu, um palanquim de luz na forma de um lótus de oito pétalas, carregado por quatro dakinis, surgiu diante de Tsogyal. A Senhora ficou em pé e, com um damaru na mão direita e uma copa de crânio na esquerda, subiu nele.

Ao fazer isso, uma grande onda de lamentação se elevou de todos que ali haviam se reunido. "Ai de nós, o que faremos?", eles gritaram. "O que diremos ao povo do Tibete?"

Em resposta, a Senhora Tsogyal disse:

> *Kyema!*
> Ouça, povo fiel do Tibete!
> Estou me dissolvendo agora no espaço da base universal;
> Meu corpo não está afligido por doenças.
> A impura Tsogyal agora amadureceu até a pureza;
> Não há mais lugar para a dor impura e lamentos.
> A forma-miragem da carne agora se dissolve;
> Não há necessidade de rituais, virtudes, artes curativas.
> A natureza de todos os seres agora está manifesta;
> Não há nada que seja real e permanente.
> Esta forma de luz, que através do Dharma Sagrado eu gerei,
> Não será um cadáver enegrecido, nem um saco de confusão líquida.
> Sua mãe Tsogyal está se dissolvendo no A,[109]
> Assim, este não é o tempo para gritos de "Oh!" e "Ah!"

Os elementos externos e internos, a mãe e o filho, agora se fundem,
E para mim não há mais matéria — terra e pedras.
O amor do Guru nunca me abandonou:
Suas emanações preenchem o mundo, e aqui elas estão me
    convidando.

Aquela conhecida como sua "Senhora", selvagem e capaz de
    qualquer coisa,
Com quem tantas coisas aconteceram, agora não mais existe!
A meretriz que não conseguia segurar nem mesmo seu homem
É agora a rainha do Dharmakaya Kuntuzangpo!
Aquela criatura lasciva, desavergonhada pela vaidade,
A pretensão agora a carrega para o sudoeste!
Aquela megera lamurienta, pronta para qualquer intriga,
Mentiu seu caminho até a dissolução no Dharmadhatu!
Aquela viúva deprimida que nenhum tibetano desejava
Herda agora a soberania infinita do estado búdico!
Portanto, orem para mim e não se desesperem;
Eu, Tsogyal, nunca abandono aqueles com fé.
Pois quando rezarem para mim, é certo que estarei com vocês.
Portanto, rezem, meus amigos, e voltem para suas casas,
Possam a bem-aventurança e a fortuna, saúde e felicidade, sempre
    aumentar para vocês!

Quando terminou sua fala, Tsogyal se tornou radiante com raios brilhantes das cinco cores, difíceis de fitar. Ela se dissolveu em uma esfera de luz azul profundo, parecendo com uma vagem de gergelim no formato, e desapareceu. As quatro dakinis pegaram o lótus pelas quatro pétalas e elevaram a luz cintilante para cima, no ar, cada vez mais, até que ela desapareceu. Naquele momento, todas as pessoas gritaram a uma única voz:

Kyema Kyehü!
Ah, mãe, Yeshe Tsogyal!
Ó que maldade! Quão pequena é sua compaixão!
Se agora você deixar de proteger esta terra tibetana,
Em quem os pecadores cheios de culpa depositarão sua confiança?
Mãe, você se foi para um campo puro;
Quem protegerá agora o Tibete, esta terra tão maculada?
Mãe, você se foi para o espaço de total pureza;
Quem será a guia para aqueles cujo mau carma está amadurecendo?

Mãe, você viajou para a esfera da Grande Felicidade;
Quem guiará aqueles que vagueiam no sofrimento samsárico?
Mãe, você se foi para a Luz de Lótus;
Quem guiará os seres nos abismos íngremes do Tibete?
Mãe, você se foi para a presença do Nascido do Lótus;
Quem agora protegerá os perdidos, indefesos, nos lugares selvagens?

Kyema Kyehü!
Ó, olhe para nós ainda com misericórdia suave!
Nós imploramos, ore às vezes pela felicidade de nosso país.
Nós imploramos, ofereça breves palavras de testamento para nossa
    terra tibetana.
Como podemos escapar de nossa dor, nós aqui reunidos?
Senhora e nossa mãe, continue tendo pena de nós;
Nós imploramos, guie-nos para o paraíso da Luz de Lótus.

Assim, com lágrimas e grande dor, eles a chamaram à distância, batendo seus corpos no chão, chorando e lamentando. E a Senhora respondeu, não aparecendo fisicamente, mas falando de uma nuvem de luz brilhante:

Kyema Ho!
Kyema! Ouça-me, povo fiel do Tibete.
Yeshe Tsogyal, eu, grande ser iluminado,
Recolhi minha forma impura para o espaço não maculado.
Agora sou uma Buda na esfera completa da Luz de Lótus.
Portanto, não se entristeçam; estejam plenos de alegria!

Povo tibetano, afundado em tristezas infinitas,
Através de suas falhas, as muitas ações maldosas que realizam,
Vocês são os autores de sua própria infelicidade.
Compreendam! E tomem as Três Joias como refúgio de todas as
    dores.
Orem a elas, sua única esperança e certeza.
Eu, a Buda Yeshe Tsogyal,
Purguei as impurezas dos elementos e parti para o céu.
Através de emanações espantosas eu cuidarei do bem dos seres.
Portanto, não se entristeçam; estejam plenos de alegria!

Esta forma pesada de carne, resultado de ações maldosas,
É base de emoções maculadas, causa de carmas negativos.

Compreendam! O Dharma é o meio para conquistar o fruto
   virtuoso.
Portanto, esforcem-se na realização do ensinamento das dez virtudes.
Eu, a Buda Yeshe Tsogyal,
Levei o fruto à maturidade e parti para a expansão pura.
Minhas ações perfeitas para o bem do Dharma eu deixo para vocês.
Portanto, não se entristeçam; estejam plenos de alegria!

O carma negativo construído por tantas diferentes ações
É uma causa que amadurece nos reinos do inferno.
Compreendam! A forma de purificar os reinos inferiores
É a virtude praticada em sua fala e corpo.
Amarrem suas três portas como uma só, no caminho da virtude.
Eu, a Buda Yeshe Tsogyal,
Parti para a terra imaculada da Grande Felicidade.
A todos aqueles conectados a mim eu ensinei os meios para não
   mais retornar,
Portanto, não se entristeçam, mas cantem com alegria!

Este oceano infinito de dor samsárica,
Vejam e compreendam sua natureza aterradora!
Um professor sagrado é o único meio de escapar dele.
Procurem alguém que é verdadeiro, sem falhas, e sigam suas
   instruções.
Eu, sua mãe, a iluminada Yeshe Tsogyal,
Entrei no abismo do espaço, a terra da Luz de Lótus
E nascerei no vazio de um lótus imaculado.
Portanto, não se entristeçam; tenham fé em mim.

Tibete selvagem, esta terra de esforços e dores!
Quando não mais desejarem seus vales e desfiladeiros,
Abandonem os negócios usuais, permaneçam em isolamento.
Pratiquem sobre os canais sutis, a energia e a essência,
Dediquem-se ao Dzogchen e ao Mahamudra.
Eu, sua mãe, a iluminada Yeshe Tsogyal,
Perfeitamente realizada através de minha devoção pura,
Guardada pela compaixão amorosa do Professor,
Fui para ele, meu Mestre Padmasambhava.
Portanto, não se entristeçam, mas ofereçam orações.
Este corpo cármico, como uma bolha desprotegida,

Destinado a morrer a qualquer momento —
Ao ver sua natureza de impermanência,
Não ajam como se fossem viver para sempre,
Façam de sua prática o mesmo que suas vidas.
Pratiquem aquilo que conduzirá a Ati, à exaustão dos fenômenos.

Kye Ho!
Ouçam-me, parem de se lamuriar!
Meu amor por vocês é completamente imutável.
Vocês estão agindo exatamente como aqueles que se apegam à permanência!
Eu não morri, eu não os abandonei, nem parti para lugar algum.
Rezem para mim e verão realmente minha face.
Para aqueles com devoção pura, eu concederei o siddhi que desejarem,
De agora até a geração futura final.

O Tibete, esta terra, esta esfera pura do Grande Ser Compassivo,
Amadureceu como o campo do ensinamento do Guru do Lótus,
Com o grande Mañjushri como mestre da Doutrina,
E a majestade poderosa de Vajrapani, Senhor dos Segredos,
O oceano dos Ensinamentos permanecerá para sempre aqui,
Livre de descrentes estrangeiros, livre de prejuízos.
Quando demônios e forças demoníacas tiverem sido domados,
Possam os detentores dos ensinamentos dos sutras crescer na sua força
Através de sua realização do Mantrayana Secreto.
Possa todo o reino ser preenchido por comunidades de praticantes.
Possa todo o povo do Tibete, esta terra central,
De hoje em diante nesta e em vidas futuras,
Adotar as Três Joias como testemunhas para sua alegria e tristeza —
As dez virtudes possam eles cultivar, e os dez vícios ser abandonados.
Para cada ato de pensamento ou ação, consultem os nobres Ensinamentos.
Em relação a certo ou errado, obedeçam a palavra de Padma.
Em assuntos sociais ou seculares,
Sigam os costumes do rei religioso.
Que as leis da terra sejam baseadas no Dharma.
Que os inimigos das quatro fronteiras sejam subjugados pela força

do Dharma,
Derrotados pelos yidams e a compaixão das Três Joias.
Monges e monjas deveriam manter suas práticas
Seguindo os ensinamentos das escrituras.
Os leigos, homens e mulheres, deveriam manter a percepção pura.
Que todos tenham reverência ilimitada por todos acima deles,
E ofereçam com as mãos abertas para aqueles abaixo.
Que todos recitem, para seu próprio benefício, o mantra das seis sílabas,
E orem com confiança para Padmasambhava, seu Senhor.

Com devoção recebam as quatro iniciações — vocês aqui reunidos.
Elevem suas vozes, chamem Tsogyal — invoquem-me pelo meu nome!
Peçam pelas quatro iniciações,
Fundindo suas mentes com a minha de forma inseparável.
E em suas sessões pratiquem a meditação livre de pensamentos.

Em termos gerais, e para o povo do Tibete dos tempos futuros,
O Nascido do Lótus é o seu professor predestinado.
Para realizar o Guru vocês deveriam se esforçar,
Percebendo seus próprios professores na forma de Padma.
Assim, as bênçãos da compaixão fluirão com maior abundância.
Pratiquem focando a Mente do Professor nas sadhanas tanto longas quanto curtas,
E o estado búdico, eu garanto, será alcançado em uma vida.
Recitem o mantra quintessencial do Guru Siddhi.
No décimo dia da lua crescente e minguante,
E no oitavo e décimo quinto dias do mês,
Façam o festim do ganachakra com oferendas.
Um único ganachakra e a porta estará fechada para nascimento em reinos inferiores!
Eu prometo, isto os conduzirá para o estado de não mais retorno.

Isto é uma verdade definitiva. Saibam disto e compreendam!
A essência do professor é este mantra do Guru Siddhi:
Hung: a força vital de todos os budas do passado, do presente e do futuro;
Dhi: a realização de todos os yidams vitoriosos;
Sid: a ação perfeita dos atados por juramento e das dakinis;

MA: isto corta a delusão de nossas mães, os seres migrantes;
PAD: a terra suprema dos budas dos três tempos;
RU: isto fecha a porta para a energia cármica;
GU: confere a iniciação da compaixão como o aspecto da Sabedoria primordial;
JRA: isto é o Mahamudra, o vazio, o indestrutível;
VA: o símbolo do espaço-Sabedoria;
HUNG: Nirmanakaya, a forma emanada para ensinar todos os seres;
AH: o Dharma supremo, Sambhogakaya;
OM: Kuntuzangpo, Dharmakaya, Pureza Primordial.

Estas doze sílabas essenciais do Guru, Nascido do Lótus,
Se pronunciadas de forma invertida cem mil vezes,
Purificarão as falhas de corpo, fala e mente.
Duzentas mil vezes consomem as negatividades consumidas nos três tempos;
Trezentas mil vezes o levarão ao nível onde não há mais retorno.
Recitem setecentas mil vezes e nesta vida encontrarão o Nascido do Lótus;
Um milhão de recitações e as quatro ações iluminadas serão realizadas;
Seis milhões revolve o abismo profundo do samsara;
Dez milhões gera a igualdade com o Buda Amitabha —
E qualquer siddhi necessário será conquistado sem dúvidas.
Saibam, também, que outros benefícios inumeráveis serão seus.

A forma normal de recitação afasta o sofrimento e conduz para além dele.

OM: é a união nos cinco Corpos de todos os budas que se foram para a bem-aventurança;
AH: concentra a essência da Fala de sabedoria quíntupla;
HUNG: é o Corpo de Talidade, os cinco aspectos da Mente de Sabedoria;
VA: é o sinal e selo de indestrutibilidade;
JRA: é a manifestação da compaixão semelhante ao diamante;
GU: os herukas gurus dos três tempos;
RU: a gota essencial que amadurece e libera;
PAD: o limiar da morada pura de bem-aventurança;
MA: é a permanência no útero da bem-aventurança imutável;
SID: é a compaixão em grande força e poder;

Dhi: é a realização que satisfaz todos os desejos;
Hung: a conquista do domínio da base primordial.

Este mantra é de fato similar à joia que realiza desejos.
E além disso, visto que os doze elos dependentes são purificados através dele,
Ele é a natureza das dez perfeições,
E, portanto, a Grande Mãe.
De cada aspiração ele é a realização.
Assim, todos vocês aqui, e aqueles dos tempos futuros,
Deveriam zelosamente recitar este mantra.

Por algum tempo ainda, enquanto suas mentes dualistas persistirem,
Parecerá que eu os abandonei, mas sejam bravos.
Quando suas mentes dualistas enfraquecerem, vocês verão que nunca nos separamos.
Possam a saúde e a felicidade envolver os limites do céu!

Quando ela finalizou sua fala, uma luz intensa e poderosa foi lançada, brilhando, dançando e direcionada para o sudoeste. Finalmente ela desapareceu e não pôde mais ser vista. Todos que ali estavam se prostraram inúmeras vezes e rezaram. Suas mentes estavam nubladas pela tristeza e seus peitos estavam tensos pela angústia. Era como se seus corações e estômagos subissem para suas gargantas. Eles mal podiam ver seu caminho devido às lágrimas. Cambaleando, suas pernas mal suportando seus corpos, com a respiração pesada, retornaram para a Caverna do Coração de Zabbu, chegando ali quando a noite começava a cair.

Os três discípulos, Bé Yeshe Nyingpo, Lasum Gyalwa Changchub e Ma Rinchen Chok, abriram a mandala da sadhana do Guru e da Dakini, e a praticaram, permanecendo em Zabbu por sete meses. Eles alcançaram a realização da inseparabilidade do Guru e da Dakini e receberam muitas profecias e autorizações.

Foi nessa época que Tri Ralpachen, o rei do Tibete e defensor da religião, promulgou seu primeiro decreto e convidou todos os tradutores para virem à corte. Foi ali que algumas pessoas disseram que diante de seus olhos, na caverna de Mutig Pama Gang, Tsogyal manifestou os sinais da experiência do estado no qual todos os fenômenos são dissipados na natureza da realidade, e que ela tinha deixado para trás sua membrana nasal, dentes, unhas e cabelos. Estes, disseram, tinham se transformado em relíquias como pérolas, tornando-se, assim, um apoio para a fé das pessoas. Exceto essas relíquias, disseram, seu corpo todo havia desaparecido, ela havia alcançado o estado búdico. E também foi dito por outros que, no oitavo dia do mês do pássaro no ano do pássaro, a Senhora Tsogyal havia concedido ensinamentos. No décimo dia, ao anoitecer, ela subjugou demônios. À meia-noite, ela girou a roda do Dharma, e então permaneceu em meditação até a aurora, quando atingiu a iluminação. Então, quando o dia nasceu, ela se sentou com o corpo ereto e passou para além do sofrimento. Seus restos físicos se transformaram em um monte de pequenas pérolas, eles disseram, e o rei do Tibete, o defensor da religião, havia recolhido tudo e colocado em uma estupa. Porém, na verdade, eu, Gyalwa Changchub, junto com Bé Yeshe Nyingpo, Ma Rinchen Chok, Odren Pelgyi Zhönnu, Dacha Rupa Dorje Pawo, Nyima de Ü, a Senhora Changchub de Li, e a Senhora Dorje Tso de Shelkar, junto com não menos que cem outras pessoas afortunadas, que estavam presentes na época, vimos com nossos próprios olhos os eventos que aqui foram descritos.

ITHI GUHYA EWAM MANDA
SAMAYA GYA GYA GYA

Eu, Gyalwa Changchub, a quem Tsogyal deu suas bênçãos e que alcançou a realização em uma única vida, junto com Namkhai Nyingpo de Lhodrak, indivisíveis do Nascido do Lótus (o grande Mestre que nunca foi tocado por nascimento ou morte), coloquei isto por escrito, as palavras da Senhora, em folhas de papel amarelo, sem adição ou subtração e sem exageros ou interpretação de suas ações. Este texto nós, então, colocamos nas mãos de Tongyuk, Senhor da Água Negra, exortando-o a oferecê-lo para o herdeiro espiritual profetizado por Tsogyal. Assim, estas palavras estão seladas. Num tempo futuro, possa aquele com o carma apropriado encontrá-las.

DHATHIM ITHI ZAB GYA TE GYA

Colofão do Tertön

Alguém tal como eu,
Alguém do sul de raiz sulina,
Caindo de uma terra de íngremes desfiladeiros e abismos:
Um lixo sombrio, intocada pelo amor de Padma,
Pináculo do pecado e de ações maldosas,
Onde os olhos olham para a escuridão, a luz do Dharma escapando;
Uma terra maligna, uma terra de caçadores,
Onde pessoas escuras se vestem de preto,
Comendo comida escura, bebendo cerveja escura;
Uma região onde ações negras mantêm o samsara girando;
Vindo de uma cidade de habitantes de casas escuras,
Daí eu vim!
Um descendente de pais pecadores, de um escuro casamento:
Nascido na escuridão através da força do carma,
Pawo Taksham — este é meu nome escuro!

Eu recebi isto da mão do Senhor da Água Negra,
Em folhas de papel com tinta negra eu o copiei.
Esta ação eu realizei em uma floresta densa e escura,
E terminei no dia escuro, o vigésimo nono.
Possam todos os seres escuros, sem qualquer exceção,
Tornar-se budas, todas as ações escuras exauridas!
Apesar de serem escuros, possam todos eles ser liberados!

E eu, meus pecados e véus,
E posses escuras,[110] purificados —
Possa eu, na azul escura Akanishta, o mais elevado de todos os reinos,

Ó dakini azul, radiante Luz Azul Resplandecente,
Me tornar uno com você de modo não dual.
Possa aqui e agora esta prece se tornar verdade!

'Hé, Hé', aqui está o milagre maravilhoso!
Escrevi isto à medida que brotou de minha mente!

Este é o Tesouro do Dharma de Pawo Taksham Dorje.

Mangalam Ewam Bhati Svasti Hrite Khatham

Notas

1. Ver Capítulo 4: "Bem dito, Senhora, Donzela de Kharchen!..."
2. Ver Capítulo 3: "Do campo de Lótus da Grande Felicidade..."
3. Ver *The Words of My Perfect Teacher* (Nova Iorque: HarperCollins, 1994. Reedição: Boston & Londres: Shambhala Publications, 1998). (Palavras do Meu Professor Perfeito)
4. Ver Capítulo 7: "Dor e tristeza! Ó meu Senhor de Orgyen!..."
5. Ver Capítulo 3: "O mundo por inteiro eu tenho sob meu poder..."
6. Uma exposição geral do Vajrayana pode ser encontrada em *The World of Tibetan Buddhism*, de *S.S. Dalai Lama* (Somerville, Mass: Wisdom Publications, 1995).
7. Ver Yönten Gyatso: *yon tan rin po che'i mdzod kyi 'grel pa nyi ma'i od zer*, vol. 3, cap. 10, pág. 181.
8. I. B. Horner: *Women under Primitive Buddhism* (Nova Délhi: Motilal Banarsidass, 1930).
9. Ver Capítulo 4: "Esta garota de Kharchen..." e "Mas se aquela nossa rainha rebelde..."
10. Ver *Tulku Thondup Rinpoche, Hidden Teachings of Tibet* (Somerville, Mass.: Wisdom Publications, 1986).
11. Um relato fascinante da descoberta de dois Termas, descrita por uma testemunha ocular, pode ser encontrado na introdução a Namkhai Norbu Rinpoche, *The Crystal and the Way of Light: Sutra, Tantra and Dzogchen* (Nova Iorque: Viking Press, 1995).
12. A escrita simbólica dayig *(brda' yig)* normalmente aparece no início de cada capítulo; entretanto, alguns caracteres também ocorrem em uma das profecias no oitavo capítulo.
13. Ver *Hidden Teachings of Tibet*, pág. 67.
14. *snang ba mtha'yas,* Buda Amitabha.
15. *spyan ras gzigs,* Avalokiteshvara. Nome do bodhisattva que corporifica a compaixão de todos os budas. A emanação Sambhogakaya do Buda Amitabha.
16. Guru Padmasambhava, também referido algumas linhas adiante como Senhor de Orgyen.
17. *mkha' gro'i thugs khrag,* metáfora tradicional para os mais preciosos ensinamentos quintessenciais.
18. Esta e outras fórmulas que ocorrem ao final de cada capítulo são o selo de segredo. Elas são peculiares aos textos de Tesouro e indicam sua pureza inalterada e poder. O selo de segredo é um dos quatro tipos de selo que na tradição Terma estão ligados à transmissão dos ensinamentos. Os outros são o selo do samaya, o selo do tesouro e o selo do mandato da mente.
19. *'dzam bu gling,* o continente das maçãs rosa (sct. Jambudvipa), o nome da região na cosmologia tradicional budista que corresponde ao nosso mundo.

20. Um relato da vida de Mandarava pode ser encontrado nas obras reunidas do grande tertön Orgyen Lingpa (1323 - ?).
21. *grangs med bskal pa*. A expressão eras incontáveis não significa de fato o infinito, mas um período específico de tempo definido por Vasubandhu em seu Abhidharmakosha como 1059 kalpas. Um kalpa é uma sequência de tempo que compreende quatro fases: formação, duração e dissolução de um sistema universal, assim como o período de vazio que precede a formação do sistema subsequente.
22. Estes detalhes se referem à história de como Tara, a bodhisattva feminina da compaixão, gerou a bodhichitta pela primeira vez, a decisão de atingir o estado búdico pelo benefício dos seres. Ver *The Words of My Perfect Teacher*, parte 1, cap. 6, págs. 153-157.
23. *rdo rje lha mo*, deusa vajra, dakini, o princípio iluminado na forma feminina.
24. O instrumento em questão é o *piwang* (uma viola de duas cordas), sustentado em pé sobre o joelho e tocado com um arco.
25. Um universo de três níveis de mil é um sistema cósmico compreendendo um bilhão de universos (às vezes referido como mil milhões de mundos), que é o campo de ação de um supremo Buda Nirmanakaya. Para a descrição de um universo, ver o item no glossário para *Monte Meru*.
26. Este lago fica em Drakda *(sbrags mda')*, a cerca de vinte e cinco milhas ao sul de Lhasa.
27. As dezoito características que descrevem uma existência humana preciosa consistem em oito liberdades e dez vantagens. As oito liberdades consistem em: (1) não nascer nos reinos infernais, (2) ou como um fantasma faminto, (3) ou como um animal, (4) ou nos reinos dos deuses de longa vida, (5) entre povos bárbaros, ignorantes da ética pura, (6) como alguém que possui visões errôneas como o niilismo, (7) em um local onde um buda não surgiu e (8) como alguém mentalmente deficiente. As dez vantagens são divididas em cinco consideradas intrínsecas e cinco consideradas extrínsecas à personalidade. As cinco vantagens intrínsecas são: (1) nascer como um ser humano, (2) habitar uma terra onde o Dharma foi proclamado, (3) possuir faculdades normais, (4) ser alguém carmicamente não inclinado a grande negatividade e (5) ter fé no Dharma. As cinco vantagens extrínsecas são os fatos de que (1) um Buda surgiu neste mundo, (2) ele expôs a Doutrina, (3) a Doutrina ainda persiste, (4) ela é praticada e (5) somos aceitos como discípulos de um mestre espiritual.
28. Aparentemente, uma referência a um incidente já mencionado no início do Capítulo 1.
29. A esfera divina do mundo da não forma, o estado mais elevado possível no samsara.
30. No budismo tântrico, as deidades meditativas são amplamente utilizadas em formas pacíficas e iradas que os seres iluminados podem assumir, de acordo com as disposições mentais dos discípulos e de modo a guiar os seres no caminho. Entre tais expressões pacíficas e iradas, não há diferenças, em essência, e é importante compreender que a ira, nesse contexto, não tem nada a ver com a raiva comum. Tais manifestações ferozes são meios para pacificar, transformar e liberar os seres que não podem ser domados pacificamente. De modo similar, quando um praticante medita sobre uma deidade irada, isso não tem a intenção de expressar sua própria raiva e não é o reforço de uma mera negatividade. Na verdade, é uma poderosa técnica que trabalha sobre a emoção negativa, transformando-a na energia pura da sabedoria.
31. *shing bal*, literalmente "lã de árvore", um tipo de líquen ou musgo que cresce em longas cordas e pende dos galhos de certas árvores.
32. O ponto para mencionar o Monte Meru e os quatro continentes aqui é que, além do fato de oferecer todo o seu império ao Guru, o rei estava visualizando-o como um sistema universal completo.

33. *bden pa bzhi*. As Quatro Nobres Verdades (do sofrimento, das causas do sofrimento, da cessação do sofrimento e do caminho para esta cessação) contituem o tema do primeiro ensinamento do Buda após sua iluminação.
34. Os ensinamentos budistas citam cinco tipos de olho, representando as cinco faculdades do estado búdico: (1) o olho de carne, que se refere à capacidade de perceber todas as formas, grosseiras ou sutis, através de mil milhões de mundos; (2) o olho divino, o conhecimento sobre nascimentos e mortes de todos os seres; (3) o olho de sabedoria, o conhecimento sobre a natureza vazia de todos os fenômenos; (4) o olho do Dharma, o conhecimento de todas as oitenta e quatro mil seções da Doutrina; (5) o olho de buda, ou onisciência.
35. As três formas para servir a um mestre espiritual são: colocar em prática tudo o que ele ensinar; prestar serviços práticos a ele, físicos e verbais; e fazer oferendas materiais.
36. A grande variedade de práticas existe para prover as diferentes necessidades e disposições dos discípulos. Elas são caminhos que conduzem à iluminação, apesar de algumas serem mais velozes que outras. É apenas a perseverança com a qual um determinado caminho é seguido que garante a realização da meta; não significa que alguns caminhos são melhores que outros. No caso da maioria dos praticantes, não é necessário adotar todas as sadhanas; uma única sadhana praticada perfeitamente é o suficiente para realizar o fruto. Entretanto, para que todas essas disciplinas espirituais continuem, é necessário que elas sejam mantidas e transmitidas. Por esta razão, Yeshe Tsogyal praticou cada um dos ensinamentos que recebeu de Guru Rinpoche e alcançou o respectivo resultado. Portanto, ela era capaz de transmiti-los com perfeita autoridade e poder. Essa forma de praticar tem sido mantida, até os tempos atuais, por todos os grandes mestres da linhagem Nyingma.
37. Ao longo deste livro, oferecemos, geralmente, a soletração fonética do título em tibetano das sadhanas e dos ensinamentos sem tradução. Na verdade, é praticamente impossível produzir uma tradução adequada de título de textos sem um conhecimento íntimo de seus conteúdos, e traduções aproximadas apenas aumentariam a confusão. Neste caso específico, o título se refere a um importante ciclo de ensinamentos que foi ocultado como tesouro e descoberto por Orgyen Lingpa no século quatorze.
38. Os oito grandes medos se referem aos perigos representados por fogo, água, terra, ar, elefantes, cobras, bandidos e tiranos.
39. Ver no glossário o verbete para *demônio*.
40. Ao comentar esta expressão obscura, Dilgo Khyentse Rinpoche disse que é uma referência a um ato de extremo ascetismo. O significado é, sem dúvida, que Yeshe Tsogyal se dedicou sem limites à meditação e à prática iógica.
41. Uma referência às energias sutis, condicionadas pelo carma e pelas emoções, que correm por meio dos canais do corpo sutil e têm um efeito tanto sobre a mente quanto sobre o corpo físico comum. Quando essas energias são purificadas e colocadas sob controle, tornam-se a energia pura da sabedoria.
42. Esse chakra é normalmente descrito como possuindo sessenta e quatro pétalas, ou canais, ramificando-se a partir dele. Às vezes, os tantras variam nas descrições que apresentam sobre chakras e canais.
43. *Sct. bhaga*, o espaço secreto da mulher, o útero. Com frequência, no contexto do Mantrayana, isso se refere ao Dharmadhatu, o espaço de pureza absoluta.
44. Os dois tipos de conhecimento são o conhecimento sobre a natureza dos fenômenos *(ji lta ba'i mkhyen pa)* e o conhecimento dos fenômenos individuais em toda a sua multiplicidade *(ji snyed pa'i mkhyen pa)*.
45. Tradicionalmente, são descritos quatro níveis de fé: vívida, com anseio, confiante e irreversível. Ver *The Words of My Perfect Teacher*, parte 2, cap. 1.

214 CONSORTE DO NASCIDO DO LÓTUS

46. "Jarung Khashor" se refere à grande estupa de Bodnath, perto de Kathmandu, no Nepal. Os três jovens de Mön eram encarnações anteriores do Guru Padmasambhava, do Abade Shantarakshita e do rei Trisong Detsen.
47. As características físicas descritas marcam Arya Salé como um daka, um "herói" espiritual, a contrapartida masculina de uma dakini. Diz-se que os dakas possuem membranas de pele visíveis na base de seus dedos.
48. Outro nome para o Guru Padmasambhava.
49. *A-shé* é um termo técnico para a linha vertical na letra tibetana *A*. Ela é levemente alargada no topo e afinada na base, e quando escrita invertida, de cabeça para baixo, simboliza uma chama.
50. Esses detalhes são alusivos à mandala de uma deidade irada.
51. Uma leitura cuidadosa mostrará que, nesta canção, Guru Rinpoche detalha passo a passo o programa completo da vida e da prática de Tsogyal da maneira com que elas se desdobram no resto do livro.
52. Frequentemente, um epíteto poético para o sol.
53. *gos dkar mo (sct. Pandaravasini*, literalmente Senhora do Manto Branco). Esta é a buda feminina consorte de Amitabha, representando a natureza intrinsecamente pura do elemento fogo. Segundo a explicação oferecida por Zenkar Rinpoche, gos dkar é ainda a expressão corrente no dialeto dos nômades para lareira ou local de fazer fogo.
54. Isso se refere a uma prática rara, mas ainda existente, conhecida como chulen *(bcud len)*, na qual o iogue abandona a comida comum por um certo período de tempo e se alimenta com a essência dos elementos, usando, como apoio, diversas pílulas medicinais e concentração. Essa é uma prática poderosa que purifica o corpo físico e refina a energia-vento e a essência. é, porém, extremamente difícil de se adotar hoje em dia, quando os elementos essenciais do universo estão muito enfraquecidos por poluentes físicos e mentais. Relata-se, entretanto, que ainda há eremitas nas montanhas do Tibete que vivem sem qualquer meio de sustento comum, e que nunca foram descobertos pelas forças chinesas. A prática do chulen ainda é realizada entre os tibetanos no exílio.
55. A expansão de Samantabhadri é o espaço da realidade absoluta ou vacuidade *(tib. chos dbyings, sct. dharmadhatu)*.
56. Os sete mares são regiões do oceano universal ao redor do Monte Meru. Eles são as moradas agradáveis dos reis dos nagas.
57. Uma referência à classificação das doenças segundo os quatro Tantras da Medicina.
58. Uma referência às meditações de neutralização como um meio para superar as negatividades, de acordo com as descrições, por exemplo, no Bodhicharyavatara, de Shantideva, O Caminho do Bodhisattva.
59. Esta profecia é realizada quase no fim do livro.
60. Uma referência à grande ioguine Machig Labdrön (1055-1145), a principal discípula tibetana de Phadampa Sangye, mencionado abaixo. Ver *Women of Wisdom* (Londres: RKP, 1984), págs. 143-204.
61. Phadampa Sangye, o mestre indiano que introduziu a doutrina e a prática do chö *(gchod)* e da pacificação *(zhi byed)* no Tibete.
62. *sgrub chen*. Durante uma prática em grupo do ritual tântrico, os participantes são identificados e nomeados para funções específicas.
63. Um lago no Tibete ocidental, próximo ao monte Kailash, ainda hoje um lugar importante de peregrinação.
64. *glang*. Uma referência ao rei Lang Darma, que assassinou seu irmão Ralpachen e usurpou o trono, após o que tentou aniquilar o budismo no Tibete.

65. Isto está descrito no início do o Capítulo 5.
66. Shenrab Miwo de Zhang foi o fundador da religião Bön. Segundo algumas tradições, foi contemporâneo do Buda Shakyamuni, mas outras autoridades afirmam que ele viveu muito tempo antes.
67. Os templos de Lhasa (Jokhang), de Ramoche e de Trandruk estão entre os lugares mais sagrados do Tibete. O rei Songtsen Gampo tinha duas esposas, a princesa nepalesa Bhrikuti e a princesa chinesa Wen Chen. Ambas eram budistas, e cada uma trouxe ao Tibete uma imagem preciosa do Buda Shakyamuni, para as quais cada uma delas construiu um templo especial: o Rasa Tsuklakhang e o Ramoche Tsuklakhang, respectivamente. Como a imagem trazida pela princesa chinesa era conhecida por ter sido abençoada pessoalmente por Shakyamuni, ela tem sido sempre um objeto de especial reverência, sendo conhecida como Jowo Rinpoche (Senhor Precioso). Tempos depois, as imagens foram trocadas, de modo que o Jowo acabou sendo colocado no Rasa Tsuklakhang, que, consequentemente, ficou conhecido como Jokhang, e que é considerado o templo principal de Lhasa. Os templos Domadores de fronteiras *(mtha' 'dul)* e Domadores adicionais *(yang 'dul)* foram construídos no mesmo período. Eles tinham uma função geomântica e foram localizados em certas posições chave, no país; seu propósito era a subjugação de forças hostis à propagação da Doutrina. Mais informações podem ser encontradas em *History of the Nyingma School*, livro 2, pág. 510, n. 543, de Dudjom Rinpoche (Somerville, Mass.: Wisdom Publications, 1991).
68. Gyalpo, Gongpo, deuses locais e senhores da terra pertencem a uma complexa classificação de entidades não humanas, os últimos dois especialmente apegados a regiões e locais específicos. A veneração desses poderes espirituais era uma característica fundamental do Bön, a tradição aborígine do Tibete. Visto que o budismo exclui a tomada de refúgio em tais seres e a adoração deles, sua propagação gradual no Tibete acabou rompendo o elo que havia sido criado entre os habitantes humanos e os espíritos do país. Isso resultou em uma profunda perturbação na qual os espíritos espalharam o caos e impediram seriamente o progresso dos ensinamentos, em particular a construção do monastério de Samye. O propósito principal da viagem de Guru Padmasambhava ao Tibete foi pacificar esses poderes ctônicos e elementais. Ele os colocou sob controle e os atou por juramento, amarrando assim suas energias para a proteção e o serviço do Dharma. Como vimos no Capítulo 5, Yeshe Tsogyal fez o mesmo.
69. Parece haver um paralelo aqui com os três níveis de reino da não forma da cosmologia budista, exceto que o Bön os enumera em ordem reversa.
70. O recinto do templo de Samye constituía uma enorme mandala representando a estrutura de um sistema universal completo.
71. *dran pa nam mkha'*. Apesar de ser mencionado apenas de passagem, Drenpa Namkha é uma figura de especial interesse. Ele era um importante sacerdote Bönpo que, mais tarde, se tornou um discípulo do Guru Padmasambhava. Diz-se que ele ofereceu muitos ensinamentos Bönpo a Padmasambhava, que mais tarde os ocultou como Tesouros. Ver de Tulku Thondup, *Hidden Teachings of Tibet*, pág. 173.
72. É provavelmente uma referência ao Jowo Rinpoche, uma das imagens do Buda Shakyamuni trazidas para o Tibete pelas esposas de Songtsen Gampo, e que estava, e ainda permanece, no templo principal de Lhasa. Ver nota 67.
73. Ver a menção anterior de Bönmo no relato do debate de Samye: "Tsogyal competiu com Yudrung Bönmo Tso..."
74. Em outras palavras, eles nunca retornariam ao estado samsárico.
75. Em outras palavras, a iniciação secreta. Ver o verbete, no glossário, para *iniciação*.

76. *bsdu ba'i dngos po bzhi*, as quatro formas pelas quais um bodhisattva atrai discípulos: generosidade, fala agradável, ensinamento de acordo com as necessidades individuais e a ação de acordo com aquilo que é ensinado.
77. Ver o incidente descrito no Capítulo 5 ("A garota Dewamo, agora conhecida como Pelgyi Chönema...").
78. Ver o verbete, no glossário, para *Criação e Perfeição*.
79. Ver o verbete, no glossário, para *Quatro Atividades*.
80. Esta sentença, que é ecoada por uma grande canção de realização no Capítulo 8 ("Para os famintos eu era montes de comida..."), pode ser comparada com passagens similares do *Bodhicharyavatara* (cap. 3, versos 8-11, 18-22). Ver *The Way of the Bodhisattva: A Translation of the Bodhicharyavatara*, traduzido pelo Padmakara Translation Group (Boston & Londres: Shambhala Publications, 1997), de Shantideva.
81. Indra e Nanda já foram mencionados, invocados na canção de realização de Tsogyal no Capítulo 5 (ver "Virtuoso Indra, venha..." e "Virtuoso Nanda, venha...").
82. *Tönmin* e *Tsemin* são formas tibetanas para palavras chinesas. A primeira se refere aos ensinamentos de Hashang Mahayana, um mestre chinês que propunha a teoria da iluminação instantânea. O termo Tsemin se refere à posição gradualista do mestre Kamalashila. Esses dois mestres se confrontaram no famoso debate de Samye (792-794), no qual Kamalashila saiu vitorioso. Subsequentemente, os ensinamentos de Hashang desapareceram do Tibete.
83. O templo de Kharchung tinha sido construído por Mutri Tsenpo, o segundo dos filhos de Trisong Detsen.
84. Esta é a famosa "Prece de Sete Linhas", a mais sagrada e importante invocação de Guru Rinpoche, originalmente recitada pelas dakinis. Ela aparece, quase sem exceção, em cada Tesouro Terma. Seus muitos níveis de significado, que contêm os ensinamentos externos, internos e mais secretos do tantra, foram explanados no *rnam bshad pad ma dkar pó*, de Mipham Rinpoche (1846-1912).
85. Aqui, o apelido Senalek se refere ao príncipe Murum Tsenpo. Em outras fontes, este nome é atribuído ao seu irmão mais velho, Mutri Tsenpo.
86. Também conhecidos como "oito dharmas mundanos", essas são as preocupações normais das pessoas comuns que não possuem uma perspectiva espiritual clara. Elas são: ganho e perda, prazer e dor, elogio e críticas, fama e má fama. Um espírito de indiferença em relação a essas oito situações é sinal de um verdadeiro praticante espiritual.
87. A base: pureza primordial, vacuidade.
88. Segundo Tsele Natsok Rangdrol (ver *The Lotus-Born* [Boston & Londres: Shambhala 1993]), os antigos tibetanos calculavam o tempo usando o sistema indiano de "anos" de seis meses. De acordo com essa contagem, Yeshe Tsogyal deixou o mundo com a idade de 106 anos, o que é mais plausível do que a idade citada no texto. Isso é mais ou menos corroborado por outros cálculos históricos. As datas tibetanas são notoriamente difíceis de determinar, mas seguindo a contagem normalmente aceita, um período de noventa e cinco anos separa o nascimento de Trisong Detsen da morte de Tri Ralpachen (cujos registros afirmam estar vivo na época da passagem da Dakini). Em outras palavras, assumindo que Yeshe Tsogyal tinha exatamente a mesma idade que Trisong Detsen (apesar de ela provavelmente ser mais jovem), pode-se dizer de forma razoável que ela viveu cerca de cem anos. Isto também se encaixa bem com o fato de que uma de suas canções finais é direcionada à encarnação de seu antigo discípulo e companheiro Arya Salé – dado que este morreu jovem e Gyalwa Changchub estava na casa dos trinta, na época da partida de Yeshe Tsogyal.
89. Em outras palavras, os sinais de progresso no caminho.
90. Isso significa dedicar os méritos de forma livre de três concepções: as noções de um sujeito

verdadeiramente existente que dedica, o mérito que é dedicado e o objeto da dedicação.
91. Ver o verbete, no glossário, para *Doze Elos Interdependentes*.
92. *chos dred*, impermeável ao ensinamento: em outras palavras, alguém sobre quem o Dharma não tem efeito. Uma pessoa pode ter uma excelente compreensão intelectual da Doutrina, mas, se falhar em colocá-la em prática, sua mente permanecerá grosseira e endurecida.
93. *lhun grub*, presença essencial: claridade, a presença espontânea da consciência primordial.
94. *bla gyu*, pedra espírito: uma pedra, neste caso uma turquesa, conectada intimamente com a força vital de seres humanos.
95. Estes são: *mkha' 'gro sku gsum rkyang sgrub; spyod yul 'dul ba dkar po; thog 'beb drag spyod rnam gsum; bla ma sku gsum rkyang sgrub; byin brlabs dbang gi sgo mo; gzer 'joms lta ba cig chod; rtags tshad so pa dgu 'dres; gnad kyi me btsa' rnam gsum; rdzas sngags dmigs yul brgya rtsa; rjes gcod lcam bu gzer them*.
96. *bla ma mkha' 'gro zung 'jug tu sgrub thabs; bsgom pa sgyu ma 'phrul 'gros; rtsa rlung 'gag don bcu pa; man ngag gcig chog zab mo; bsgyur sbyang spel ba rnam gsum; mkha' 'gro'i bang mdzod mig gcig; mkha' 'gro'i dmar ba snying cig; mkha' 'gro gnyen po srog cig; man ngag sngags kha sum sbrel; 'od zer zhags pa rnam gsum; dpa' bo gyad stobs rnam gsum*.
97. *bla ma mkha' 'gro rang lus dbyer med du sgrub thabs; lta ba phyag rgya chen po; 'bras bu rdzogs chen cig chod; man ngag gtum mo gsum sbrel; gdams ngag thos chog rnam gsum; nyams len bsgom pa rnam gsum; gcig chog mun chos rnam gsum; las phran dgos pa rnam gsum; rten 'brel me long rnam gsum; rgyab chos dgos pa rnam gsum; bka' srung myur mgyogs rnam gsum; drag sngags gnad kha rnam gsum*.
98. Ver o incidente do boi ferido no Capítulo 5. Esta é uma referência ao rei Lang Darma.
99. Ver Capítulo 5: "As vidas daqueles que praticam o Dharma..."
100. Uma referência ao restabelecimento da ordem monástica após a perseguição de Lang Darma. O Kham inferior, ou Mekham, foi um dos lugares onde a linhagem monástica foi preservada e a partir do qual voltou a se disseminar quando a perseguição foi interrompida.
101. Este e os três parágrafos seguintes contêm referências ao crescimento das assim chamadas Escolas da Nova Tradução (gsar ma) do budismo tibetano, que se disseminaram no renascimento do Dharma, após o assassinato de Lang Darma.

Atisha (982-1054) foi um renomado professor da universidade de Vikramashila, na Índia. Ele passou os últimos doze anos de sua vida no Tibete dando nova vida aos ensinamentos e revitalizando a tradição monástica da qual era um dedicado detentor. Talvez de forma surpreendente, seu discípulo mais próximo era o leigo Drom Tönpa (1005-1064), que fundou o monastério de Reting (ra bsgrengs) e inaugurou a renomada tradição Kadampa, que enfatizava a prática estrita e sincera e uma compreensão completa do ensinamento. A linhagem tradicional dos Kadampas não sobreviveu como uma entidade distinta, mas tem tido uma influência que permeia todas as quatro escolas do budismo tibetano.

Os ensinamentos do Caminho e Fruto (lam 'bras) propostos pela escola Sakya foram traduzidos do sânscrito por Drogmi Yeshe (993-1050). Os líderes desta escola acabaram assumindo o poder temporal no Tibete, a primeira dinastia, por assim dizer, de reis lamas, e exerceu influência espiritual sobre o imperador chinês.

As escolas Kargyu se baseiam nos ensinamentos dos Kadampas e nos tantras das novas traduções. O fundador da Dhakpo Kargyu foi Marpa, o Tradutor (1012-1099), ele mesmo um aluno de Drogmi Yeshe. Ele viajou para a Índia e o Nepal diversas vezes e recebeu os ensinamentos do Mahamudra de numerosos grandes mestres indianos. Sua linhagem passou para seu célebre discípulo Milarepa, e deste para Gampopa de Dhakpo.

A escola Phagtru Kargyud foi fundada por Phagmo Trupa Dorje Gyalpo (1110-?), que recebeu os ensinamentos do Mahamudra de Gampopa.

A escola Karma Kagyu foi fundada pelo Karmapa Dusum Khyenpa (1110-1193), também aluno de Gampopa. Ele acabou se tornando o professor do imperador chinês, que lhe concedeu o título de Karma Pakshi.

Outras escolas Kagyu incluem a Drigung, fundada por Kyura Rinpoche (1143-1192), um discípulo de Phagmo Trupa, como também foi Taklung Trashi Pel (1142-?), que fundou a escola Taklung Kargyud. Outro grande discípulo de Phagmo Trupa foi Lingje Repa (1128?-1188), que fundou a linhagem Drukpa Kargyu.

A linhagem dos Virtuosos, ou Gelugpas, foi fundada pelo renomado erudito e monge Tsongkhapa Lobzang Drakpa (1357-1419). Foi a ordem Gelugpa que cresceu como politicamente dominante no Tibete, durante até os tempos atuais.

102. Esta linha em verso, na qual a escrita simbólica aparece, permanece um mistério. Ela já foi explicada como uma possível referência oculta à catástrofe que assolou o Tibete no século vinte.
103. Esta diminuição da idade segue o ensinamento cosmológico tradicional, segundo o qual a "fase de permanência" na história de um sistema universal compreende diversos ciclos de tempo "intermediários". No correr de cada ciclo, a duração da vida humana gradualmente diminui e aumenta—indo de oitenta mil anos a dez anos, e invertendo novamente. Nossa era atual é vista como posicionada perto do ponto inferior de um desses ciclos intermediários.
104. Os cem: ou seja, os cento e oito principais tertöns autênticos.
105. Diz-se (ver *Tulku Thondup, Hidden Teachings of Tibet*) que, às vezes, Termas falsos são descobertos, como resultado da ação de pessoas de intenções maldosas, no passado, que fizeram poderosas aspirações para corromper os ensinamentos Terma. Também acontece de outras pessoas sem realização espiritual, mas inspiradas por influências malignas, produzirem obras aparentemente grandiosas e benéficas que, apesar disso, são incapazes de conduzir à iluminação. No Tibete, todos os Tesouros descobertos eram, por esta razão, verificados e testados por mestres reconhecidos.
106. Esta é provavelmente uma referência ao Tertön Pawo Traksham Dorje, também conhecido como Taksham Samten Lingpa que, na verdade, descobriu este Tesouro atual.
107. Períodos de quinhentos anos multiplicados por cinco: isto se refere à evolução da doutrina de um buda, passando por cinco estágios, cada um compreendendo quinhentos anos. Esses períodos não se referem a durações predeterminadas de tempo, mas a sequências de crescimento e declínio na vida do Dharma, variando em duração de acordo com causas e condições.
108. Uma referência a um dos mais importantes monastérios da tradição Nyingma, localizado no Kham e fundado por Kadampa Deshek (1122-1192).
109. A (pronunciada *Ah*): a última letra no alfabeto tibetano, simbolizando a vacuidade, a natureza última de todos os fenômenos.
110. *dkor nag*, posses negras: isto se refere às posses da Sangha e de todos os objetos dedicados à religião dos quais alguém se apropriou erroneamente e usou para propósitos pessoais.

Glossário

ABHIDHARMA, *sct. (mngon pa, tib.)* – A terceira parte do Tripitaka, os "três cestos". O Abhidharma é o corpo de textos que expõem os ensinamentos budistas metafísicos.

AGAMA, *sct. (lung, tib.)* – Um texto que elucida o significado de um tantra.

AKANISTHA, *sct. ('og min, tib.)* – Em geral, este termo indica o mais elevado de todos os campos búdicos. Akanishta está, na verdade, dividida em seis níveis, indo do mais elevado céu do reino da forma até a terra pura absoluta do Dharmakaya.

AMITABHA, *sct. ('od dpag med ou snang ba mtha' yas, tib.)* – Literalmente, Luz Ilimitada. O buda da Família Lótus correspondendo à sabedoria que tudo percebe, que é a natureza pura do agregado da percepção e da aflição do desejo. Ele está associado à atividade iluminada da atração ou magnetização. *Ver* Cinco Famílias.

AMITAYUS, *sct. (tshe dpag med, tib.)* – Literalmente, Vida Ilimitada. Um aspecto do Buda Amitabha, normalmente representado na forma Sambhogakaya. A meditação sobre Amitayus prolonga a vida.

AMOGHASIDDHI, *sct. (don yod grub pa, tib.)* – Literalmente, Realização do Propósito. O buda da Família Atividade, correspondendo à sabedoria que tudo realiza, que é a natureza pura do agregado dos fatores condicionantes e da aflição do ciúme. Está associado à atividade iluminada da subjugação pela força.

AMRITA, *sct. (bdud rtsi, tib.)* – Literalmente, néctar da imortalidade, às vezes traduzido como "ambrosia". Uma substância (líquida ou sólida) preparada com a ajuda de rituais tântricos. Ela simboliza a Sabedoria.

ANUYOGA, *sct.* – No sistema de nove veículos, usual na tradição Nyingma, a segunda das seções internas do tantra. Na Anuyoga, a ênfase é colocada no estágio da perfeição da prática tântrica. Isso é caracterizado pela experiência de vacuidade e a meditação sobre os canais sutis, energias e essência do corpo físico.

APROXIMAÇÃO E REALIZAÇÃO *(bsnyen sgrub, tib.)* – Estágios progressivos no estágio da geração da prática tântrica, durante os quais os iogues gradualmente se identificam com a deidade por meio da visualização e da recitação do mantra.

ARHAT, *sct. (dgra bcom pa, tib.)* – Literalmente, Destruidor do Inimigo. Alguém que derrotou os inimigos das emoções aflitivas e está, assim, definitivamente liberado dos sofrimentos do samsara. O estado de Arhat é o objetivo dos ensinamentos do veículo raiz, o Shravakayana.

ARYA, *sct. ('phags pa, tib.)* – Literalmente, Nobre. Um ser que transcendeu a existência samsárica. Há quatro classes de Aryas: Arhats, Pratyekabuddhas, Bodhisattvas e Budas.

ASURA, *sct. (lha min, tib.)* – Semideuses, uma das seis classes de seres no samsara.

ATI, ATIYOGA, *sct.* – O último e mais elevado dos tantras internos, o pináculo do sistema de nove veículos, segundo a classificação Nyingma. *Ver* também Grande Perfeição.

ATSARA – Forma corrompida tibetana da palavra sânscrita *acharya*, professor. Por extensão, a palavra tibetana indica qualquer indiano.

AVADHUTI, *sct. (rtsa dbu ma, tib.)* – O canal sutil central do corpo no qual, por meio da prática do estágio da perfeição (*rdzogs rim*), as energias-ventos sutis são reunidas, um processo que dá origem à sabedoria não dual. Por extensão, o termo *avadhuti* é frequentemente utilizado livremente para indicar a sabedoria não dual.

AVALOKITESHVARA, *sct. (spyan ras gzigs, tib.)* "Senhor que Vê" – Nome do bodhisattva que corporifica a compaixão de todos os budas. Avalokiteshvara, às vezes denominado Avalokita, é a emanação Sambhogakaya do Buda Amitabha.

BARDO, *tib. (bar do)* – Um estado intermediário. Este termo geralmente se refere ao estado que separa a morte e o nascimento subsequente.

BHAGA, *sct.* – Útero. Por extensão, esse termo se refere ao Dharmadhatu, a vacuidade.

BHIKSHU, *sct. (dge slong, tib.)* – Um monge completamente ordenado.

BODHICHITTA, *sct. (byang chub kyi sems, tib.)* – No nível relativo, este é o desejo de atingir o estado búdico para o benefício de todos os seres sencientes, assim como a prática necessária para esta realização. No nível absoluto, é a sabedoria não dual, a natureza última da mente, e o verdadeiro status de todos os fenômenos. Em certos contextos tântricos, o termo se refere à substância física essencial que é o suporte para a mente.

BODHISATTVA, *sct. (byang chub sems dpa', tib.)* – Alguém que, por meio da compaixão, se esforça para alcançar a iluminação completa do estado búdico para o benefício de todos os seres. Os bodhisattvas podem ser "comuns" ou "nobres" (às vezes referidos como mundanos e transmundanos, respectivamente), dependendo de terem atingido o Caminho da Visão do Mahayana e residirem em algum dos dez níveis dos bodhisattvas.

BÖN – A antiga religião nativa do Tibete, que já existia na época da introdução do budismo no oitavo século e que sobrevive até hoje. Nesta tradução, o termo Bön pode se referir à própria tradição e também aos seus adeptos, que são às vezes referidos como Bönpo. A relação entre budismo e Bön é muito complexa. É comum fazer uma distinção entre o Bön branco e o Bön negro, correspondendo ao Bön Interno e o Gyu Bön na história. O Bön Interno, que existe até hoje e foi reconhecido pelo Dalai Lama como a quinta tradição religiosa, tem muitos ensinamentos em comum com o budadharma, do qual é muito próximo.

BRAHMA, sct. *(tshang pa, tib.)* – Uma deidade do panteão hindu, pertencendo ao mundo da forma no sistema budista.

BUDA, sct. *(sangs rgyas, tib.)* – Alguém que despertou do profundo sono da ignorância e cuja mente despontou com o conhecimento de todas as coisas. Segundo a perspectiva Mahayana, há inúmeros budas, sendo o Buda Shakyamuni, o buda histórico, apenas um exemplo.

CAMINHO *(lam, tib.)* – Tanto no Mahayana quanto no Hinayana (apesar de ser diferente em cada caso), o progresso em direção à iluminação é descrito em termos de cinco caminhos ou graus de realização. Os caminhos são denominados, progressivamente, Acumulação, Junção, Visão, Meditação e Não Mais Aprender. Bodhisattvas nos caminhos Mahayana da Acumulação e da Junção são designados como 'ordinários' ou 'mundanos', visto que sua prática ainda não os conduziu além do samsara. Aqueles nos níveis dos caminhos Mahayana da Visão e da Meditação (nos quais a vacuidade é percebida diretamente) são denominados 'nobres' ou 'superiores', ou seja, Aryas. *Ver* também Terras.

CAMPO BÚDICO *(zhing khams, tib.)* – Uma esfera ou dimensão manifestada por um buda ou grande bodhisattva, na qual os seres podem permanecer e progredir em direção à iluminação sem nunca cair em estados inferiores de existência. De fato, qualquer lugar, visto como a pura manifestação da Sabedoria espontânea, é um campo búdico.

CAMPO DE MÉRITO *(tshogs zhing, tib.)* – O foco ou objeto da devoção, oferendas e orações de um praticante, por meio das quais mérito e sabedoria são acumulados no caminho para a iluminação.

CANAIS, ENERGIAS E GOTAS ESSENCIAIS – Os canais sutis ou veias *(nadi, sct; rtsa, tib.)*, as energias-ventos *(prana; rlung)* e as essências corporais *(bindu; thig le)*, que são manipuladas e colocadas sob controle durante a prática da Anuyoga.

CANAL CENTRAL – *Ver* Avadhuti.

CANIBAIS – *Ver* Orcs.

CAUSAL, VEÍCULO *(rgyu mtshan nyid kyi theg pa, tib.)* – O veículo de ensinamentos baseados nos sutras, segundo os quais os seres possuem o potencial para o estado búdico, que deve ser gradualmente desenvolvido de modo a ser completamente realizado. Em contraste, os ensinamentos Vajrayana ou tântricos trabalham com o entendimento de que esta natureza búdica já é completamente perfeita, sem necessidade de desenvolvimento (por esta razão ele é conhecido como veículo do resultado). O propósito da prática é dissipar as máculas que a obscurecem.

CENTRAL, PAÍS *(yul dbus, tib.)* – Um termo que indica um país no qual o budadharma é proclamado e praticado.

CHAKRA, sct. *('khor lo, tib.)* – Centros de energias-ventos sutis situados sobre o canal central do corpo, o avadhuti.

CHIMPHU *(mchims phu)* – Uma encosta de montanha acima do Monastério de Samye, local de muitos eremitérios em cavernas.

CHÖ *(gcod), literalmente, cortando, cortar* – O nome de uma prática de ioga baseada nos ensinamentos da Prajñaparamita, trazidos ao Tibete pelo mestre indiano Phadampa Sangye e propagados pela ioguine Machig Lapdrön. O propósito do chö é a destruição da fixação ao ego.

CINCO AGREGADOS *(phung po lnga, tib.)* – Corpo, sensação, percepção, fatores condicionantes e consciência. Estes são os elementos constitutivos da "personalidade". Quando ocorrem juntos, surge a falsa impressão de que uma essência existe de modo separado como uma entidade independente.

CINCO CIÊNCIAS *(rig lnga, tib.)* – Os cinco assuntos tradicionalmente dominados por um pandita, ou seja: arte e manufatura, medicina, filologia, lógica e filosofia.

CINCO CORPOS – *Ver* Trikaya.

CINCO ELEMENTOS *('byung ba lnga, tib.)* – Terra, ar, fogo, água e espaço, os princípios de solidez, movimento, calor, liquidez e desobstrução.

CINCO FAMÍLIAS *(rigs lnga, tib.)* – As cinco Famílias Búdicas, ou seja: Tathagata, Vajra, Joia, Lótus e Ação. Elas representam os cinco aspectos do estado búdico. Elas são presididas pelos Dhyani Budas, que são geralmente representados em um arranjo de mandala da seguinte forma: Vairochana azul no centro (Tathagata), Vajrasattva branco no leste (Vajra), Ratnasambhava amarelo no sul (Joia), Amitabha vermelho no oeste (Lótus) e Amoghasiddhi verde no norte (Ação).

CINCO SABEDORIAS *(ye shes lnga, tib.)* – Cinco aspectos da mente do Buda, relacionados aos Dhyani Budas das cinco Famílias: sabedoria do espaço absoluto (Vairochana), sabedoria semelhante ao espelho (Vajrasattva), sabedoria da igualdade (Ratnasambhava), sabedoria que tudo percebe (Amitabha) e sabedoria que tudo realiza (Amoghasiddhi).

CINCO SUBSTÂNCIAS DE SAMAYA *(dam tshig gi rdzas lnga, tib.)* – Sêmen, sangue, urina, excremento e carne. Essas substâncias, que são normalmente consideradas repulsivas, são transformadas nos cinco néctares (e assim são denominadas) quando sua natureza pura é realizada.

CLARIVIDÊNCIA *(mgnos she, tib.)* – Há seis tipos de clarividência ou conhecimento sobrenatural: por exemplo, o conhecimento das vidas passadas de si mesmo e dos outros. O sexto é o conhecimento da exaustão do carma e das negatividades. Isto é desfrutado apenas pelos budas.

CONCENTRAÇÃO DO DESTEMOR HEROICO – *Ver* Concentração Tripla.

CONCENTRAÇÃO SIMILAR AO ESPELHO – *Ver* Concentração Tripla.

CONCENTRAÇÃO TRIPLA – As três formas mais elevadas de concentração cultivadas pelos bodhisattvas e iniciadas no caminho da Visão. A concentração Semelhante ao Espelho *(sgyu m alta bu 'i ting nge 'dzin)* é uma absorção na qual os bodhisattvas das sete terras impuras percebem todos os fenômenos como ilusórios. A concentração do destemor heroico *(dpa' bar 'gro ba 'i ting nge 'dzin)* é dominada pelo bodhisattvaas nas terras puras, e elimina todas as obstruções à atividade iluminada. A concentração similar ao vajra *(rdo rje lta bu 'i ting nge 'dzin)* elimina os obscurecimentos mais sutis que encobrem o estado búdico perfeito. Ela é praticamente um sinônimo da própria iluminação, pois apenas os bodhisattvas que estão bem no fim da décima terra a dominam.

CONCENTRAÇÃO VAJRA – *Ver* Concentração Tripla.

CONSCIÊNCIA LÚCIDA *(rig pa, tib.)* – O estado primordial da mente, claro, desperto, livre de fixações: a união de vacuidade e claridade.

CONTINENTE *(gling, tib.)* – Neste texto, este termo não se refere a regiões da geografia moderna, mas a regiões localizadas ao redor da enorme montanha central que, segundo a cosmologia budista, forma o eixo central de um sistema universal de mundos.

COR DE COBRE, MONTANHA *(zangs mdog dpal ri, tib.)* – O campo búdico de Guru Padmasambhava em Ngayab. Ver Ngayab.

CORPO – *Ver* Trikaya.

CORPO DE ARCO-ÍRIS *('ja lus, tib.)* – O corpo de arco-íris, sinônimo de corpo de diamante *(rdo rje sku)*, é o nome dado à realização do estado búdico segundo as práticas da Grande Perfeição da escola Nyingma. Há três tipos de corpos de arco-íris: o conhecido como corpo de arco-íris *('ja lus)*, o corpo de radiância *('od sku)*, e o corpo de arco-íris da grande transferência *('ja lus 'pho ba chen po)*. O primeiro é atingido por meio da prática do Trekchö. Quando alguém realizado nesta prática morre, o seu corpo será visto emitindo luz de arco-íris e diminuirá de tamanho (frequentemente, de forma considerável). Depois de cerca de uma semana, se for deixado sem perturbações, o corpo desaparecerá completamente, deixando para trás apenas cabelos e unhas dos pés e das mãos. Iogues manifestam este nível de realização mesmo nos tempos modernos; de fato, até os dias atuais. O Corpo de Radiância é realizado por meio de uma prática do Dzogchen denominada thögal, e, na morte, o corpo é transformado diretamente em luz, não deixando para trás nenhum resquício. No caso do corpo de arco-íris da grande transferência, *('ja lus 'pho ba chen po)*, o praticante realizado transforma seu corpo físico em uma forma indestrutível composta por luz de arco-íris e continua a viver por séculos, permanecendo visível quando for de benefício para os seres sencientes. Quando não há mais um propósito para tal manifestação, o praticante dissolve seu corpo em um corpo de radiância e se funde na Base Primordial.

CRIAÇÃO E PERFEIÇÃO – As duas fases principais da prática tântrica. O estágio da criação *(bskyed rim)* (também referido como "geração" e "desenvolvimento") envolve meditação sobre as aparências, sons e pensamentos como deidades, mantras e sabedoria, respectivamente. O estágio da perfeição *(rdzogs rim)* se refere à dissolução das formas visualizadas na vacuidade e a experiência dela; ele também indica a meditação sobre os canais sutis, energias e essências do corpo.

DAKA, *sct. (dpa' bo, tib.)* – às vezes, traduzido como "herói". O equivalente tântrico de um buda ou bodhisattva.

DAKINI, *sct. (mkha' 'gro, tib.)* – Pronunciada com a tônica na primeira sílaba: dákini. Uma personificação feminina da Sabedoria. Uma distinção é feita entre dakinis de sabedoria que são completamente iluminadas e dakinis "mundanas" ou "comuns" que, apesar de não serem completamente iluminadas, possuem poderes espirituais. Em tibetano, o termo é usado como um título de respeito por ioguines altamente realizadas.

DAKINIS DAS QUATRO CLASSES – Isto se refere às quatro Famílias Iluminadas Vajra, Joia, Lótus e

Ação, correspondendo aos quatro tipos de atividade.

DAMARU, *sct.* – Um pequeno tambor ritual.

DEIDADE – *Ver* Deus.

DEIDADES E CONSORTES *(yab yum, tib.)* – Uma forma de representar a união inseparável de Sabedoria e Método, Aparência e Vacuidade.

DEMÔNIO *(bdud, tib.)* – Quando não usado em um sentido obviamente metafórico, este termo se refere ou a um espírito, ou, simbolicamente, aos obstáculos no caminho. O Demônio dos Agregados se refere aos cinco skandhas (corpo, sensação, percepção, fatores condicionantes e consciência), conforme descritos no ensinamento budista como a base para a imputação da noção de "eu", a essência pessoal, que constitui a causa raiz do sofrimento no samsara. O Demônio das Aflições se refere às emoções negativas tais como apego, raiva, ignorância, orgulho e ciúme, que produzem sofrimento. O Demônio Senhor da Morte se refere não apenas à morte efetiva, mas à transitoriedade momentânea de todos os fenômenos, cuja natureza é o sofrimento. O Demônio Filho dos Deuses se refere ao vaguear da mente e ao apego aos fenômenos apreendidos como realmente existentes.

DEUS *(lha, tib.; deva, sct.)* – Uma classe de seres superiores ao estado humano que desfrutam de imensa longevidade, mas não são imortais. Também é bom ter em mente que, tanto no sânscrito quanto no tibetano, *deva* e *lha* são termos técnicos comumente usados para se referir aos yidams e outras deidades em uma mandala, o Buda, o Guru e qualquer grande figura como um rei. Como enfatizado por Radhakrishnan, o termo *deva* está associado ao ato de oferecer, e sem dúvida há uma conexão desse termo com palavras que significam "oferecer" em muitas línguas indoeuropeias. O criador é denominado deva porque ele "oferece o universo", sol e lua são assim chamados porque oferecem luz, o rei porque oferece proteção, e o Buda e o Guru porque oferecem a Doutrina. O fato de que deuses ou deidades são frequentemente citados no budismo tibetano não implica, no entanto, que ele seja uma espécie de religião politeísta.

DEUSAS TENMA *(brten ma bcu gnyis, tib.)* – Doze espíritos associados com as regiões montanhosas do Tibete que, na presença do Guru Padmasambhava, fizeram o voto de proteger a religião e o povo do Tibete.

DEZ DIREÇÕES *(phyogs bcu, tib.)* – As quatro direções cardinais acrescidas das quatro direções intermediárias, o zênite e o nadir.

DEZ VIRTUDES *(dge ba bcu, tib.)* – Nos ensinamentos budistas, o comportamento virtuoso é sistematizado em dez atividades virtuosas. Três se referem ao corpo e consistem na abstenção de matar, roubar e conduta sexual imprópria; quatro concernem à faculdade da fala, e são evitar a mentira, a fala divisiva, a fala agressiva e violenta, e a conversa inútil; três se referem à mente e são evitar cobiça, má-vontade e visões errôneas.

DEZ VIRTUDES TRANSCENDENTAIS – *Ver* Perfeições.

DHARMA, *sct. (chos, tib.)* – A Doutrina, ou corpo de ensinamentos oferecidos pelo Buda e outros seres iluminados, que apresenta o caminho para o Despertar. Ele possui dois aspectos: o Dharma de transmissão, ou seja, escrituras e ensinamentos, e o Dharma de realização, qualidades resultantes da prática espiritual.

DHARMADHATU, *sct. (chos dbyings, tib.)* – A expansão da realidade última, vacuidade.

DHARMAKAYA, *sct.* – *Ver* Trikaya.

DHARMAPALA, *sct. (chos skyong, tib.)* – Um protetor dos ensinamentos. Estas entidades geralmente não humanas são, às vezes, emanações de budas e bodhisattvas, e eventualmente são espíritos locais, deuses ou demônios que foram subjugados por um grande mestre espiritual e atados por juramento. A amarração de sua energia para o serviço da Doutrina teve um papel decisivo na preservação dos ensinamentos desde o início, no Tibete, até os tempos atuais. Na forma de oráculos, tais como o de Nechung, por exemplo, os dharmapalas continuam a exercer uma influência direta na vida tibetana.

DHARMATA, *sct. (chos nyid, tib.)* – A natureza última dos fenômenos.

DIAMANTE, CORPO DE; OU CORPO VAJRA – *Ver* Trikaya, corpo de arco-íris.

DIAMANTE, TRONO DE *(rdo rje gdan, tib.; Vajrasana, sct.)* – Bodhgaya, na Índia, onde o Buda Shakyamuni atingiu a iluminação sob a árvore Bodhi.

DORJE DROLÖ, tib. *(rdo rje gro lod)* – Uma manifestação irada do Guru Padmasambhava.

DOZE ELOS INTERDEPENDENTES *(rten 'brel, tib.; pratityasamutpada, sct.)* – A cadeia em doze etapas do surgimento interdependente, que define o giro completo pela experiência samsárica. São eles: (1) ignorância (*ma rig pa*), (2) fatores condicionantes (*'du byed*), (3) consciência (*rnam shes*), (4) forma e mente (*ming dang gzugs*), (5) os seis sentidos (*skye mched*), (6) contato (*reg pa*), (7) sensação (*tshor ba*), (8) desejo (*sred pa*), (9) anseio (*len pa*), (10) vir a ser (*srid pa*), (11) nascimento (*skye ba*), (12) envelhecimento e morte (*rga shi*).

DRI, *tib. ('bri)* – Iaque fêmea.

DZO, *tib. (mdzo)* – Um cruzamento entre um iaque e uma vaca.

DZOGCHEN, *tib. (rdogs chen)* – *Ver* Grande Perfeição.

EKADZATI, *tib. (Ekajati, sct.)* – Uma protetora de sabedoria dos ensinamentos tântricos, uma emanação de Samantabhadri. *Ver* Dharmapala.

ELEMENTOS *('byung ba, tib.)* – *Ver* Cinco Elementos.

EMAHO – *Ver* Kyeho.

EMPODERAMENTO *(dbang, tib.)* – Neste texto, os termos *empoderamento* e *iniciação* são tratados como sinônimos. Entre os dois, *iniciação*, apesar de ser insatisfatório sob muitos aspectos, apresenta a vantagem de indicar que este é o ponto de entrada na prática tântrica. Por outro lado, *empoderamento* está mais próximo do termo em tibetano, que se refere à transferência do poder da sabedoria, de mestre para discípulo, permitindo e possibilitando que eles se engajem na prática e colham o seu fruto. Em geral, há quatro níveis de empoderamento tântrico. O primeiro é o Empoderamento do Vaso, que purifica as negatividades e obscurecimentos associados ao corpo, concede as bênçãos do Corpo Vajra, autoriza o discípulo a praticar as iogas do estágio da geração, e lhe permite realizar o Nirmanakaya. O segundo é o Empoderamento Secreto. Ele purifica as negatividades e obscurecimentos da faculdade da fala; concede as bênçãos da Fala Vajra; autoriza o discípulo a praticar as iogas do estágio da perfeição conectadas com os canais sutis, energias dos ventos e essências de seu próprio corpo; e possibilita ao discípulo realizar o Sambhogakaya. O terceiro empoderamento é o Empoderamento da Sabedoria. Ele purifica as negatividades e os obscurecimentos associados à mente; concede as bênçãos da Mente Vajra; autoriza a prática das iogas do Caminho das Habilidades e possibilita ao discípulo realizar o Dharmakaya. O último empoderamento, que é frequentemente citado simplesmente como o Quarto Empoderamento, é o Empoderamento da Palavra Preciosa. Ele purifica as negatividades de corpo, fala e mente e todos os obscurecimentos cármicos e cognitivos, concede as bênçãos da Sabedoria Primordial, autoriza o discípulo a se engajar na prática do Dzogchen e torna possível a realização do Svabhavikakaya.

Essa é uma simplificação de um assunto altamente complexo. Talvez seja válido enfatizar que esses empoderamentos apenas ocorrem verdadeiramente quando a transmissão do poder espiritual do mestre é efetivamente experimentada pelo discípulo, que é completamente transformado por ela. Caso isto não ocorra, que certamente é o caso para a maioria das pessoas, o empoderamento não ocorre, estritamente falando. Cerimônias de empoderamento são, na vasta maioria dos casos, simbólicas; elas são, por assim dizer, bênçãos sacramentais. Essas bênçãos são, apesar disso, importantes e, de fato, indispensáveis, por constituírem uma autorização para a prática e criarem conexões auspiciosas que preparam o discípulo para o momento em que o empoderamento real possa acontecer. Desnecessário dizer que, no caso de Guru Rinpoche e Yeshe Tsogyal, os empoderamentos foram genuinamente transmitidos e recebidos.

ENERGIAS, ENERGIAS-VENTOS *(rlung, tib.)* – Energias sutis que circulam pelos canais sutis do corpo e agem como o veículo das gotas essenciais, o suporte da mente.

ESSÊNCIA, GOTAL ESSSENCIAL *(thig le, tib.)* – No nível externo, isso é considerado como o elemento quintessencial do corpo físico. No nível sutil, o termo é usado para se referir à bodhichitta absoluta, em outras palavras, à natureza da mente.

ESTUPA, sct. *(mchod rten, tib.)* – literalmente, apoio para oferendas. Representação simbólica da mente do Buda. O mais típico monumento budista, frequentemente contendo as relíquias de seres iluminados e apresentando tamanhos variados. Frequentemente, tem uma base quadrada, uma seção média arredondada e uma seção superior elevada cônica, coroada por um sol e uma lua.

FELICIDADE, GRANDE – *Ver* Grande Bem-aventurança.

GANACHAKRA, sct. *(tshogs, tib.)* – Festim ou festim sagrado. Uma oferenda ritual no budismo tântrico na qual alimento e bebida são abençoados como o elixir da sabedoria e são oferecidos ao yidam, assim como às deidades da mandala do próprio corpo.

GANDHARVA, sct *(sct.; dri za, tib.)* – Um membro de uma classe de seres não humanos conhecidos por se nutrirem de cheiros. Eles são renomados por sua beleza e são geralmente associados à música.

GARUDA, *sct (khyung, tib.)* – Um tipo de pássaro nas mitologias indiana e tibetana, tradicionalmente de grande envergadura, cujos filhotes emergem do ovo já dotados com penas e são capazes de voar imediatamente. É um símbolo da Sabedoria Primordial.

GERAÇÃO E PERFEIÇÃO – *Ver* Criação e Perfeição.

GRANDE BEM-AVENTURANÇA *(bde ba chen po, tib.)* – Bem-aventurança inerente à natureza da mente, mas completamente além da sensação comum de prazer.

GRANDE MÃE *(yum chen mo, tib.)* – Prajñaparamita, Sabedoria transcendental, realização direta da vacuidade, assim denominada porque tal realização é a fonte ou "mãe" do estado búdico.

GRANDE PERFEIÇÃO *(mahasandhi, sct.; rdzogs pa chen po, tib.)* – Dzogchen, a visão última na escola Nyingma – a união de vacuidade e sabedoria primordial, da pureza primordial *(ka dag)* e presença espontânea *(lhun grub)*.

GRANDE SER COMPASSIVO *(thugs rje chen po, tib.)* – Um título de Avalokiteshvara, o bodhisattva da compaixão; o aspecto Sambhogakaya do Buda Amitabha, do qual Guru Rinpoche é o aspecto Nirmanakaya.

GRANDE VEÍCULO – *Ver* Mahayana.

GURU SENGE DRADOK – Uma das oito manifestações de Padmasambhava.

GURU YOGA, *sct. (bla ma'i rnal 'byor, tib.)* – A prática mais importante no budismo tântrico. Consiste na visualização do Guru, em orações e pedidos por bênçãos, em receber essas bênçãos e em fundir sua mente com a mente de sabedoria iluminada do Guru.

HAYAGRIVA, *sct. (srta mgrin, tib.)* – Deidade irada da família Lótus.

HERUKA, *sct.* – Geralmente, um termo genérico para um yidam masculino ou deidade meditativa (geralmente irada ou semi-irada). Em qualquer forma, um heruka é uma representação da natureza última da mente.

HORPA – Uma raça da Ásia Central, provavelmente os Uighurs, um povo nômade de origem turcomana.

INDRA, *sct. (brgya byin, tib.)* – Deus soberano do Paraíso dos Trinta e Três, um reino celestial localizado no mundo do desejo.

INICIAÇÃO – Ver Empoderamento.

INSIGHT SUPERIOR *(vipashyana, sct.; lhag mthong, tib.)* – A percepção da natureza última dos fenômenos.

IRMÃOS VAJRA *(rdo rje mched grogs, tib.)* – Praticantes conectados pelo samaya tântrico.

JURAMENTO, ATADO POR – *Ver* Dharmapala.

KALPA, *sct. (bskal pa, tib.)* – Uma sequência de tempo que compreende as quatro fases de formação, duração e dissolução de um sistema universal, assim como o período de vazio que precede a formação do sistema subsequente.

KAMALASHILA – Um dos principais discípulos de Shantarakshita, que deu continuidade à síntese de seu mestre da Madhyamaka com Yogachara (século nono).

KANGYUR *(bka' 'gyur, tib.)* – A coleção de 108 volumes contendo o cânone das escrituras budistas que corporificam os ensinamentos do Buda Shakyamuni.

KAPALA, *sct.* *(thod phor, tib.)* – Um recipiente ou tigela feita da copa de um crânio humano. Kapalas são usadas em cerimônias tântricas e simbolizam o desapego e a inexistência do ego.

KARMA, *sct.* *(las, tib.)* – Ação; o princípio psicofísico de causa e efeito (las rgyu 'bras), segundo o qual todos os estados existenciais surgem como resultado de ações prévias. As ações que resultam na experiência de felicidade são definidas como virtuosas; as ações que dão origem ao sofrimento são desvirtuosas.

KARMAMUDRA, *sct.* *(las kyi phyag rgya, tib.)* – Neste contexto, um nome dado ao parceiro na prática de meios hábeis (ver definição de terceiro empoderamento, no verbete para Empoderamento). O karmamudra é a fonte da sabedoria de bem-aventurança-vacuidade.

KATANGA, *sct.* *(khatvanga, tib.)* – Um tridente especial carregado por iogues tântricos e, em especial, por Guru Padmasambhava. Sem dúvida em conexão com a história apresentada aqui de Tsogyal ter seu corpo ocultado no tridente do Guru, nas representações de Guru Rinpoche, a katanga é considerada um símbolo da consorte espiritual.

KAYA – *Ver* Trikaya.

KRYIATANTRA, *sct (bya rgyud, tib.)* – O primeiro dos três tantras externos, de acordo com o sistema Nyingma de nove veículos, no qual a ênfase é colocada na purificação do corpo e da fala.

KUNTUZANGPO – *Ver* Samantabhadra.

KEYHO, KYEMA etc. – Poemas tibetanos e outras formas de admoestação, frequentemente precedidas por palavras de exclamação ou frases indicativas do tom geral e conteúdo daquilo que está sendo dito. Por exemplo, *Emaho* é uma expressão de espanto; *Ho*, de coragem e determinação; enquanto *Kyema* e *Kyehü* expressam pesar.

LAMA *(guru, sct.; bla mai, tib.)* – Professor espiritual, explicado como a contração de *bla na med pa*, "nada superior". O título é, às vezes, usado livremente como um termo geral para denotar um monge budista ou mesmo qualquer um que afirme ser um professor. No contexto tradicional, entretanto, o título é atribuído exclusivamente aos mestres com grande conhecimento e elevada realização.

LHATHOTHORI – Rei do Tibete (nascido em aprox. 173 EC); durante o seu reinado, o Budadharma apareceu pela primeira vez no Tibete na forma de relíquias e textos em sânscrito das escrituras budistas. Apesar de não compreender essas escrituras, o rei reconheceu seu caráter sagrado e respeitosamente as preservou. O primeiro rei budista do Tibete, Songtsen Gampo, nasceu quatro gerações depois.

LUZ ILIMITADA – *Ver* Amitabha.

LUZ DE LÓTUS *(pad ma 'od, tib.)* – Nome do palácio de Guru Padmasambhava em sua terra pura, a Gloriosa Montanha Cor de Cobre de Ngayab.

MADHYAMIKA, *sct.* *(dbu ma, tib.)* – A mais elevada visão filosófica do budismo Mahayana, proposta por Nagarjuna no século II EC.

MAHAMUDRA, *sct. (phyag rgya chen po, tib.)* – O Grande Selo, ou seja, o selo da vacuidade de todos os fenômenos. Ele se refere tanto ao caminho (ensinamento e prática do Mahamudra) quanto ao resultado (realização do Mahamudra). O Mahamudra é comparável aos ensinamentos Nyingma do Dzogchen, do qual ele é, entretanto, sutilmente diferente.

MAHASIDDHA, *sct. (grub thob chen po, tib.)* – *Ver* Siddha.

MAHAYANA, *sct. (theg pa chen po, tib.)* – O Grande Veículo, a tradição do budismo praticada especialmente nos países do norte da Ásia, China, Japão, Coreia, Mongólia, Tibete e regiões dos Himalaias. A característica do Mahayana é a compaixão universal e o desejo de libertar todos os seres sencientes do sofrimento e de suas causas. Para esse propósito, a meta do Mahayana é atingir a suprema iluminação do estado búdico, e o caminho consiste na prática das seis paramitas. No nível filosófico, o Mahayana compreende duas escolas principais, Madhyamika e Chittamatra ou Yogachara. O Vajrayana (ensinamentos tântricos do budismo) também é um ramo do Mahayana.

MAHAYOGA, *sct.* – O primeiro dos três tantras internos no sistema Nyingma de nove veículos. Aqui a ênfase é colocada nas práticas do estágio da geração.

MAITREYA, *sct. (byams pa, tib.)* – literalmente, Ser Amoroso. O bodhisattva que agora reside no paraíso de Tushita e que se tornará o quinto buda desta era.

MALA, *sct. ('phreng ba, tib.)* – Um colar de 108 contas utilizado para contagem durante a recitação de mantras.

MAMO *(ma mo, tib.)* – Uma dakini, em geral, de aspecto irado; uma espécie de demônia comedora de carne.

MANDALA, *sct. (dkyil 'khor, tib.)* – Esta palavra tem diversos níveis de significado. De modo bem básico, pode ser compreendida simplesmente como uma configuração, uma unidade inteligível de espaço. A mandala da deidade, por exemplo, é o espaço sagrado no centro do qual uma deidade de sabedoria está localizada. Uma mandala também pode ser entendida como o arranjo de uma oferenda e um meio poderoso para acumulação de mérito. Ela pode assumir diversas formas, começando com a oferenda de objetos desejáveis, incluindo o próprio corpo, e expandindo para uma oferenda simbólica do universo como um todo, e mesmo dos três kayas. O termo também é usado de forma honrosa, quando se fala, por exemplo, da mandala do corpo do Guru.

MANDARAVA – Princesa indiana, filha do rei de Sahor, Mandarava se tornou discípula e consorte espiritual do Guru Padmasambhava. Seu pai se sentiu ultrajado e condenou ambos a serem queimados até a morte. Enquanto estavam na fogueira em chamas, Guru Padmasambhava milagrosamente a transformou em um lago de lótus (hoje conhecido como o lago Tsopema, em Rewalsar, na Índia). Isto convenceu o rei da grande sabedoria e poder de Padmsambhava, e ele solicitou ensinamentos e permitiu que sua filha tivesse liberdade para seguir seu destino espiritual. Mandarava foi com Guru Padmasambhava, como sua consorte, para a grande caverna de Maratika (hoje em território nepalês), onde realizaram o estado de vidyadhara da imortalidade. Mandarava permaneceu na Índia, mas visitou o Tibete diversas vezes.

MANI – *Ver* Mantra das Seis Sílabas.

MANJUSHRI, *sct. ('jam dpal dbyangs, tib.)* – Nome de um bodhisattva que personifica a sabedoria de todos os budas.

MANTRA, *sct. (sngags, tib.)* – Sílabas ou fórmulas que, ao serem recitadas no contexto de sadhanas, visualizações etc., protegem a mente dos praticantes das percepções ordinárias. Os mantras também são invocações e manifestações do yidam na forma de som. Há três tipos de mantra: (1) vidya-mantras *(rig sngags)*, associados com a classe externa dos tantras, são a essência dos meios hábeis; (2) dharani-mantras *(gzungs)* são a essência da sabedoria transcendental e derivam dos ensinamentos da Prajñaparamita; (3) mantras secretos *(gsang sngags)* estão relacionados a Mahayoga, Anuyoga e Atiyoga.

MANTRA DAS SEIS SÍLABAS – O "Mani", o mantra de Avalokiteshvara: *Om Mani Padme Hung*.

MANTRA SECRETO; MANTRAYANA SECRETO *(gsang sngags, tib.)* – *Ver* Vajrayana.

MARCAS MAIORES E MENORES DA ILUMINAÇÃO *(mtshan dang dpe byed, tib.)* – Trinta e duas marcas maiores e oitenta marcas físicas menores características de um buda. Estas incluem as rodas que marcam suas palmas das mãos e solas dos pés, a coloração dourada de seu corpo, unhas da cor de cobre, entre outras.

MEIOS HÁBEIS E SABEDORIA – Um importante casamento no budismo Mahayana. Refere-se à sabedoria *(shes rab)* da vacuidade e ao aspecto vazio dos fenômenos em união com os meios *(thabs)* da compaixão e com o aspecto de aparência dos fenômenos. Meios hábeis e sabedoria são indissociáveis.

MEMÓRIA INFALÍVEL *(gzungs, tib.)* – Baseada na realização da vacuidade e cultivada no Caminho da Visão e acima, a memória infalível é uma das características da realização mais elevada. De modo geral, podem ser distinguidos oito (ou, neste texto, sete) diferentes poderes da memória infalível, tais como o poder de oferecer uma explicação sobre uma única palavra por uma duração infinita de tempo.

MÉRITO *(bsod nam, tib.)* – Carma positivo, a energia positiva gerada por ações virtuosas de corpo, fala e mente.

MÖN *(yum, tib.)* – O princípio feminino, sabedoria ou vacuidade. *Ver* Grande Mãe; Prajñaparamita.

MONTE MERU *(ri rab, tib.)* – O rei das montanhas e eixo do mundo, segundo a cosmologia da Índia antiga. Ao seu redor estão localizados os quatro continentes e os oito subcontinentes dos quais um universo é composto. Todos os universos, em número infinito, estão arranjados da mesma forma.

MUDRA, *sct. (phyag rgya, tib.)* – literalmente, um gesto ritual, sinal, selo. Há quatro tipos de mudra, que possuem numerosos níveis de significado, de acordo com o contexto.

MUNDO DO DESEJO *('dod khams, tib.)* – Um termo geral que se refere aos seis reinos samsáricos: infernos, mundos dos fantasmas famintos, animais, humanos, asuras e os primeiros seis níveis das moradas divinas dos deuses.

NAGA, *sct. (klu, tib.)* – Uma criatura mágica e poderosa frequentemente apresentada na visão de mundo budista e hinduísta. Os nagas estão associados a serpentes e se diz que habitam o elemento água ou regiões abaixo da superfície da terra.

NAMKHAI NYNGPO *(nam mkha'i snying po)* – Um dos principais discípulos do Guru Padmasambhava. Um grande tradutor, monge e siddha do clã Nub, cujo principal assento estava em Lhodrak Kharchu.

NAMRI TSENPO *(gnam ri btsan po)* – Rei tibetano, pai do rei Songtsen Gampo.

NÃO RETORNO – Um nível de realização espiritual após o qual é impossível cair novamente nos sofrimentos do samsara.

NGAYAB, *tib. (chamara, sct.)* – O nome do subcontinente que se encontra ao sul e a oeste do continente de Jambu (nosso mundo), segundo a cosmologia budista (*ver* Monte Meru). É nele que o campo búdico de Guru Rinpoche está localizado.

NIRMANAKAYA – *Ver* Trikaya.

NIRVANA, *sct. (myang 'das, tib.)* – literalmente, o estado além do sofrimento. Este termo indica os diversos níveis de iluminação, conforme apresentados tanto nos ensinamentos Shravakayana quanto Mahayana.

NYATRI TSENPO – Segundo a tradição budista, foi o primeiro rei do Tibete. Ele era de origem indiana e a ele é creditada a construção da primeira edificação com pedras no Tibete, a torre de Yumbulakhar.

NYINGMA *(rnying ma, tib.)* – A tradição antiga. A primeira escola mãe do budismo tibetano, assim chamada em contraponto com as escolas fundadas posteriormente.

NYINGTIK *(snying thig, tib.)* – Os ensinamentos mais profundos da seção de instruções essenciais do Dzogpa Chenpo, ou Grande Perfeição.

OBJETIVO DUPLO *(don gnyis, tib.)* – A iluminação para si mesmo e o benefício imediato e definitivo para os outros.

ODDIYANA – *Ver* Orgyen.

OITO GRANDES HERUKAS *(sgrub pa bka' brgyad, tib.)* – As oito deidades yidam principais e sadhanas do Mahayoga tantra. São eles: *gshin rje gshed* (Yamantaka – corpo), *rta mgrin* (Hayagriva – fala), *yang dag* (Vishuddha – mente), *che mchog* (Amrita – qualidades), *phur pa* (Kila – atividades), *mamo rbod gtong* (ou Lame Heruka), *dmod pa drag sngags* (ou Tobden Nagpo), *'jug rten mchod bstod* (ou Drekpa Kundul). As últimas três sadhanas estão conectadas com três classes de deidades mundanas (*'jig rten pa'i sde gsum*).

ORCS, OGROS E CANIBAIS *(srin po, tib.; rakshasa, sct.)* – Uma classe de seres não humanos perigosos, devoradores de carne, que aparecem nas visões de mundo hindu e budista.

ORGYEN – Também conhecido como Oddiyana, um país no noroeste da Índia antiga, hoje identificado como o Vale do Swat, em Kashmir. Foi ali que Guru Padmasambhava nasceu.

ORGYEN SAMBHA – Outro nome do Guru Padmasambhava.

OUVINTE *(nyan thos, tib.)* – *Ver* Shravaka.

PADMA THODRENGTSEL *(pad ma thod 'phreng rtsal, tib.)* – literalmente, Lótus Poderoso da Guirlanda de Crânios. Um nome do Guru Padmasambhava.

PADMASAMBHAVA *(pad ma 'byung gnas, tib)* – literalmente, Nascido do Lótus. O Mestre indiano dos Mantras que é conhecido por ter nascido milagrosamente, aparecendo em uma flor de lótus no país de Orgyen. Ele foi profetizado pelo Buda em diversos sutras e tantras. No século nono, e sob o convite do rei Trisong Detsen, ele pacificou as forças que obstruíam a introdução do budismo no Tibete e introduziu e nutriu os ensinamentos do Vajrayana. Alguns de seus outros nomes mencionados no texto são Guru do Lótus, Guru Rinpoche ou Guru Precioso, Mestre Precioso, Guru Drakpo, Guru ou Senhor de Orgyen, Mestre de Orgyen, Orgyen Sambha, Guru Senge Dradok, Dorje Drolö, Padma Thödrengtsel. Para a história detalhada de sua vida, ver *The Lotus-Born: The Life Story of Padmasambhava*, por Yeshe Tsogyal (Boston & Londres: Shambhala Publications, 1993).

PANDITA, *sct.* – Um erudito, alguém treinado nas cinco ciências tradicionais. *Ver* Cinco Ciências.

PARAMITA – *Ver* Perfeições.

PECADOS DE RETRINUIÇÃO IMEDIATA *(mtshams med lnga, tib.)* – Cinco ações negativas que são tão graves que provocam a queda imediata aos reinos inferiores após a morte. São elas: matar a própria mãe; matar o próprio pai; matar um Arhat; com intenção maldosa, fazer com que um Buda sangre; e provocar um cisma na comunidade espiritual. Aquele que comete uma ação dessas deve renascer no Inferno do Tormento Insuperável imediatamente após a morte, sem nem mesmo passar pelo estado do bardo.

PERFEIÇÕES (SEIS OU DEZ) *(paramita, sct.; pha rol tu phyin pa, tib.)* – Representam as práticas fundamentais do caminho Mahayana. As seis são: Generosidade, Disciplina Ética, Paciência, Diligência, Concentração e Sabedoria. As dez consistem nas seis citadas, mas a última perfeição da sabedoria é dividida nos aspectos de Meios *(thabs)*, Força *(stobs)*, Aspiração *(smon lam)*, e Sabedoria Primordial *(ye shes)*. são denominadas transcendentais porque, em união com a sabedoria, elas conduzem para além do samsara.

PÉS VELOZES *(rkang mgyogs, tib.)* – Uma das realizações comuns. A capacidade ióguica de viajar por grandes distâncias de forma extremamente rápida e sem cansaço.

PHURBA *(phur ba, tib.)* – Um implemento ritual parecido com uma adaga ou estaca. Também é o nome tibetano do yidam Vajrakila ou Vajrakumara.

POSTURA VAJRA *(rdo rje dkyil krung, tib.)* – Uma forma de sentar-se com as pernas cruzadas e os pés posicionados sobre as coxas, na qual o corpo é colocado em um estado de equilíbrio especialmente favorável para a prática da meditação.

PRAJNAPARAMITA, *sct. (shes rab kyi pha rol tu phyin pa, tib.)* – Conhecimento transcendental, realização direta da vacuidade e, portanto, a Mãe de Todos os Budas. Também referida como sabedoria que foi além.

PRETAS, *sct. (yi dvags, tib.)* – Fantasmas famintos, espíritos atormentados pela falta de nutrição. Os pretas constituem uma das seis classes de seres no samsara.

PURA, TERRA *(dag pa'i zhing, tib.)* – *Ver* Campo Búdico.

PURO, CAMPO *(dag pa'i zhing, tib.)* – *Ver* Campo Búdico.

QUATRO ALEGRIAS *(dga' ba bzhi, tib.)* – Quatro experiências que transcendem totalmente o prazer comum e que se encontram na sabedoria essencial. Elas formam um aspecto das práticas associadas à terceira iniciação.

QUATRO ATIVIDADES *(phrin las bzhi, tib.)* – Quatro tipos de atividades executadas por seres realizados para ajudar os outros e eliminar circunstâncias desfavoráveis: pacificação, incremento, atração ou magnetização e subjugação feroz.

QUATRO GRANDES REIS *(reino dos)* – Quatro poderes espirituais que governam um reino celestial situado no mundo do desejo. Eles são associados com as quatro direções cardinais, das quais são considerados os guardiões.

QUATRO QUALIDADES INCOMENSURÁVEIS *(tsad med bzhi, tib.)* – Quatro pensamentos direcionados a todo o agregado de seres vivos, os quais são, portanto, descritos como incomensuráveis. Eles são o amor ilimitado, a compaixão ilimitada, a alegria empática ilimitada e a imparcialidade ilimitada.

RAKSHASAS, *sct. (srin po, tib.)* – *Ver* Orcs, Ogros e Canibais.

RATNASAMBHAVA, *sct. (rin chen 'byung gnas, tib.)* – literalmente, Fonte de Joias. O buda da Família Joia, correspondendo à sabedoria da igualdade, que é a natureza pura do agregado da sensação e da aflição do orgulho, e está relacionado à atividade iluminada do incremento.

REALIZAÇÕES SUPREMAS E COMUNS *(siddhi, sct.; dngos grubI, tib.)* – A realização suprema é atingir o estado búdico. As realizações comuns são os poderes milagrosos adquiridos ao longo do treinamento espiritual. Esses poderes, cuja realidade também é reconhecida em outras tradições espirituais além do budismo, não são considerados fins por si próprios. Eles são, entretanto, assumidos como sinais de progresso e são empregados para o benefício dos ensinamentos e dos discípulos.

SABEDORIA PRIMORDIAL *(ye shes, tib.)* – Consciência pura, espontaneamente presente nas mentes dos seres desde um tempo sem início.

SADHANA, *sct. (sgrub thas, tib.)* – Método de realização. Uma prática de meditação tântrica envolvendo a visualização de uma deidade e a recitação do mantra correspondente.

SAGRADOS, TERRAS E LOCAIS – Os vinte e quatro países, trinta e duas localidades e oito terrenos de cremação habitados por dakas e dakinis. Eles apresentam um significado psicofísico e estão relacionados a certos pontos do corpo sutil.

SAMADHI, *sct. (bsam gtan, tib.)* – Absorção ou concentração meditativa. Há quatro níveis de samadhi que correspondem ao reino da forma. *Ver* também Concentração Tripla.

SAMANTABHADRA, *sct. (kun tu bzang po, tib.)* – A mente completamente iluminada, pura, imutável, onipresente e desobstruída. Ela é simbolizada na forma de um buda nu e da cor do azul profundo do espaço infinito. Samantabhadra é a origem da transmissão tântrica da escola Nyingma.

SAMANTABHADRI, *sct. (kun tu bzang mo, tib.)* – Consorte de Samantabhadra, símbolo da vacuidade.

SAMAYA, *sct. (dam tshig, tib.)* – A conexão e o compromisso sagrados no Vajrayana estabelecidos entre mestre e discípulo, em que ele ou ela transmitem o empoderamento. Samaya também se refere aos elos sagrados entre os discípulos do mesmo mestre e entre os discípulos e sua prática.

SAMBHOGAKAYA, *sct.* – *Ver* Trikaya.

SAMSARA, *sct.* (*'khor ba, tib.*) – A roda ou ciclo da existência; o estado de existência não iluminado, no qual a mente, escravizada pelos três venenos do Desejo, da Raiva e da Ignorância, movimenta-se de forma descontrolada de um estado para outro, passando por um fluxo sem fim de experiências psicofísicas, todas elas caracterizadas pelo sofrimento. Ver Mundo do Desejo e Seis Reinos do Samsara.

SAMYE *(bsam yas, tib.)* – literalmente, além da imaginação. O complexo de templos construídos pelo rei Trisong Detsen ao longo do rio Tsangpo, próximo a Hepori, no Tibete Central.

SANGHA, *sct.* *(dge 'dun, tib.)* – A comunidade de todos os praticantes do Dharma, dos seres comuns aos aryas, que atingiram o caminho da Visão e além.

SARASVATI *(dbyangs can ma, tib.)* – A deidade feminina da arte, da ciência, da música e da fala, tradicionalmente considerada a professora original da língua sânscrita.

SEIS REINOS DO SAMSARA *(rigs drug, tib.)* – A experiência dos seres no samsara é tradicionalmente esquematizada em seis categorias gerais, referidas como reinos ou mundos. Elas são o resultado da ação prévia ou carma. Nenhum desses estados é satisfatório, apesar do grau de sofrimento de cada um deles variar. Os três reinos superiores ou afortunados, onde o sofrimento é aliviado por prazeres temporários ou nos quais o prazer predomina, são os paraísos dos deuses mundanos, os reinos dos asuras ou semideuses e o mundo dos seres humanos. Os três reinos inferiores, nos quais o sofrimento predomina sobre todas as outras experiências, são aqueles dos animais, dos fantasmas famintos e dos infernos.

SENHORES DA TRÊS FAMÍLIAS – Os bodhisattvas Manjusri, Avalokita e Vajrapani. Neste contexto, as três Famílias são, respectivamente, aquelas do Corpo, Fala e Mente do Buda.

SESSENTA QUALIDADES DA FALA MELODIOSA *(gsungs dbyangs yan lag drug bcu, tib.)* – Sessenta qualidades descritas de forma diferente nos sutras e nos tantras.

SHAKYAMUNI – Gautama, o Buda histórico de nossa era, o fundador do budismo.

SHANTARAKSHITA – Também conhecido tradicionalmente como Khenpo Bodhisattva, o Bodhisattva Abade. Um grande mestre indiano do budismo Mahayana, abade da universidade de Nalanda, convidado ao Tibete pelo rei Trisong Detsen.

SHRAVAKA, *sct.* *(nyan thos, tib.)* – Aquele que ouve os ensinamentos do Buda, transmite-os aos outros e os pratica. O objetivo característico do Shravaka é o estado de Arhat, uma liberação pessoal, individual, do samsara, e não a iluminação perfeita do estado búdico para o benefício de todos os seres. Shravakas são praticantes do Hinayana ou Veículo Raiz, o Shravakayana.

SIDDHA, *sct.* *(dngos grub, tib.)* – *Ver* Realizações.

SONGTSEN GAMPO *(srong btsan sgam po)* – O primeiro rei budista do Tibete, que viveu no século sétimo e é considerado uma manifestação do bodhisattva Avalokiteshvara, ou Chenrezig. Quatro reinados o separam de Trisong Detsen (oitavo e nono séculos).

SUÁSTICA, *sct. (gyung drung, tib.)* – Ao longo deste texto, a suástica aparece como o símbolo do Bön. Também é usada, entretanto, no contexto do budismo Vajrayana e representa imutabilidade e indestrutibilidade.

SUDOESTE *(lho nub, tib.)* – *Ver* Ngayab.

SUGATA, *sct. (bde bar gshegs pa, tib.)* – literalmente, Aquele Que Foi para, e Prossegue para, a Bem-aventurança. Um epíteto dos budas.

SUMERU, *sct.* – *Ver* Monte Meru.

SUTRA, *sct. (mdo, tib.)* – Escritura budista, um discurso transcrito do Buda. Há sutras Mahayana e Hinayana, ou sutras Shravakayana.

SVABHAVIKAKAYA – *Ver* Trikaya.

TANTRA, *sct. (rgyud, tib.)* – Um termo com muitos níveis de significado. Aqui ele se refere, principalmente, aos textos esotéricos do budismo Vajrayana que expõem a pureza natural da mente.

TARA, *sct. (sgrol ma, tib.)* – De acordo com o nível do ensinamento, o Sambhogakaya feminino ou uma bodhisattva, manifestação da grande compaixão, apresentando formas pacíficas e iradas. As mais conhecidas e praticadas são Tara verde e Tara branca. "Tara dos Sete Olhos", mencionada no primeiro capítulo, é uma referência a Tara Branca, que é sempre representada com um terceiro olho na testa e olhos nas palmas das mãos e nas solas dos pés, simbolizando sua compaixão que tudo vê.

TATHAGATA, *sct. (de bzhin gshegs pa, tib.)* – literalmente, Aquele Que Assim se Foi. Um epíteto dos budas.

TERMA – *Ver* Tesouro.

TERRA *(bhumi, sct; sa, tib.)* – Os níveis de realização do bodhisattva no budismo Mahayana, cobrindo os caminhos da Visão e da Meditação.

TERRA OCULTA *(sbas yul, tib.)* – Há basicamente dois tipos de terras ocultas: aquelas localizadas sobre a superfície da terra e aquelas que existem em dimensões diferentes deste mundo, mas que podem ser acessadas por certos indivíduos. Falando estritamente, a palavra tibetana *sbas yul* ou *béyul* se refere apenas ao primeiro tipo, enquanto que o segundo tipo é normalmente referido como Khachö *(mkha' spyod)*. Béyul são regiões, vales secretos etc., especialmente abençoados e selados por Guru Padmasambhava e outros seres de grande realização espiritual, como lugares de proteção para os ensinamentos em tempos posteriores de decadência e perigos. Exceto pelas pessoas com carma especial e boa fortuna, eles não podem ser acessados, ou mesmo percebidos.

TESOURO *(gter ma, tib.)* – Ensinamentos e objetos sagrados ocultados por Guru Rinpoche e outros seres iluminados para serem revelados posteriormente, em um tempo em que seriam mais benéficos. Os ensinamentos Terma são compostos nas letras simbólicas das dakinis, ou outra escrita, e consistem, às vezes, de umas poucas palavras, às vezes de um texto completo. Os Tesouros foram ocultados na natureza dos elementos—água, rochas etc.—ou nas mentes dos discípulos. Quando estavam com Guru Rinpoche, esses discípulos realizaram totalmente o significado desses ensinamentos e, por essa razão, são os únicos que podem redescobri-los durante suas encarnações subsequentes. O propósito da escrita simbólica é, na verdade, despertar na mente do tertön a memória do ensinamento que lhe foi confiado por Guru Rinpoche.

THÖMNI SAMBHOTA – Um ministro do rei Songtsen Gampo. Depois de estudar na Índia, ele compôs a gramática da língua tibetana e inventou o alfabeto.

TORMA *(gtor ma, tib.)* – "Aquilo que elimina a fixação dualista de esperança e medo *(gtor)* e traz a união com a natureza absoluta dos fenômenos *(ma)*." Um objeto ritual de formas variadas e composto por uma variedade de substâncias. Dependendo do contexto, a torma é considerada uma oferenda, uma representação simbólica de uma deidade, uma fonte de bênçãos, ou mesmo uma arma para dissipar obstáculos.

TORMENTO INSUPERÁVEL *(avici, sct; mnar med, tib.)* – O mais profundo dos infernos quentes, segundo os ensinamentos budistas, caracterizado pelas formas mais intensas e demoradas de sofrimento.

TRANDRUK *(Khra 'brug)* – Um dos mais importantes lugares sagrados do Tibete, um templo construído pelo rei Songtsen Gampo ao sul de Lhasa.

TRÊS DIMENSÕES DA EXISTÊNCIA *(sa gsum, tib.)* – O mundo dos humanos e animais que habitam a superfície da terra, o reino dos deuses e espíritos nos paraísos acima ou ares superiores, e o reino dos nagas etc., nas regiões subterrâneas. Traduzido como "três níveis do mundo".

TRÊS GEMAS – *Ver* Três Joias.

TRÊS FAMÍLIAS – *Ver* Senhores das Três Famílias.

TRÊS JOIAS *(dkon mchog gsum, tib.)* – O Buda, o Dharma e a Comunidade Espiritual (Sangha), nos quais um budista toma refúgio.

TRÊS MUNDOS *(khams gsum, tib.)* – Uma categorização da existência samsárica: (1) o mundo do desejo, consistindo dos seis reinos, dos infernos subindo até as seis esferas do reino dos deuses; (2) o reino divino da forma; e (3) o reino divino da não forma.

TRÊS NÍVEIS DE MUNDO *(sa gsum, tib.)* – *Ver* Três Dimensões da Existência.

TRÊS PORTAS – Corpo, Fala e Mente.

TRÊS RAÍZES *(rtsa gsum, tib.)* – Os três objetos de refúgio, conforme expressos nos ensinamentos tântricos. Estes são o Guru, que é a raiz das bênçãos; o Yidam, que é a raiz das realizações; e as Dakinis, que são a raiz das atividades.

TRI RALPACHEN *(khri ral pa can, tib.)* – O terceiro principal rei budista do Tibete. Ele viveu no século onze e instigou a sistematização da gramática tibetana e do vocabulário para os propósitos de tradução de textos a partir do sânscrito. Ele foi assassinado por seu irmão Lang Darma.

TRIKAYA, *sct. (sku gsum, tib.)* – Segundo os ensinamentos do Mahayana, a realidade transcendental do estado búdico perfeito é descrita em termos de dois, três, quatro ou cinco corpos ou kayas. Os dois corpos, no primeiro caso, são o Dharmakaya, o Corpo da Verdade; e o Rupakaya, o Corpo da Forma. O Dharmakaya é o aspecto absoluto de "vacuidade" do estado búdico. O Rupakaya é subdividido (dando origem, assim, aos três corpos mencionados acima) em Sambhogakaya, o Corpo da Satisfação Perfeita; e Nirmanakaya, o Corpo de Manifestação. O Sambhogakaya, o aspecto de claridade espontânea do estado búdico, é perceptível apenas aos seres altamente realizados. O Nirmanakaya, o aspecto de compaixão, é perceptível aos seres comuns e aparece em nosso mundo com maior frequência, apesar de não exclusivamente, na forma humana. O sistema de quatro corpos consiste dos três já mencionados mais o Svabhavikakaya, o Corpo da Talidade, que se refere à união dos três anteriores. Ocasionalmente, há a menção a cinco corpos – os três kayas unidos ao corpo imutável de diamante ou vajra (o aspecto de indestrutibilidade do estado búdico) e o Corpo da Iluminação Completa (aspecto das qualidades).

TRISONG DETSEN *(khri srong sde'u btsan, 790-844)* – Trigésimo oitavo rei do Tibete, segundo dos três grandes reis religiosos, considerado uma manifestação do bodhisattva Mañjushri.

TSEN *(btsan, tib.)* – Um espírito poderoso e irado.

TUMMO *(gtum mo, tib.)* – O calor interior gerado ao longo de certas práticasióguicas do mesmo nome, pertencentes ao nível da Anuyoga.

UDUMBARA, *sct.* – Um lótus mítico, extremamente grande e raro. Diz-se que ele floresce apenas uma vez em um kalpa inteiro.

UPADEHSA, *sct. (man ngag, tib.)* – Uma instrução essencial para a prática do tantra.

UPATANTRA, *sct. (spyod rgyud, tib.)* – Também conhecido como Ubhaya ou Charyatantra. Ele expõe a visão filosófica do Yogatantra e a disciplina do Kriyatantra.

USHNISHA, *sct. (gtsug tor, tib.)* – A protuberância na coroa, que é uma marca do estado búdico e pode ser vista em todas as representações tradicionais do Buda de forma mais ou menos realista ou estilizada.

VAIROCHANA, *sct. (rnam par snang mdzad, tib.)* – O Diani Buda da Família Tathagata, correspondendo à sabedoria do espaço que tudo abarca, que é a natureza pura do agregado da forma e da aflição da obtusidade, e está relacionado à realização espontânea das quatro atividades iluminadas. Ver Cinco Famílias.

VAJRA, *sct. (rdo rje, tib.)* – Arma de diamante ou vajra. O símbolo da indestrutibilidade e da compaixão. Um vajra também é um pequeno objeto usado em conjunto com um sino (dril bu, o símbolo da sabedoria da vacuidade) durante rituais tântricos.

VAJRADHARA, *sct. (rdo rje 'chang, tib.)* – Uma forma búdica Sambhogakaya representando a união das cinco Famílias Búdicas. Também usado como um título de respeito pelo lama, o mestre espiritual.

VAJRAKILA, *sct. (rdo rje phur ba, tib.)* – O yidam principal da escola Nyingma. Vajrakila ou Vajrakilaya é uma manifestação irada de Vajrasattva.

VAJRAKUMARA, *sct.* – *Ver* Vajrakila.

VAJRAPANI, *sct. (phyag na rdo rje, tib.)* – O bodhisattva que personifica a Mente de Todos os Budas.

VAJRASANA, *sct.* – Trono Vajra. *Ver* Trono de Diamante.

VAJRASATTVA, *sct. (rdo rje sems dpa', tib.)* – literalmente, Ser Indestrutível. O buda da Família Vajra, correspondendo à sabedoria similar ao espelho que é a natureza pura do agregado da consciência e da aflição da aversão, e está relacionado à atividade iluminada da pacificação.

VAJRAVARAHI, *sct. (rdo rje phag mo, tib.)* – Deidade yidam feminina, normalmente representada com uma cabeça de porca que se projeta da coroa de sua cabeça. Ela é a forma Sambhogakaya de Samantabhadri.

VAJRAYANA, *sct. (rdo rje theg pa, tib.)* – Veículo do Diamante. Corpo de ensinamentos e práticas baseados nos tantras, escrituras que discorrem sobre a pureza primordial da mente. É o veículo do resultado, em oposição ao veículo causal dos Shravakas e Bodhisattvas. Sinônimo de Mantrayana.

VAJRAYOGINI, *sct. (rdo rje rnal 'byor ma, tib.)* – Forma búdica Sambhogakaya feminina.

VARAHI – Sinônimo de Vajravarahi.

VEÍCULOS, SEIS E NOVE *(theg pa, tib.)* – Segundo os ensinamentos da escola Nyingma, os ensinamentos do Buda são classificados em nove seções ou veículos. Estes são os ensinamentos dos sutras, Shravakayana, Pratyekabuddhayana e Bodhisattvayana; os três veículos tântricos externos de Kriya, Upa e Yoga; e os três veículos tântricos internos de Maha, Anu e Ati. Os seis veículos se referem aos três veículos dos sutras e aos três tantras externos.

VIDYADHARA, *sct. (rig 'dzin, tib.)* – literalmente, Detentor do Conhecimento. Um ser de elevada realização espiritual. Segundo a tradição Nyingma, há quatro níveis de Vidyadhara, correspondendo aos dez níveis de realização do Sutrayana e o estado búdico completo. Eles são (1) Vidyadhara com resquícios, (2) Vidyadhara com poder sobre a vida, (3) Vidyadhara Mahamudra, (4) Vidyadhara Espontâneo.

VIMALAMITRA *(dri med bshes gnyen, tib.)* – Um dos maiores mestres e panditas do budismo indiano, trouxe os ensinamentos Dzogchen para o Tibete.

VINAYA, *sct. ('dul ba, tib.)* – Os ensinamentos éticos do budismo, em especial em relação ao código de disciplina monástica.

VISHUDDHA, *sct. (yang dag, tib.)* – Um heruka da Família Vajra, representando o aspecto da mente; um dos yidams principais do Mahayoga tantra.

VOZ DE BRAHMA *(thsangs pa'i dbyangs kyi yan lag drug bcu, tib.)* – Sessenta aspectos da fala melodiosa, descritos de formas diferentes tanto nos sutras quanto nos tantras.

YIDAM, DEIDADE *(yi dam, tib.)* – Uma forma de um buda utilizada como apoio na meditação do Mantrayana. Tais deidades podem ser masculinas ou femininas, pacíficas ou iradas, e são consideradas inseparáveis da mente do meditador.

YOGATANTRA, *sct. (rnal 'byor rgyud, tib.)* – A terceira das seções externas do tantra. Ela enfatiza a meditação, a importância da mente na realização da vacuidade, sem negligenciar a disciplina externa de corpo e fala.

ZHANG ZHUNG – Uma região do Tibete ocidental, o local de nascimento tradicional da religião Bön.

O selo eu**reciclo** faz a compensação ambiental das embalagens usadas pela Editora Lúcida Letra.

Que muitos seres sejam beneficiados.

Para maiores informações sobre lançamentos da Lúcida Letra, cadastre-se em www.lucidaletra.com.br

Impresso na gráfica da Editora Vozes, em julho de 2020
Tipografia Garamond Premier Pro e Mate SC